观念统领的
小学数学
单元整体教学设计

牛献礼 ◎ 著

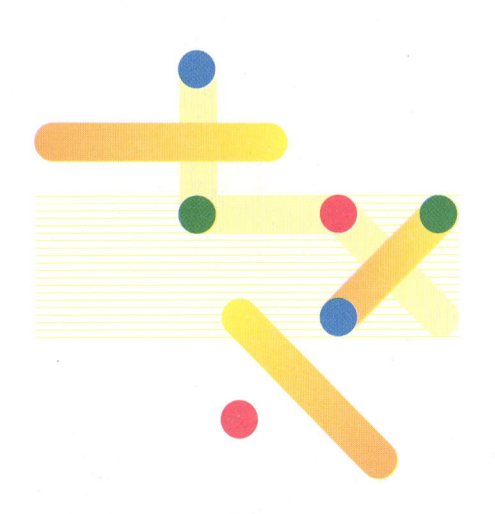

长江出版传媒　长江文艺出版社

把每堂课都当作献给学生的礼物

目 录

序言　观念统领的小学数学单元整体教学设计 / 001

● **数与代数**

"20 以内的进位加法"单元整体教学设计 / 003

"有余数的除法"单元整体教学设计 / 013

"倍的认识"单元整体教学设计 / 032

"三位数乘两位数"单元整体教学设计 / 048

"运算律"单元整体教学设计 / 066

"小数除法"单元整体教学设计 / 083

"分数的意义"单元整体教学设计 / 100

"分数乘除法"单元整体教学设计 / 115

● **图形与几何**

"认识平面图形"单元整体教学设计 / 137

"周长"单元整体教学设计 / 153

"面积"单元整体教学设计 / 168

"多边形的面积"单元整体教学设计 / 189

"圆柱与圆锥"单元整体教学设计 / 214

● **统计与概率**

"平均数"单元整体教学设计 / 239

● **综合与实践**

"植树问题"单元整体教学设计 / 255

主要参考文献 / 265

序 言

观念统领的小学数学单元整体教学设计

《义务教育数学课程标准（2022年版）》（以下简称"2022年版课标"）确立了核心素养导向的课程目标，在教学实施中提倡"重视单元整体教学设计"，强调要"改变过于注重以课时为单位的教学设计，推进单元整体教学设计，体现数学知识之间的内在逻辑关系，以及学习内容与核心素养表现的关联"。

但是，单元整体教学作为一种教学设计框架，在实践中仍存在较大困境：第一，由于缺乏单元学习内容的"统领者"，单元教学往往变成了课时教学的简单累加，失去了单元"结构"的力量；第二，在基于"大观念"的单元教学中，怎样理解和提取"大观念"成为单元整体教学设计的焦点，也成为单元整体教学的瓶颈；第三，由于缺乏深层次的思考，单元内容的重组与课时规划显得"随意"，特别是单元学习内容与核心素养表现之间存在着比较严重的脱节现象。

现实困境是，需要说清"大观念"的内涵，并将其作为单元内容的"统领者"，发挥单元结构的真正力量；需要厘清单元内容的学习进阶，为确定关键课及划分课时类型提供依据；需要设计有意义的单元学习任务，将单元知识与核心素养的主要表现关联起来，在教学实践中让核心素养真正落地。为此，笔者尝试以基于主题的大观念为线索设计单元整体教学，探索一个可行的框架或思路，来破解单元整体教学的困境。

一、观念统领的单元整体教学的设计框架

分单元教学是小学数学教材编排的基本架构，单元的设置具有科学性、系统性和可操作性。因此，基于教材自然单元开展单元整体教学设计，既遵循了教材的整体设计思路，又便于一线教师的操作实施。当然，必要时也可以对教材自然单元进行重组、整合，但这需要从学科本质和学生学习等方面进行可行性分析。

观念统领的小学数学单元整体教学设计的要素及实施框架如下：

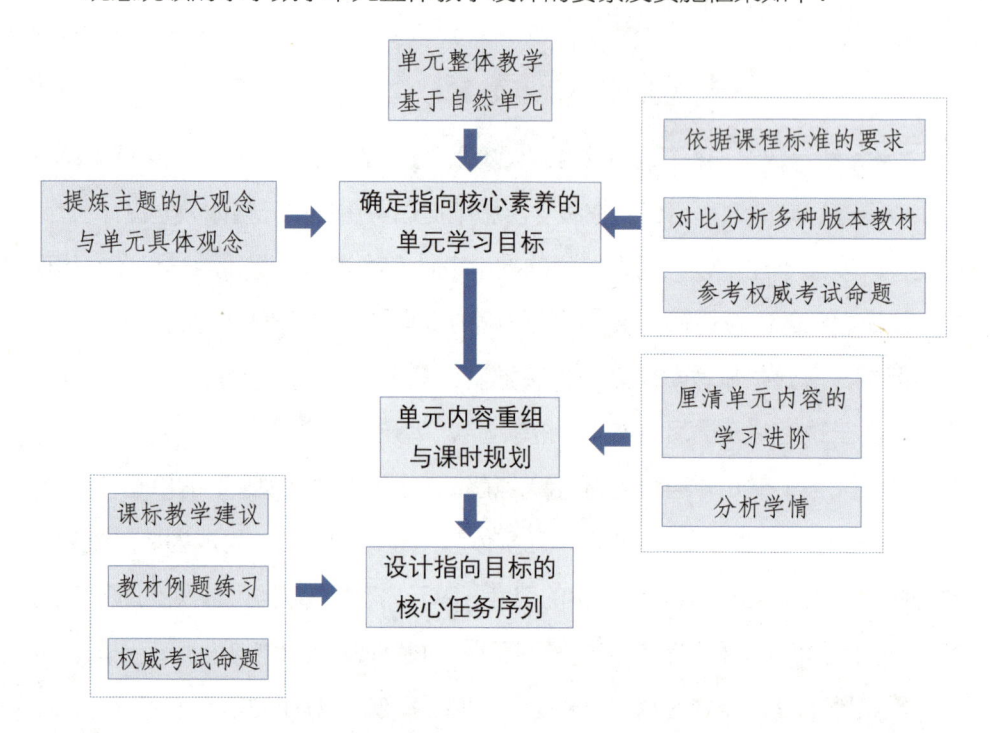

```
                        单元整体教学
                        基于自然单元
                              ↓
                                          依据课程标准的要求
  提炼主题的大观念      确定指向核心素养的
  与单元具体观念    →   单元学习目标       ←   对比分析多种版本教材
                              ↓
                                          参考权威考试命题

                              ↓
                                          厘清单元内容的
                       单元内容重组       ←   学习进阶
                       与课时规划
                                          分析学情
                              ↓
  课标教学建议

  教材例题练习    →    设计指向目标的
                       核心任务序列
  权威考试命题
```

其基本思路是：基于教材自然单元，以单元所在主题下的大观念为统领，依据课程标准的要求、对比分析多种版本教材以及参考权威考试命题等，确定指向核心素养的单元学习目标，体现"教—学—评"的一致性；厘清单元内容的学习进阶，基于学生实际，科学、有序规划单元课时；依据课标的"教学建议"、教材例题练习及区域考试要求等，设计指向目标的核心任务序列，实施"教—学—评"一体化教学。

二、观念统领的单元整体教学的基本要素

（一）确定指向核心素养的单元学习目标

1. 基于主题大观念提炼单元具体观念

提炼"大观念"之所以成为单元整体教学的瓶颈，一方面是由于教师对"大观念"内涵的理解存在分歧；另一方面是因为"大观念"涉及范围广、层次多，甚至上升到哲学范畴，过于庞大，一线教师很难把控。因此，聚焦数学课程内容领域下的结构化主题提取"大观念"，是一个容易把握的策略。

2022年版课标将小学阶段的数学课程内容整合为七个主题，同一主题具有相对明确而聚焦的学科本质，对主题中处于核心地位的内容本质、思想方法或思维方式等进行概括提炼，就形成了大观念。大观念具有超越具体知识的迁移价值，因而能够将各种相关概念和理解联系成一个连贯的整体。但是，大观念是一个宏观的概念，一个大观念会对应多个学习内容和学习任务，还需要依据课标要求和学生认知水平，将大观念在单元的背景下具体化，形成单元具体观念，以集中体现单元内容的数学本质、思想方法及教育价值。而单元学习目标则是本单元具体观念在学习结果上的外在行为表现，统领着整个单元内容的学习。

2. 对比分析多种版本教材

教材经过了编写者的深入研究，是国家审核通过的，具有权威性和科学性。对于同样的课程内容，不同版本教材的编排方式各有优点和不足。教师需要多做对比研究，依据学生实际加以借鉴。

以"运算律"单元为例，人教版等多数版本的教材都以"运算"为主线，先学习加法的交换律、结合律，再学习乘法的交换律、结合律，最后学习乘法分配律。而北师大版教材以"运算律"为主线，先学习加法、乘法的交换律，再学习加法、乘法的结合律，最后学习分配律。各版本教材关于如何学习运算律的编排方式也有所不同。人教版教材的编排方式是"在解决现实问题中抽象

出等式—从众多等式中发现规律—用个性化的方法表征规律—运用运算律进行简便计算"。而北师大版教材则直接从观察一组纯数学算式入手，建立等式，初步感悟运算律，继而举生活事例（现实模型）解释等式意义及理解运算律的本质，再用字母表达式表示运算律，并运用运算律进行简便计算。

经过对比分析，结合班级学生实际，笔者采用了以"运算律"为主线的学习路径，并将"加法交换律"和"乘法交换律"整合为"交换律"，将"加法结合律"和"乘法结合律"整合为"结合律"。同时，糅合了上述两种版本教材的编排方式，按照"发现规律—验证规律—表征规律—推广规律"的研究思路去探索运算律。实践表明，这样的学习不仅符合学生的认知规律，而且能潜移默化地培养学生的模型意识与代数思维，使知识目标与能力、素养目标有机融为一体。

3. 参考权威考试命题

《义务教育课程方案（2022年版）》中指出："全面推进基于核心素养的考试评价，强化考试评价与课程标准、教学的一致性，促进'教—学—评'有机衔接。""教—学—评"一致性需要我们在教学设计时以终为始，评价先行，即先分析课标的相关"学业要求"、教材例题习题以及区域考试要求，明确评价要求，再以评价指引学与教的目标制定及实施，从而真正实现"以评促学、以评促教"。

4. 确定单元学习目标

期望学生学习行为变化的结果就是学习目标。单元学习目标是依据课程标准、对比分析多种版本教材及参考区域考试命题后确定的，是单元整体教学的出发点和归宿，是单元具体观念在学生学习结果上的外在行为表现，对单元教学起到直接的引领作用。

真正可以落实的学习目标具有三个特征：一是学习目标陈述的是学生的学习结果，要用学生的行为表现来描述；二是学习目标的陈述应力求明确、具体、可测；三是学习目标的陈述应反映学习结果的层次。

比如，可确定"运算律"单元的学习目标为：

（1）能按照"发现规律—验证规律—表征规律—推广规律"的研究路径探

索运算律及减法和除法的运算性质，并能借助生活事例、几何直观模型等解释运算律的含义；能用字母表示运算律。

（2）知道通过不完全归纳法发现的规律还需要借助找生活事例、建几何直观模型、举反例等方法进行"小心求证"，才能得出正确结论；了解运算律在之前的数学学习中的应用，知道运算律是四则运算算理的依据。

（3）能灵活运用运算律进行运算，解决简单的实际问题，发展运算能力和推理意识。

（二）单元内容重组与课时规划

单元学习目标的实现不是一蹴而就的，需要通过多个课时的教学逐步达成。因此，整体把握单元内容，有序规划课时，是单元整体教学的关键环节。

1. 厘清单元内容的学习进阶

学习进阶是指"在一个较大时间跨度内，学生对某一学习主题的思考和认识不断丰富、精致和深入的一种过程"。研究表明，在学习进阶视域下思考单元整体教学，有助于单元学习路径的合理规划，有助于教师围绕关键"升阶点"确定"关键课"并设计有层次、有结构的学习任务。

以"运算律"单元为例，可以从运算对象、运算次数以及运算类型等方面，划分单元学习内容进阶。

层级 1： 加法与乘法的交换律只涉及两个运算对象、一次运算。

层级 2： 加法与乘法的结合律以及减法的运算性质，涉及三个运算对象、两次运算。

层级 3： 乘法对加法的分配律涉及三个运算对象、两次不同类型的运算。

层级 4： 灵活运用运算律进行运算，选择合理的运算策略解决简单的实际问题。

为此，可以将同一层级的"加法交换律"和"乘法交换律"整合为"交换律"，将"加法结合律"和"乘法结合律"整合为"结合律"。考虑到"减法的运算性质"和"除法的运算性质"的应用广泛性，重组单元内容时可将其增补为"方法迁移课"，让学生借助在运算律学习中习得的方法进行自主探索，体现知识、方法的迁移与应用。

2. 分析学情

美国教育心理学家奥苏伯尔说："影响学习的唯一最重要的因素是学习者已经知道了什么。"单元整体教学设计离不开对学生先期学习经验的调研，以了解学生真实的学习起点、学习难点和学习差异，为单元课时规划以及学习任务设计提供依据。

在数学教学中通常采用个别访谈和测验等调研方法。一般选择不同层次的具有代表性的学生进行个别访谈，以更全面地了解学生的学习差异；而测验是指根据教学需要，设计相应的练习题，通过学生的答题情况了解学生的学习水平。这些方法各有特点，可以单独使用，也可以结合使用，以便为教学提供有针对性的支持。

3. 确定关键课，划分课时类型

教材的一个单元中一般会包括若干道例题，教学时，不要"平均用力"，要"用对少量主题的深度覆盖去替换对所有主题的表面覆盖"。这个少量主题应当是体现单元具体观念的关键内容。为此，可以将单元内容分为关键课、练习拓展课、方法迁移课、整理与复习课等不同课型。课时的类型划分不只体现课的名称变化，更与课的定位密切相关。

关键课是集中体现单元关键内容与具体观念的课；练习拓展课是关键课的延伸和拓展，重在知识技能的巩固及高阶思维的培养；方法迁移课的内容则是与关键课中的知识与方法密切相关的内容，将新旧知识和方法建立关联，能引导学生在有层次、有结构的学习任务中实现知识与方法的迁移。

实施教学时，既要保证每课时教学都服务于单元目标的达成，又要使单元内各课时的目标呈现连贯性、整体性，不出现断层。

（三）设计指向目标的核心任务序列

设计素养导向的学习任务是落实学习目标的关键。要依据课标和学生实际，参考教材例题练习与权威考试命题，设计指向目标的核心任务序列。这里需要思考几个问题：素养导向的学习任务的核心要素是什么？如何设计实施，有无基本路径可遵循？明确这些问题才能真正依托有意义的学习任务落实学习目标。

素养导向的学习任务要求解决"真实情境中的问题"，真实情境与挑战性问题是"好任务"的核心要素。无论是数学情境还是现实情境，只要不超出学生的理解，且与学生的实际有关联，都是真实情境。对学生而言，如果学习情境或问题"与己无关"，他则很难投入情感与认知。素养导向的学习任务不是简单地运用数学知识与技能去"解题"，而是需要学生基于高阶思维综合运用相关知识、方法去"解决问题"。

因此，教师要基于教学内容和学生的"现实世界"，创设适合学生的真实情境问题，激发学生展开"真探究"，产生不同表现。"好"的学习任务既给了学生展示思考过程的机会，也能让教师从中了解学生的思维方式、学习路径及遇到的困难，从而做出精准的评估与指导。

数与代数

"20以内的进位加法"单元整体教学设计

"20以内的进位加法"是"数与运算"主题的核心内容，2024年秋季开始使用的人教版新教材将其编排在一年级上册，北师大版新教材则将其编排在一年级下册。

一、确定指向核心素养的单元学习目标

（一）基于主题大观念提炼单元具体观念

本单元主要包含两个方面的内容：一是口算"20以内的进位加法"，二是解决问题。（如下图）

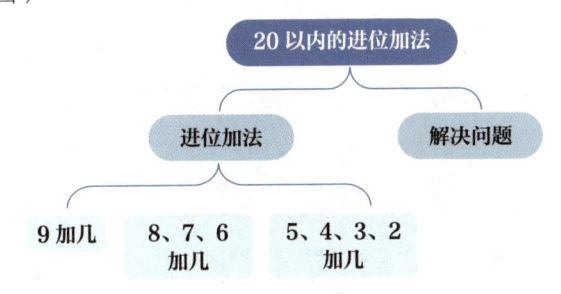

```
                20以内的进位加法
                  /         \
              进位加法      解决问题
             /    |    \
          9加几  8、7、6  5、4、3、2
                 加几      加几
```

其中，口算"20以内的进位加法"主要有"9加几""8、7、6加几""5、4、3、2加几"等内容，在这里变化的是进位加法算式的一个加数，不变的是转化思想（将"几加几，和超过10"的加法转化成"十加几"的加法，把"5、4、3、2加几"的加法转化成"9、8、7、6加几"的加法）和计算方法（"凑十法"）。

本单元相关的主题大观念是"数的运算是计数单位个数的运算"。加法可以被简单地理解为计数单位的个数相加。当几个"一"与几个"一"相加，计数单位"一"的个数超过10的时候，就要把10个"一"凑成1个"十"，产生新

的计数单位"十"。本单元突出"凑十法",有助于学生整体感悟数与运算的一致性,渗透十进制和位值制思想。

综合以上分析,依据课程标准和学生的认知水平,确定如下单元具体观念。

观念1:数的运算是计数单位个数的运算。用不同的计算方法可以得到同样的结果,计算"几加几,和超过10"的方法不止一个,用"凑十法"比较好算。

观念2:可以把新知识转化成旧知识来学习。"凑十法"就是把"几加几,和超过10"的加法转化成"10加几"的加法;应用"交换加数的位置,和不变"的道理,可以把"5、4、3、2加几"的加法转化成"9、8、7、6加几"的加法。

观念3:解决问题的基础是读懂题意,可以用实物操作、画图等方式分析数量关系,同一个问题可以有不同的解决方法。

观念4:以上过程发展了运算能力与推理意识。

(二)确定单元学习目标

将上述单元具体观念进一步细化为学生的外在行为表现,就形成了如下单元学习目标:

1. 经历操作、观察、分析等活动探索过程并掌握"20以内的进位加法",能说出运用"凑十法"计算"20以内的进位加法"的计算过程,并能正确计算;理解加法是计数单位的个数相加;形成初步的计算能力,发展数感。

2. 经历自主探究、同伴交流的学习过程,在不同算法的交流中,增强主动优化算法的意识,认识到用"凑十法"计算进位加法更方便;发展灵活运算的能力和初步的推理意识。

3. 经历发现与提出问题、分析与解决问题的过程,知道解决问题的基础是读懂题意,可以运用实物操作、画图等方式表征已知信息和问题,分析数量关系,进一步感悟加法的含义,积累解决问题的经验;能解决简单的一位数加一位数求和问题,并能解释其中的道理;发展模型意识和应用意识。

4. 感受数学与生活及数学知识之间的紧密联系,激发学习数学的兴趣,养成良好的解题习惯。

二、单元内容重组与课时规划

（一）厘清单元内容的学习进阶

以 2024 年秋季使用的人教版新教材为例，本单元的编排逻辑大体是"9 加几—练习—8、7、6 加几—练习—5、4、3、2 加几—练习—解决问题—练习"，仍然属于"小步进阶式"的编排。

实践表明，按照这样的编排顺序实施教学，由于学习材料过于单一（初学时只通过"9 加几"认识"凑十法"），学生容易产生思维定式，不利于"凑十法"的理解与掌握。那么，如何帮助学生形成对"凑十法"的正确认知呢？这就需要整体把握单元教学内容，弄清零散知识内容背后的本质与结构。纵观整个单元，可以发现"9 加几""8 加几""7 加几""6 加几"这几个内容有着相同之处：算法相通，都是用"凑十法"计算；算理相同，都是将算式转化成"10 加几"进行计算会比较简便。而计算"5、4、3、2 加几"，则是依据"交换两个加数的位置，和不变"的原理，将其转化成"9、8、7、6 加几"进行计算。

于是，笔者将单元内容进行整合，分为"凑十法"的学习与应用两个阶段来学习，让学习内容的结构化和关联性更加突出。

一是"凑十法"的学习阶段。主要通过"9、8、7、6 加几"来学习"凑十法"，感受方法的共性：分解较小的数，与较大的数"凑成十"算出结果，从而建构起对"凑十法"的完整认识，实现方法学习的目标。

二是"凑十法"的应用阶段。其主要内容是数学方法的迁移和活动经验的丰富，要求学生灵活计算"5、4、3、2 加几"及解决问题，进一步熟练掌握"凑十法"，感悟转化思想，提高分析问题和解决问题的能力。

（二）分析学情

2022 年版课标最主要的变化之一是加强了学段衔接，尤其注重幼小衔接，体现学习目标的连续性和进阶性。按照《3～6 岁儿童学习与发展指南》的要求，大多数学生在小学入学前就已经接触了 10 以内数的认识及加减运算，只不过幼儿园阶段侧重活动经验的积累。学生在一年级上册"10以内数的认识和加减法"的学习中，也积累了一定的知识和经验基础。

为了了解学生是否能够正确进行"20以内的进位加法"，是否能够清楚解释自己的计算方法，笔者对学生进行了如下内容的学情调研。

1. 调研题目

你会算"9+6＝""8+5＝""7+7＝""6+5＝"吗？

说一说：你是怎样计算9+6的？

2. 调研结果分析

大部分学生能够正确计算，对于"9加几""8加几"这类与"10加几"距离相近的题目，计算正确率较高；对于"7加几""6加几"这类题目，计算正确率较低。

学生呈现的计算方法有：从第一个加数接着往后数，或运用"凑十法"计算。绝大多数学生需要借助实物或图来说明自己的计算过程；仅有少数学生能够脱离实物或图，直接说明计算过程；极少数学生能够画出"枝形图"。

综上所述，学生对于"20以内的进位加法"具备了初步的计算能力，但是对于算法的理解、算法的完整表达存在困难，实物和直观图对于学生理解算理和掌握算法发挥着重要的支撑作用。

（三）划分课时类型

"20以内的进位加法"单元内容重组后的课时划分如下：

课时	课型	教学内容
1	关键课	"9、8、7、6加几"（认识"凑十法"）例1、例2
2	练习拓展课	练习用"凑十法"计算"9、8、7、6加几"
3	方法迁移课	例3."8+9"及练习（脱离情境，灵活应用"凑十法"，渗透交换律）
4	关键课	例4."5、4、3、2加几"（以5+8为例，灵活选择算法，迁移类推，总结小数加大数的方法）
5	练习拓展课	用"凑十法"计算（感悟算式之间的关系，发展推理意识）
6	关键课	例5.解决问题1（感受加法模型：部分＋部分＝整体）
7	关键课	例6.解决问题2（逆向求和问题）

课时	课型	教学内容
8	练习拓展课	解决问题练习课
9	整理与复习课	整理与复习（梳理20以内的进位加法）

三、关键课的教学设计

课例 9、8、7、6加几

● 教学片段一

【师】（出示1箱牛奶图片）我们一起数一数：箱子里一共有几盒牛奶？

【生】（齐数）1，2，3，4，5，6，7，8，9，10，一共有10盒。

【师】请大家接着观察。我把箱子盖上，在箱子的外面再放1盒牛奶，现在一共有几盒？怎样写算式？

【生】（纷纷举手）有11盒，10+1=11。

【师】你是怎么知道一共有11盒的？

【生1】我是接着往下数1个数，10的后面就是11。

【生2】箱子里面有10盒，外面有1盒，10+1就是11盒。

【师】真棒！如果我在箱子外面放2盒，现在一共有几盒？怎样写算式？

【生】10+2=12。

【师】在箱子外面放3盒呢？一共有几盒？

【生】10+3=13。

（让学生齐读黑板上的三个算式。）

【师】你发现了什么？

【生】10加几等于十几。

（师逐一报算式：10+4，10+5，10+3，10+9，……学生流利地报出答案。）

【师】20+1等于几？

【生】21。

【师】20+2等于几?

【生】22。

【师】20+3呢?

【生】23。

……

【师】真棒!你有什么发现吗?

【生】20加几等于二十几。

【师】如果是30加几呢?

【生】30加几等于三十几。

【师】如果是50加几呢?

【生】50加几等于五十几。

【生】我发现了,几十加几就是几十几。

> **思考**
>
> "10加几等于十几"是进位加法中"凑十法"的关键所在,是"9、8、7、6加几"的基础。在上述教学中,借助实物图片,学生不仅掌握了基础知识(10加几等于十几),还经历了归纳推理和类比推理的过程,发展了推理意识。

● **教学片段二**

【师】(课件动态显示:从1箱牛奶中拿出1盒,与外面的3盒牛奶放在一起)看到这幅图,你能提出一个用加法解决的数学问题吗?

【生】一共有几盒牛奶?

【师】你的意思是"箱子里面和外面一共有几盒牛奶"吗?谁能列出算式?

【生】9+4=13。

【师】（追问）你是怎么算出 9+4=13 的呢？

【生1】我是数出来的，10、11、12、13。

【生2】我先把 1 盒牛奶放进箱子里，凑成 10，10 加 3 得 13。

（课件显示"放牛奶"的动作，动态呈现"凑十"的过程。）

【师】你能用小棒把生 2 的方法摆出来吗？

（学生独立摆小棒，然后全班交流。）

【生】（一边在黑板上摆小棒一边讲）左边是 9 根小棒，代表箱子里的 9 盒牛奶；右边是 4 根小棒，代表外面的 4 盒牛奶。我先从 4 根里拿出 1 根和 9 根凑成 10 根，打成 1 捆，就是一箱了；再加上剩下的 3 根，10+3=13。（如右图）

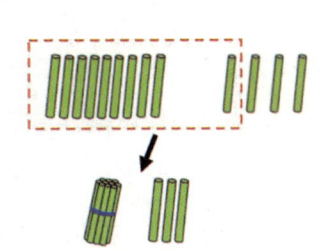

教师结合学生的回答，板书：

$$9 + 4 = 13$$
$$\underset{10}{1 \quad 3}$$

【师】（追问）这里为什么把 4 分成 1 和 3，而不是分成 2 和 2 呢？

【生1】因为刚才从箱子里拿出来的是 1 盒，不是 2 盒，所以只要把这 1 盒放回去就可以了，正好凑成 1 箱。

【生2】因为 1+9 等于 10，2+9 不等于 10。

【师】也就是说，我们先用 9 加 1 凑成 10，再用 10 加 3 得 13。（板书：9+1=10，10+3=13）这种凑成十的计算方法，我们给它起一个名字，叫"凑十法"，大家大声读一下。

【生】凑十法！

【师】"凑十法"的本领很大，它帮我们把新的问题（"9 加几"的问题）变成了学过的问题（"10 加几"的问题），帮助我们快速地算出结果。

> **思考**
>
> 　　在以上教学中，1箱牛奶正好是10盒，为"凑十法"提供了生动、具体的生活原型，也为进位加法奠定了经验基础。在原有的基础上，通过打开箱子拿出1盒牛奶放在外面，促进了知识的增长。把拿出来的1盒放回去变成1箱（10盒）就是"凑十法"的直观模型，不仅帮助学生理解了算理，掌握了算法，而且为后续进位加法的学习奠定了经验基础。接着借助摆小棒，直观再现"凑十"的过程；然后借助"枝形图"提炼思路，让学生经历"实物操作—表象操作—符号操作"的基本过程，逐层递进，逐步抽象，遵循了儿童认知发展的规律。

● **教学片段三**

【师】下面我们玩几个游戏。（出示：1箱牛奶，箱子外还有2盒牛奶）怎样计算一共有多少盒？

【生1】10+2=12。

【生2】因为箱子里有10盒，箱子外有2盒，合起来就是12盒。

【师】（课件动态演示：从1箱牛奶中拿出1盒，与箱子外面的2盒牛奶放在一起）怎样计算一共有多少盒牛奶？

【生】9+3=12。

【师】（追问）9+3=12是怎么算出来的？

【生】用凑十法，把3分成1和2，9加1得10，10加2得12。

【师】真棒！在1箱牛奶外面放几盒，就是"10加几"的问题，"10加几"就等于十几。如果从1箱里面拿出1盒放在外面，就变成了"9加几"的问题，我们把这1盒放回箱子里，就可以把"9加几"转化成"10加几"来计算了。

【师】现在箱子外面是3盒，如果从箱子里再拿出2盒放在外面，箱子里面和外面一共有几盒牛奶呢？怎样写算式？

【生】13盒，8+5=13。

【师】（追问）你是怎么算出8+5=13的？

【生1】把拿出的2盒还回去，就是10+3=13。

【生2】把5分成2和3，2和8凑成10，10+3=13。

【师】（追问）为什么要把5分成2和3呢？

【生】因为刚才从箱子里拿出来的是2盒，所以要把这2盒还回去，正好凑成1箱。

【师】你能用小棒把这个方法摆出来吗？试一试。

学生动手摆小棒，全班交流、展示。

板书：

$$8 + 5 = 13$$
$$23$$
$$10$$

【师】现在箱子外面是2盒，如果从箱子里拿出3盒放在外面，箱子里面和外面一共有多少盒呢？

【生】还是12盒，7+5=12。

【师】（追问）你是怎样计算7加5的？

【生1】把拿出来的3盒再放回箱子里，10+2=12。

【生2】可以把5分成3和2，3和7凑成10，10+2=12。

【师】（追问）为什么要把5分成3和2呢？

【生1】因为刚才从箱子里拿出来的是3盒，所以要把这3盒还回去，正好凑成 1 箱。

【生2】因为 7 和 3 能凑成 10，10 再加 2 得 12。

板书：

$$7 + 5 = 12$$
$$3\ \ 2$$
$$10$$

【师】如果继续玩这个游戏，你觉得还可以怎么玩？

【生】（迫不及待）从箱子里拿出 4 盒。

【师】这又是什么数学问题？

【生】6 加几。

【师】你打算怎样计算？

【生】把拿出来的 4 盒放回去，凑成 10 再计算。

🔍 思考

  上述教学继续利用牛奶箱这一情境，让学生在已有的知识和经验的基础上，凭借经验和直觉，通过类比推理的方式学习"8、7、6 加几"。学生在学知识的过程中长见识、悟道理，不仅深化了对算理的理解，巩固了"凑十法"，而且感悟了变中不变的思想，即进位加法的问题在变化，但进位加法的算法和算理不变。同时，学生进一步积累了观察、思考和表达的活动经验，发展了运算能力和推理意识。

"有余数的除法"单元整体教学设计

"有余数的除法"单元在人教版新教材中被编排在二年级下册,是"表内除法"内容的拓展与扩充,也是后继学习"一位数除多位数"的重要基础,在学习中起着承上启下的作用。

一、确定指向核心素养的单元学习目标

(一)基于主题大观念提炼单元具体观念

"有余数的除法"单元内容属于"数与运算"主题,相关的主题大观念是"数的运算是计算单位个数的运算",凸显了对学生运算能力的培养,目标是实现学生对算理的理解和算法的掌握。

对比各版本教材发现,"有余数的除法"单元都安排了三个学习板块:一是有余数除法的含义,即结合具体情境理解余数及有余数除法的含义,厘清余数和除数之间的关系;二是除法笔算,要求学生掌握正确的除法竖式书写格式,能用竖式熟练地进行计算;三是用有余数除法解决简单的实际问题。三个学习板块相互联系,有序递进。

基于课标要求和学生实际,确立本单元的具体观念如下。

观念1: 数的运算是计数单位个数的运算。可以借助动手操作、几何直观模型及生活事例等方式来表征、解释抽象的有余数除法。

观念2: 除法竖式是对平均分物过程的记录,将操作过程(动作表征)、情境意义表达(语言表征)和除法竖式(符号表征)关联起来,有助于理解算理与算法之间的关系。

观念3： 以上过程发展了学生的运算能力和推理意识。

（二）确定单元学习目标

基于课标要求和单元具体观念，确定如下单元学习目标：

1. 能理解平均分后有剩余的情况，能用自己的方法（算式）表征平均分的过程并能结合情境做解释；能在理解、比较不同方法的基础上，用有余数除法的算式（横式）表征情境，并能解释除法横式中各部分的含义。

2. 能采用结合生活事例、动手操作等方式解释"余数比除数小"的道理，能应用余数与除数的关系解决简单的实际问题。

3. 能结合具体情境和平均分的过程，用除法竖式进行记录；能联系情境意义、操作过程和竖式记录，对多种记录方法进行比较，在理解其合理性的基础上掌握除法竖式的书写格式，并能解释除法竖式各部分的含义。

4. 会运用有余数除法解决有关的实际问题，发展运算能力和应用意识。

从以上目标可知，明晰有余数除法的含义能帮助学生理解除法竖式记录的必要性，而除法竖式记录的过程又能促进学生对算理的理解。教学时，应建立情境意义、操作过程、竖式记录三者之间的联系，使除法竖式的学习成为理解算理、掌握算法的过程，凸显竖式的作用与价值。

二、单元内容重组与课时规划

（一）厘清单元内容的学习进阶

在学习"表内除法"时，除法的计算是"想乘算除"，即用乘法口诀直接计算出商。在"有余数的除法"的计算中，还是采用"想乘算除"，但是需要有"试商"和"乘、减两步运算得到余数"这样的计算步骤。也就是说，除法的计算变得复杂了，所以引入除法竖式就成了一种必要。

除法竖式是对计算过程的记录，不能仅停留在形式的模仿上，还需要在理解算理的基础上，对情境意义、操作过程以及竖式记录进行关联，理解竖式为什么这么列。因此，学生需要充分理解除法竖式之所以这样列，是因为很好地记录了分的过程：分多少、每份几个（分几份）、分几份（每份几个）、分了多少、还剩几个。可见，通过有余数除法来学习竖式，能更好地让学生理解除法竖式书写的合理性。

在人教版新教材中，本单元一共编排了六道例题。例 1，结合摆小棒的操作活动，理解"余数"的含义，学习用横式表征有余数的除法；例 2，结合摆小棒的操作活动，理解"余数比除数小"的道理；例 3，结合摆小棒的操作活动，学习用除法竖式记录摆小棒的过程，掌握除法竖式的结构特点，体会被除数、除数、商和余数之间的关系；例 4，学习用除法竖式进行计算，进一步体会"余数比除数小"的道理；例 5 和例 6 是运用有余数除法的知识解决简单的实际问题。

综合上述分析，本单元内容的学习进阶如下。

层级 1： 理解平均分后有剩余的情况，认识"余数"；在用不同算式表征的基础上，理解有余数除法算式（横式）的含义。

层级 2： 通过动手操作和说理等数学活动，理解余数与除数的关系。

层级 3： 联系情境意义、操作过程和竖式记录，对多种记录方法进行比较，理解除法竖式的合理性并熟练掌握用除法竖式计算的方法。

层级 4： 运用"有余数的除法"解决简单的实际问题。

（二）分析学情

笔者设计了两道前测题目，对二年级部分学生进行测试。

测试题 1： 将 50 颗糖果平均分给 4 个小朋友，你是怎么分的？请你用图片或文字等形式把分的过程清楚地记录下来。

本题考查学生对"有剩余的平均分过程"的理解情况。结果显示，大约 30% 的学生存在困难，误以为有余数除法不是"平均分"。教学中，需要让学生充分经历平均分物的过程，以明晰学生的思维过程。

测试题 2： 算式"15÷3=5"中的 15 表示 15 个苹果，这个算式可以用来解决什么问题？请举例说明。

此题考查的是学生对除法的两种含义（等分除和包含除）的理解情况。测试结果显示，大约60%的学生对除法两种含义的理解不足。教学中，需要建立情境意义和运算过程的对应关系，以促进学生对除法含义的理解。

（三）划分课时类型

综合上述分析，对本单元内容进行了重组，课时划分如下：

课时	课型	教学内容
1	关键课	有余数的除法1（认识余数和有余数除法的算式写法）
2	关键课	有余数的除法2（探究余数和除数的关系）
3	练习拓展课	练习课
4	关键课	除法竖式（1）
5	练习拓展课	除法竖式（2）
6	关键课	解决问题（进一法和去尾法）
7	练习拓展课	练习课
8	方法迁移课	解决问题（周期问题）
9	练习拓展课	练习课
10	整理与复习课	单元复习课

三、设计指向目标的核心任务序列

单元优化后的部分教学内容、核心目标与核心任务

课时	教学内容	核心目标	核心任务
1	有余数的除法（1）	1. 在操作中自主发现"平均分"时，存在"正好分完"和"分后有剩余"两种情况，体会"余数"和"有余数的除法"产生的必要性。	任务1：把10根小棒分给小朋友，每人分2根，可以分给几人？每人分3根、4根、5根呢？同桌两人合作，动手分一分小棒，并把每次分的结果记录在表格里。 | 每人分几根 | 分给几人 | 还剩几根 | | --- | --- | --- | | 2 | | | | 3 | | | | 4 | | | | 5 | | | 任务2：用算式分别记录"正好分完"和"分后有剩余"的情况，并说明为什么要这样记录。

续表

课时	教学内容	核心目标	核心任务
1	有余数的除法（1）	2. 经历用数学算式表征平均分物时有剩余现象的过程，在比较中体会有余数除法算式的合理性，能结合情境解释算式中每一个数的含义，初步感知余数与除数的关系。	任务3：圈一圈，填一填。 （1）9支铅笔，每人分2支，可以分给（ ）人，还剩（ ）支。 □÷□=□（ ）……□（ ） （2）9支铅笔，平均分给2人。每人分（ ）支，还剩（ ）支。 □÷□=□（ ）……□（ ）
2	有余数的除法（2）	能用小棒摆正方形的操作活动解释"余数比除数小"的道理。	任务1：用12、13、14根小棒摆正方形，结果会怎样？先摆一摆，再填写除法算式。 任务2：如果用15、16根小棒摆正方形呢？你能不用小棒，直接想一想，写出算式吗？试一试。
3	除法竖式	能结合具体情境和平均分的过程，用除法竖式进行记录；能联系情境意义、操作过程和竖式记录，对多种记录方法进行比较，在理解其合理性的基础上掌握除法竖式的书写格式，并能解释除法竖式各部分的含义。	任务1：有13根小棒，每4根摆一个正方形，结果怎样？请你画一画，并用算式记录摆小棒的过程。 任务2：如果有16根小棒，每4根摆一个正方形，结果怎样？竖式怎样写？请你在学习单上画一画、写一写。

四、关键课的教学设计

课例 1 有余数的除法（1）

● 教学片段一

1. 出示任务

任务1：把10根小棒分给小朋友，每人分2根，可以分给几人？每人分3根、4根、5根呢？同桌两人合作，动手分一分小棒，并把每次分的结果记录在表格里。

每人分几根	分给几人	还剩几根
2		
3		
4		
5		

（学生合作分小棒，填写记录单，教师巡视。）

2. 全班交流

随着学生口述，逐步呈现如下四种分法：

	序号	每人分几根	分给几人	还剩几根
平均分10根小棒	①	2	///// 5	0
	②	3	/// 3	1
	③	4	// 2	2
	④	5	// 2	0

【师】在第②种分法中，最后剩下的1根，为什么不分了呢？

【生】因为每人要分3根，最后剩下这1根，不够再分给1个人了，就不分了。

【师】在第③种分法中，最后剩下的2根，为什么也不分了呢？

【生】因为每人要分4根，最后剩下这2根，不够再分给1个人了，就不分了。

【师】仔细观察这四种分法，它们有什么相同点？

（小组讨论，全班交流。）

【生】第①种和第④种分法都是平均分，因为它们每人分得一样多。

（课件动态演示：把每份圈一圈，发现每份确实同样多。）

【师】想一想：第②种和第③种分法是平均分吗？为什么？

【生1】不是平均分，因为最后有剩余，如果把剩余的1根给第1个人，第1个人就多了；如果给第2个人，第2个人就多了；……每人分得不一样多。

【生2】我觉得它们都是平均分，因为每份分得也是同样多的。

（课件动态演示：把每份的根数圈一圈，直观发现"每份同样多"。）

【师】不管每人分3根，还是每人分4根，只要每人分到的小棒同样多，就是平均分！只不过，分到最后剩下 1 根或者 2 根，不够再分了，就剩余下来，这是"平均分"的一种新情况。

3. 比较分类

【师】根据刚才的讨论，你能给这几种分法分分类吗？

【生】第①种和第④种是一类，它们"正好分完"；第②种和第③种是一类，它们"分后有剩余"。

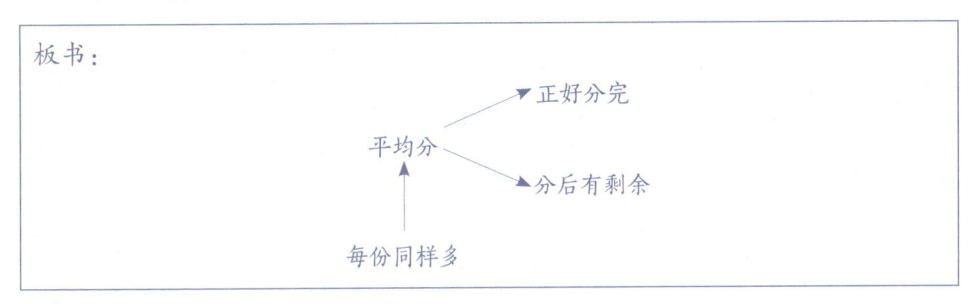

板书：

```
                        ──▶ 正好分完
           平均分
            ▲       ──▶ 分后有剩余
            │
          每份同样多
```

🔍 思考

　　布鲁纳认为："学习就是认知结构的组织和重新组织。"只有抓住联系，才能更好地把握结构、理解结构、生成意义。在上述教学中，笔者抓住新旧知识的"联结点"——平均分，创设"分小棒"的操作情境，让学生在操作中自主发现"平均分"时，存在"正好分完"和"分后有剩余"两种情况，体会了"余数"和"有余数的除法"产生的必要性。接着，笔者用一个表格整合了本节课所有操作活动的信息。这样做更有利于学生对平均分物品和除法运算形成完整的认识，明晰"平均分"的内涵和外延（不管"正好分完"还是"分后有剩余"，只要每份同样多，都是平均分），构建"平均分"新模型，更加深刻地把握"平均分"的本质。学生在多次操作的过程中强烈地感知"剩余"，同时，了解了"分后有剩余"时剩余部分数量与总数、每份数之间的关系，初步建立起"余数"的表象。

● 教学片段二

1. 探究"有余数的除法"的算式

出示任务2：用算式记录"正好分完"（①④）和"分后有剩余"（②③）的情况，并说明为什么要这样记录。

（学生独立完成，教师搜集典型算式，然后全班交流。）

【师】你是怎样用算式记录这两种"正好分完"小棒的过程的？

学生口述，老师板书：

$$10÷2=5（人）$$
$$10÷5=2（人）$$

【师】怎样用算式记录这种"分后有剩余"的情况呢？

学生呈现以下三种典型算式：

（1）3×3+1=10（根）

（2）10÷3=3（人）剩1（根）

（3）10÷3=3（人）……1（根）

【师】仔细观察这些算式，比一比，你觉得哪个算式最能清楚地记录分小棒的过程？

[小结：后两种算式都能清楚地记录分小棒的过程，但数学追求"简洁"，10÷3=3（人）……1（根）更合适。]

【师】你能结合分小棒的过程，说一说算式中每一个数表示的意思吗？

【生】10表示要分10根小棒，3表示每人分3根，3人表示分给了3人，1根表示分完后还剩下1根小棒。

【师】在过去学习的除法算式中，10、3和3人分别叫什么名称？你觉得最后的1根应该叫什么？

> 学生回答后，老师板书：
>
> 10÷3=3（人）……1（根)
>
> 被除数　除数　商　余数

【师】（指分后剩余2根的分法）你会用算式记录③这种"分后有剩余"的情况吗？

（学生独立完成，然后集体评议。）

【师】[板书：10÷4=2（人）……2（根）]你能结合分小棒的过程，说一说算式中每一个数表示的意思吗？（生答略）

2. 比较算式，理解"余数"与"除数"的关联性

【师】请大家仔细观察这些除法算式，它们有什么相同点和不同点？

（学生各抒己见，教师利用结构化的板书，逐步构建除法的知识结构体系。）

[小结：像这样"平均分东西"时，都可以用"除法算式"来记录分东西的过程和结果。不同的是，以往学习的除法算式都"没有余数"，是"表内除法"；而今天学习的除法算式"有余数"，这就是本节课我们学习的"有余数的除法"（板书课题）。]

【师】我们再来比较一下这两道有余数除法的算式，为什么第一道算式的余数是1，第二道算式的余数是2呢？

【生】因为第一种分法是剩余1根，第二种分法是剩余2根。

【师】因为第一种分法是每人分3根，除数是3，所以剩余1根，余数是1；第二种分法是每人分4根，除数是4，所以剩余2根，余数是2。余数跟除数有关。（板书：余数跟除数有关）

> 🔍 **思考**
>
> 　　数学学习，需要经历将现实情境去伪存真，抽象出数学知识与特征，并用数学方式表征内化的过程，这就是数学化的过程。在上述教学中，笔者抓住"有余数的除法"和"表内除法"的内在联系，借助"表内除法"的认知基础和活动经验，鼓励学生"再创造"算式，经历"有余数的除法"横式模型的建构过程，帮助学生初步建立了"有余数的除法"中被除数、除数、商与余数之间的结构关系，初步形成了有余数除法的表象。

● **教学片段三**

出示任务3：圈一圈，填一填。

(1) 9支铅笔，每人分2支，可以分给（　）人，还剩（　）支。

□÷□=□（　）……□（　）

(2) 9支铅笔，平均分给2人。每人分（　）支，还剩（　）支。

□÷□=□（　）……□（　）

（学生独立完成，教师巡视指导，然后全班交流。）

【师】两个问题都能用算式9÷2=4……1解决，想一想它们表示的意思一样吗。

【生】虽然算式一样，但由于分法不同，表示的意思也不同。但是，无论是"每人分2支"，还是"平均分给2人"，都会出现"分后有剩余"的情况，都可以用"有余数的除法算式"来表示。

【师】你还能用"9÷2=4……1"编一个分东西的数学故事吗？

（学生答案多样，有分书本、分糖、分组等。）

【师】（引导）无论是分小棒、分铅笔、分糖，这么多不同的事儿都能用数学算式来表示，你有什么感受？

【生】数学的力量真大呀！

> **思考**
>
> 　　重要的数学概念与数学思想，唯有在儿童自主地把它纳入已有知识结构之中，并且能够迁移应用于新的情境解决新问题时，才能真正被理解。上述教学将"有余数的除法"模型由"包含分"迁移到"平均分"，并借助直观的"圈""画"等方式，引导学生观察和比较，厘清两种分法的异同，发现两种分法的联系，在对比中辨析无论是"平均分物"还是"包含分物"，都有分不完的时候，都可以用"有余数的除法算式"表示分物的过程和结果，从而完善了"有余数的除法"新知模型。接着，笔者借助"编数学故事"，将"有余数的除法"模型由"分铅笔"迁移拓展到"分书本""分糖""分组"……从而沟通了数学与生活，培养了学生用数学的眼光观察世界和用数学的思维分析问题、解决问题的能力。

课例2　有余数的除法（2）

● 教学片段

【师】摆1个正方形需要4根小棒，用8根小棒能摆几个独立的正方形？

【生】2个。

【师】像这样摆正方形，如果正好把小棒用完，可能有多少根小棒？你是怎样想的？

【生1】12根，三四十二。

【生2】16根，四四十六。

……

【师】看来和4的乘法口诀有关。如果不能正好摆完，猜猜会剩余几根。

【生】可能剩余1根、2根、3根。

【师】想知道猜想是否正确，还得去验证。

出示任务1：用12、13、14根小棒摆正方形，结果会怎样？先摆一摆，再填写除法算式。

（学生独立完成，然后全班交流。）

小棒根数	算式
12	12÷4=[3]（个）
13	13÷4=[3]（个）……[1]（根）
14	14÷4=[3]（个）……[2]（根）

【生】用12根小棒可以摆3个正方形，算式是12÷4=3；用13根小棒可以摆3个正方形，还剩余1根，算式是13÷4=3……1；用14根小棒也摆了3个正方形，还剩余2根，算式是14÷4=3……2。

【师】这些商表示什么？余数呢？

【生】商表示正方形的个数，余数表示剩下的小棒根数。

【师】用剩余的这1根、2根小棒还能再摆1个正方形吗？

【生】摆1个正方形需要4根小棒，1根、2根都不够摆。

出示任务2：如果用15、16根小棒摆正方形呢？你能不用小棒，直接想一想，写出算式吗？试一试。

学生独立完成，教师巡视，收集学生资源。

15　15÷4=3（个）……3（根）
16　16÷4=3（个）……4（根）

15　15÷4=3（个）……3（根）
16　16÷4=4（个）

【师】老师收集了两份作品，比较一下：有什么相同和不同？

【生】15÷4的算式和结果相同，16÷4的结果不同。

【师】（圈出15的两个算式）没有摆小棒，是怎么想到用15根可以摆成3个正方形，还剩3根的呢？

【生1】可以根据14根来想。因为15根比14根多1根，用14根可以摆3个正方形，余2根，那么用15根就还是可以摆3个正方形，余3根。

【生2】还可以想乘法口诀。三四十二，15-12=3，所以可以摆3个正方形，剩余3根。

【师】你们真有办法！不用小棒摆，也能得出正确答案。（圈出16的两个算式）16根的这两个算式不一样，你们赞成谁的呢？说说理由。

【生1】余数不能是4，因为只要满4根就可以再摆一个正方形了。

【生2】剩下的只能是不够摆的，所以剩下的根数必须比4小，只能是1、2、3根。

【师】有道理！把这4根再摆成1个正方形，所以，商3就变成了几？（4）现在的余数是几？（0）余数是0，可以省略不写。(在16÷4=4的算式旁边打"√")比较除法算式中的余数和除数，你有什么发现？

【生】余数比除数小。

【师】如果接着摆下去，17根——

【生】（齐）摆4个正方形，余1根。

【师】18根——

【生】（齐）摆4个，余2根。

【师】19根——

【生】（齐）摆4个，余3根。

【师】20根——

【生】（齐）摆5个，没有剩余。

【师】一直摆下去会怎样？

025

【生】还是余1根、余2根、余3根、又摆1个。

【师】对于摆正方形后有剩余的情况,可以用算式表示。除数是几?余数可能是几?余数和除数有什么关系?

【生】除数是4,余数可能是1、2、3,余数比除数小。

【师】再想一想:用小棒摆五边形可能剩余几根呢?为什么?

【生】可能剩余1根、2根、3根、4根,因为满5根又能再摆1个了。

【师】对于摆五边形后有剩余的情况,也可以用算式表示。现在除数是几?余数可能是几?余数和除数有什么关系?

【生】除数是5,余数可能是1、2、3、4,余数比除数小。

【师】继续摆六边形、七边形、八边形……有剩余的情况都可以用这样的除法算式来表示。余数和除数有什么关系呢?能结合摆的过程说一说你是怎么想的吗?

【生】余数都比除数小,因为如果余数和除数相等,或者比除数大,就可以再摆1个了。

【师】回顾一下,刚才我们是怎么一步步发现余数都比除数小的?

[结合学生的回答,教师总结:先猜想余数,再操作验证,然后推理验证,最后概括结论,这是重要的学习方法。]

思考

在上述教学中,学生先通过动手操作发现除数是4的有余数除法中,余数比除数小;再通过类比推理验证发现除数是5的有余数除法中,余数也比除数小;进而用不完全归纳法推理发现摆更多边形有剩余的情况,得出余数都比除数小的结论;最后,回顾反思学习过程,归纳研究方法,积累数学活动经验,从而发展元认知能力。

课例 3　除法竖式

除法的本质是不断地对不同计数单位的总数进行平均分，分了之后对剩余的计数单位进行转化，将其与低一级的计数单位合并，然后再重复这样的过程。因此，除法竖式需要记录每次平均分过程中的"分什么？要分多少份（每份分多少）？每份分多少（能分多少份）？分了多少？还剩余多少？"五个步骤。

可见，与加、减、乘这三种运算相比，除法竖式的计算流程最复杂——涉及除、乘、减三种运算，算理理解起来也不太容易；同时，除法竖式"长"得跟加法竖式、减法竖式完全不一样，二年级的学生很难与原有的认知经验对接，这些构成了学生学习除法竖式时的认知障碍。

教材在编排上注重搭建相应支架帮助学生理解除法竖式的意义。以人教版新教材为例，一是将具体的操作活动（摆小棒）与抽象的除法竖式建立关联，引导学生将除法竖式的书写顺序与分物的过程联系起来思考。教材通过几个连续的图示，引导学生用除法竖式记录摆小棒的过程，结合具体的分物过程进一步理解余数的含义，认识除法竖式规范的书写格式及每一步表示的意思。二是将除法横式与除法竖式有机关联。教材通过用小棒摆正方形的情境，让学生知道除法可以列横式计算，也可以列竖式计算。三是将除法竖式与除法的意义紧密相连。教材一方面通过除法的意义引出除法竖式，帮助学生理解除法竖式的算理；另一方面，借助除法竖式帮助学生进一步理解被除数、除数、商和余数等概念，以及它们之间的关系，促使学生深入理解有余数除法的意义。

基于上述分析，笔者把表内除法和有余数的除法竖式整合为一课时教学，放大认知背景，如此有利于学生在比较中体验竖式对运算的记录意义，整体把握除法竖式的结构，从而理解和掌握除法竖式。

● 教学片段一

出示任务 1：有 13 根小棒，每 4 根摆一个正方形，结果怎样？请你画一画，并用算式记录摆小棒的过程。

（学生独立完成，然后全班交流。）

【生】可以摆 3 个正方形，还剩 1 根，算式是 13÷4=3（个）……1（根）。

【师】你能解释算式里每个数的意思吗？

【生】被除数 13 表示有 13 根小棒，除数 4 表示每个正方形要用 4 根，商 3 表示能摆 3 个，余数 1 表示还剩下 1 根小棒。

【师】很棒！刚才我们用横式记录了摆小棒的过程，你能用除法竖式记录摆小棒的过程吗？试一试。

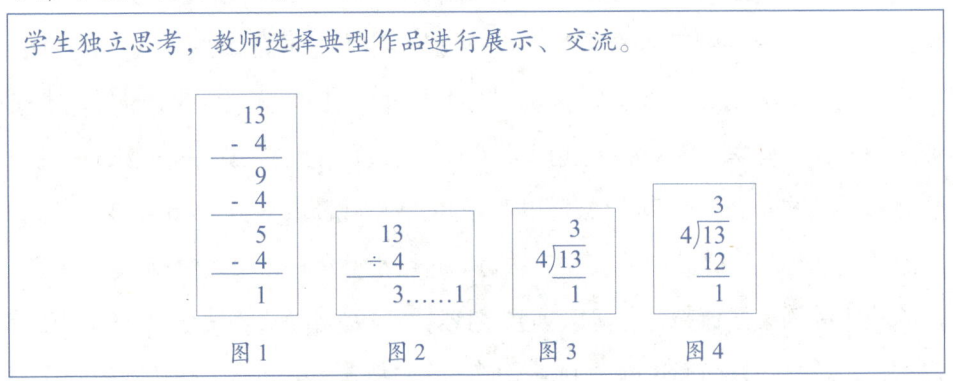

学生独立思考，教师选择典型作品进行展示、交流。

$$
\begin{array}{r} 13 \\ -\ 4 \\ \hline 9 \\ -\ 4 \\ \hline 5 \\ -\ 4 \\ \hline 1 \end{array}
\qquad
\begin{array}{r} 13 \\ \div\ 4 \\ \hline 3\ \cdots\cdots 1 \end{array}
\qquad
\begin{array}{r} 3 \\ 4\overline{)13} \\ \hline 1 \end{array}
\qquad
\begin{array}{r} 3 \\ 4\overline{)13} \\ 12 \\ \hline 1 \end{array}
$$

图 1　　　　　图 2　　　　　图 3　　　　　图 4

【师】谁的竖式记录更完整、更清楚地体现了摆小棒的过程？

（学生发现图 1 能将过程清楚地记录下来，但需要数出分的次数，有点麻烦；图 2～图 4 中都有 13、4、3、1，但只有图 4 中出现了 12。学生总结：图 4 不仅能记录摆的个数和剩余根数，还可以记录分掉了多少根，更完整、更清楚。）

【师】（追问）要想记录"一共有 13 根小棒，每 4 根摆 1 个正方形，可以摆 3 个，被分掉了 12 根，还剩下 1 根"这个过程，用除法竖式该怎么记录呢？

（课件播放动画：除号中的两个点要变魔术了！这两个点很调皮，它们伸出弯弯的手臂，变出了汉字"厂"！在这个神奇的竖式"工厂"里，被除数、除数和商各就各位，被除数 13 站在"厂"里，等待被平均分；除数 4 站在"厂"的左边，提醒大家要 4 个 4 个地分；而除得的商 3 特别调皮，竟然爬到"厂"的上面，对着被除数的个位玩起了"叠罗汉"的游戏。小朋友，你知道商 3 为什么要跟 13 的个位而不是十位对齐吗？）

【生】因为 3 表示 3 个一，所以要跟 13 的个位对齐。

【师】真会思考！除法竖式跟加法和减法竖式一样，除了将除数写在"厂"字左侧以外，其他数在竖式中都要做到"相同数位对齐"，这一点大家要特别注意。除法竖式的第一步就是"除中求商"。

【生】老师，商不是求出来了吗？

【师】真善于提问！这就是除法竖式的特殊之处。写 13÷4 的除法竖式时，不仅要算出除得的商 3，还要表示 4 个 4 个地摆，一共用去了几个 4，最后有没有剩余。请大家仔细观察摆小棒的过程。（课件动态演示将 13 根小棒每 4 根摆成一个正方形的过程。）

【生】一共摆了 3 个正方形，还剩下 1 根。

【师】既然用去了 3 个 4，那一共用去了多少根小棒？怎么求出来？

【生】4×3＝12。

【师】对！除法竖式的第二步就是通过"乘"求用去的小棒根数。一共有 13 根小棒，用去了 12 根，最后还剩几根？怎么算？

【生】13－12＝1，还剩 1 根。

【师】（完善板书后得到下图）仔细观察，13÷4 的除法竖式包括哪几步？

```
          对齐
           ↓
           3    ……商
除数……  4)13    ……被除数
          12    ……4×3 的积
4×3 的积   1    ……余数
```

① 除　13 里有（3）个 4
② 乘　4×3＝12，用去 12 根
③ 减　13－12＝1，剩余 1 根

【生】除、乘和减。

【师】这三步分别求什么?

【生】通过除,求得商是3,表示摆了3个正方形;通过乘,求出一共用去12根小棒;通过减,求出最后剩余1根小棒。

【师】真会总结!除法竖式比加法和减法竖式复杂,不但要注意商的个位跟被除数的个位对齐,还要按除、乘、减三步来分别求出商是几、一共用去几和最后剩余几。

【师】想一想:被除数13、除数4、商3和余数1之间有什么关系?

【生1】13÷4=3……1。

【生2】4×3+1=13。

【师】(追问生2)你能解释4×3+1=13的道理吗?

【生2】4×3是摆正方形用去的小棒,再加上剩余的1根就是总共的13根小棒。

> **思考**
>
> 借助课件动态演示,有趣的除号瞬间变成竖式中的"工厂",商跟被除数竟然在"工厂"上下玩起了相同数位对齐的"叠罗汉"游戏;求出商后,还得在竖式里分别表示出一共分掉和最终剩余的数量。在动态演示、师生互动的过程中,算理和算法自然创生,"除、乘、减"三步流程一清二楚,数学思维的严谨之美、逻辑之美也展现无遗。

● **教学片段二**

出示任务2:如果有16根小棒,每4根摆一个正方形,结果怎样?竖式怎样写?请你在学习单上画一画、写一写。

(学生独立完成,教师巡视指导,然后展示学生作品,全班交流。)

【师】(出示下列算式)除法竖式中的两个16和两个4分别表示什么意思?

$$\begin{array}{r}4\\4{\overline{\smash{)}16}}\\\underline{16}\\0\end{array}$$

【生】"厂"里的16是被除数,表示一共有16根小棒;"厂"左边的4表示每4根小棒摆1个正方形;"厂"上面的4表示能摆4个正方形;下面的16表示摆正方形用去了16根。

【师】讲得很清楚!除法竖式里两个16表示的意思可不一样,上面的16是总共的小棒根数,是被除数;下面的16是用去的小棒根数。那么,用去的16根是怎么算出来的?

【生】$4 \times 4 = 16$。

【师】竖式里的0表示什么意思呀?

【生】0表示小棒用完了,没有剩余。

【师】真棒!比较13÷4和16÷4的竖式,它们有什么相同点和不同点?

【生1】相同点是都要按"除、乘、减"这三个步骤来计算。

【生2】商的个位都要和被除数的个位对齐。

【生3】不同点是一个有余数,一个没有余数。

【师】在第二步"乘"的时候,都是用除法竖式中的什么数相乘的?

【生】商乘除数。

思考

首先,让学生运用新学的列除法竖式的方法去探究新知,感受13÷4和16÷4在算法、算理上的一致性;其次,借助反思与总结,进一步抽象、概括算法;最后进行比较关联:"13÷4和16÷4两个除法竖式有什么异同?"这样有助于学生整体把握除法竖式的结构,理解除法竖式对运算的记录意义。

"倍的认识"单元整体教学设计

一、确定指向核心素养的单元学习目标

（一）基于主题大观念提炼单元具体观念

"倍的认识"在人教版新教材中被编排在三年级上册。"倍的认识"归属于"数量关系"主题，是乘法模型的重要表达，相关的主题大观念是"数量关系模型是对真实情境中数量关系的一般化"。建立数量关系模型并用其解决问题是学习"倍的认识"的重点。

首先，从"关系"角度来看，小学阶段对两个量进行比较，可以"差比"，也可以"倍比"。"倍的关系"是乘除关系，从"整数倍"开始，后面的"小数倍"以及分数、百分数、比等都可以被看成"整数倍"的扩展。可见，"倍比关系"往前可以连接相差关系，往后可以拓展到用分数、百分数、比等形式来刻画。如果把"倍"的问题讲清楚了，小数、分数、百分数、比的很多问题就清楚了。因此，教学"倍的认识"时，不能简单地让学生记住一个概念，而应关注"关系"本身，让学生在比较两个数量时，形成以"一份"为标准对另一个数量进行度量，会用"倍"刻画两个数量之间乘除关系的新思维方式，从而拓宽学生对数量关系的认识视野。

其次，从学习内容来看，"倍"概念的建立是学习数量关系的重点之一。"倍的认识"单元主要包括建立"倍"的概念以及解决与"倍"有关的实际问题。与"倍"有关的实际问题主要有三类：一是求一个数的几倍是多少（比较量）；二是求一个数是另一个数的几倍（倍数）；三是已知一个数的几倍是多少，求

这个数（标准量）。这是建构形成乘法结构的最基本的模型，非常重要，学生如果对"倍"的概念理解不深刻、不全面，那么势必会造成"见倍就乘"的片面认识，将无法建构形成乘法结构。

学生学习"倍"，要经历从加法结构到乘法结构的一次质变，也就是从比较"绝对数量"相差多少进阶到比较"相对数量"的倍数关系。学生需要在"一个"的基础上建立"一份"的概念，即以前是"一个一个地数"，现在则要学会"一份一份地数"。因此，"倍"也是对学生而言理解难度比较大的一个概念。伴随着概念的生长，学生的数学眼光、数学表达以及数学思维都将出现一次新的突破。

基于上述分析，本单元力图体现如下单元具体观念。

观念1：两个数量之间既有加减关系，也有乘除关系，可以以"一份"为标准对另一个数量进行度量，用"倍"来刻画两个数量之间的乘除关系。

观念2：数量关系是比出来的，倍数关系比的是"份数"，两个数量之间的倍数关系具有相对性，即倍数关系是由"标准量"和"比较量"同时决定的。

观念3：实物、图形、语言等多元表征以及相互之间的沟通与联系，有助于建构"倍"的直观模型，理解"倍"的本质。

观念4：比较与抽象是数学学习的重要方式，多元题目的对比辨析有助于深化理解"倍"的本质，而"图示—语言—符号"的不断关联与抽象，有助于实现从"直观模型"到"抽象数量关系"的转化。

观念5：以上过程发展了学生的几何直观和模型意识。

（二）确定单元学习目标

1. 能用圈一圈、画一画、说一说等方式多元表征"倍"的含义，认识到"倍"是一种关系，要先确定"一份"的标准；知道两个数量间的关系除了加减关系，还有乘除关系，"倍的关系"是乘除关系，从而发展初步的模型意识和几何直观。

2. 能借助实物图、线段图等直观模型表征、分析"求倍数""求比较量"以及"求标准量"等问题情境中的数量关系，能列出解决问题的算式；能抽象概括出"比较量÷标准量=倍数"的基本数学模型,并在学习应用中总结出另外两个与之相关的数学模型,即"标准量×倍数=比较量"和"比较量÷倍数=标准量(1倍数)"。

3.能借助线段图等直观模型,运用"倍"的概念解决"先求倍,再求和"等稍复杂的实际问题,发展几何直观和问题解决能力。

二、单元内容重组与课时规划

(一)厘清单元内容的学习进阶

对比多种版本教材后发现,"倍的认识"单元的教学序列通常是"引入概念—建立概念—应用概念",即"'倍'概念的认识—求一个数是另一个数的几倍—求一个数的几倍是多少"。多数教材并没有编排"已知一个数的几倍是多少,求这个数"的内容。

笔者通过实践发现,这样的教学路径和序列存在着一些不足。

1.知识内容不完整,不利于学生的整体思考。"倍的认识"单元教学重在让学生理解倍数关系其实就是两个数量间的乘除关系。"倍的认识"实质上就是对"倍数""标准量"和"比较量"三者之间关系的认识。现行教材中仅安排了3个例题,缺少"求标准量"的例题以及关联"加减关系"与"乘除关系"的题目,不利于学生对数量关系的整体思考。同时,教材采用小步子递进的安排,这样的教学会有明显的重复性,缺乏挑战性。

2.编排缺乏对"倍"概念内涵的扩展,不利于学生形成知识结构。一般当商大于1时,我们习惯说被除数是除数的多少倍;而当商小于1时,我们就习惯说被除数是除数的几分之几,用分数来表达。事实上,从数学的角度看,上述两种情况都是"倍数关系"。例如,可不可以说$\frac{1}{3}$倍?如果能够说$\frac{1}{3}$倍的话,那么很多分数的问题就清楚了。想求a的几倍就是"乘",想知道某个数是a的几倍就是"除"。那么想求a的几分之几倍就是"乘",想知道某个数是a的几分之几倍就是"除"。用"倍"来表示关系时,"乘"和"除"就比较清楚了。"倍的认识"的教学，应该为后续学习"求一个数是另一个数的几分之几（百分之几）"埋下迁移的种子。教材的编排缺乏这样的知识关联，因此学生只是孤立地认识"倍"概念，不能很好地实现知识迁移，形成知识结构。

基于上述分析，我们需要依据课标要求，对单元内容进行适当的扩充与重组，并对学习内容进阶进行分析。

层级1：初步认识"倍"是两个数量间的一种乘除关系，与加减关系不同，"倍的关系"要先确定"一份"的标准；求一个数是另一个数的几倍（简称"求倍数"）的问题。

层级2：求一个数的几倍是几（简称"求比较量"）的问题，"先求'几倍数'再求和"的数学问题；体会两个数量间"乘除关系"与"加减关系"的区别与联系。

层级3：已知一个数的几倍是几，求这个数（简称"求标准量"）的问题；把"较大的数"看成"标准量"的数量关系表达。

另外，在本单元的学习中，从通过"圈一圈"来理解"倍"的概念，到通过简单的符号画数量图来解决"倍"的问题，再到通过画线段图来解决"倍数"问题，培养了学生的图文转化能力和用画图策略来帮助思考的意识。整条线层层推进，逐步深入，最终指向核心素养"几何直观"的培养。具体推进路线如下图所示：

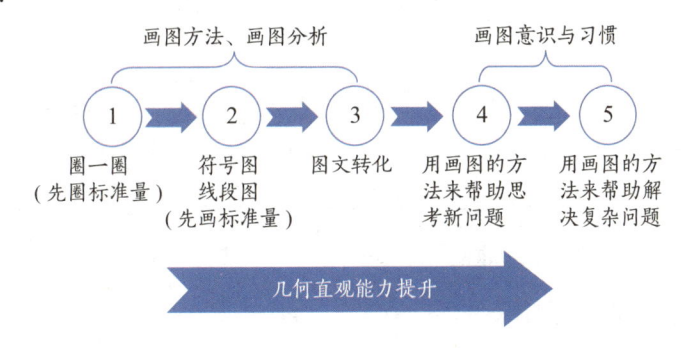

```
        画图方法、画图分析          画图意识与习惯
    ┌──────────────────┐      ┌──────────────┐
   ①      ②       ③       ④           ⑤
  圈一圈   符号图   图文转化   用画图的方    用画图的方
 （先圈标  线段图             法来帮助思    法来帮助解
  准量） （先画标             考新问题      决复杂问题
         准量）
        ────────────几何直观能力提升────────────▶
```

（二）分析学情

学生在学习"倍"的概念之前，对于"倍"已经有了哪些认识呢？学生在

学习"倍"时可能存在的困难是什么？带着这些问题，笔者设计了三个前测题，对任教学校三年级的 70 多名学生进行了学情调研。

> 1. 看图提出问题，能提几个就提几个。
>
>   第一行　○○
>   第二行　○○　○○
>
> 2. 试着画一画自己心目中的 2 倍。
> 3. □□□□□□，如果□的个数是○的 3 倍，应该画几个○？

调研发现，第 1 道前测题，已经清晰地将所比较事物的数量关系直观地展现在学生面前，给出了"倍"的标准结构的直观模型，但是学生提出的问题，依然以"求和、求差"为主。大多数学生都没有提到"倍"这个词，说明学生对"倍"的概念比较陌生。调研还发现，对于"倍"的概念，学生存在着诸多模糊的认知和各种各样的"误解"。

误解 1：认为"倍"是独立存在的，忽略"倍"是两个数量之间的比较关系。

比如第 2 道前测题，有学生这样画图表示 2 倍：

△△　2 倍

理由是"有 2 个△"。

误解 2：以为一共有几份，就是几倍。比如：

□□
○○　2 倍

理由是"把 2 个□看作一份，把 2 个○也看作一份，一共有 2 份"。

误解 3：受到头脑中"比差"关系的影响，一部分学生误认为一个数比另一个数多几倍就是一个数是另一个数的几倍。比如：

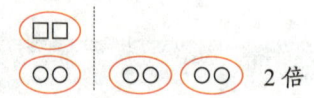

□□
○○　○○　○○　2 倍

理由是"2 个□是一份，2 个○也是一份，○比□多了 2 份"。

误解 4：见"倍"就乘。

对于第 3 道前测题，大多数学生认为"因为有 6 个□，求'3 倍'就应该用 6×3=18（个），所以应该画 18 个○"。只有少数几个学生能正确画出 2 个○，并清楚地说出自己的想法。

可见，学生在生活中对"倍"通常都有一些自己的认识，其中夹杂着各种各样的错误和片面认识。本节课的教学，要引导学生在已经认识"几个几"的基础上，以"份"为支点，生长出"倍"的概念，并用"倍"刻画两个数量之间的关系。

"倍的认识"的教学难点是使学生建立"份"的概念（从加法结构进阶到乘法结构），即从熟悉的"一个一个地数"，经由"圈一圈、分一分、画一画"等直观操作，逐步抽象成"一份一份地数"，进而建立"几个一份"就是相应标准"几倍"的整数倍模型。此外，还要考虑"倍"概念内涵的扩展。

（三）划分课时类型

课时	课型	教学内容	主要目标
1	关键课	"倍"概念的认识	通过圈、摆、说等方式建构"倍"的概念
2	关键课	求一个数是另一个数的几倍（简称"求倍数"）	通过画数量图、计算等方式，运用"倍"的意义解决问题
3	练习拓展课	练习课	运用"倍"的意义解决问题
4	方法迁移课	求一个数的几倍是多少（简称"求比较量"）	通过画数量图或线段图、计算等方式，运用"倍"的意义解决问题
5	关键课	已知一个数的几倍是多少，求这个数（简称"求标准量"，即"1 倍数"）	通过画线段图、计算等方式，运用"倍"的意义解决问题
6	练习拓展课	练习课	通过对比的方式，运用"倍"的意义解决问题
7	方法迁移课	"先求倍，再求和"问题	通过画线段图、计算等方式，运用"倍"的概念解决"先求倍，再求和"的稍复杂问题
8	整理与复习课	"数量间的关系"应用问题	通过提出问题、补充条件、计算等方式，整理、建构两个数量之间的加减关系、乘除关系（倍的关系）

三、关键课的教学设计

> **课例** "倍"概念的认识

小学生的数学认知结构主要是加法结构和乘法结构。在学习"倍"之前，学生头脑中建构的是"加法结构"，是数量的合并与多少的比较，他们未曾学习两个量之间的比率关系。要实现对两个量之间的比率关系问题的真正理解，还需要在学生的头脑中建构起"乘法结构"，而"倍"的学习正是小学生的数学认知结构从"加法结构"到"乘法结构"的转折点，是小学生跨越"量"走向"率"的第一步。因此，学生对于"倍"出现各种各样的"误解"就不难理解了。

那么，应该如何设计教学活动来帮助学生在头脑中建立起"倍"的概念呢？

1. 用"几份"来关联"几个几"和"几倍"，将"倍"纳入学生已有的认知结构中

在学习"倍的认识"单元之前，学生通过乘除法的学习，已有了"一份数"与"几份数"的经验积累。在学生的经验系统中，"份"是"分"的结果，如"分了多少份""每份是多少"；而"几个几"是"合"的结果，如"3个2是多少"。当问及"6里面有几个2"时，这里的"几"其实是"份"的意思了。由此及彼，"几倍"虽然是对"几个几"的提炼，但其实更接近学生认知结构中的"份"，因此也更容易被"份"所同化。为此，可以将教材中用"几个几"来界定"倍"的方式，改造成用"几份"来关联"几个几"和"几倍"，以期更好地将"倍"纳入学生已有的认知结构中。也就是说，关于"倍"的教学，需要先算一个数的几倍是多少，而不是算一个数是另一个数的几倍。

教学中，可以从学生已有的知识基础出发，创设比较两个量的问题情境，渗透"倍"是由两个数量相比较而产生的这一思想；同时借助"份"的思想和直观手段提炼出"几个几"，用对应的方法建立"倍"的概念——把较小的数看作一份，较大的数有这样的几份就是几倍，即：

几个几 { 一份　◯◯
　　　　 几份　◯◯ ◯◯ ◯◯ …… } 几倍

学生感受到"倍"表达了一种特殊的比较关系,而"标准"是比较的核心,只有标准(一份)确定了,有这样的几份,才可以说谁是谁的几倍。因此,表示倍数关系时,需要先确定一个标准量(一份),要表示几倍,就画出几个标准量(几份)。

一份　▇▇
( )份　▇▇▇▇▇▇　　( )倍

如此,能帮助学生初步认识"倍"的概念,理解"标准量、比较量、倍数"三者之间的关系。

2. 围绕"倍数关系到底是由谁决定的"这一核心问题设计结构化的数学活动,促进学生对"倍"概念的深刻理解

"倍"是两个数量之间的一种关系,这个倍数关系到底是由谁决定的?教学中,笔者围绕这个核心问题精心设计了结构化的数学活动,帮助学生深刻理解"倍"的本质。(1)标准量不同,表示的倍数关系也不同,由此得出结论:标准量是一个比较的对象,这个对象不一样,比较的结果就不一样。(2)标准量相同,表示的倍数关系却不同,由此得出结论:倍数关系不是仅仅由标准量决定的。(3)比较量相同,表示的倍数关系也不一样,由此得出结论:倍数关系也不是仅仅由比较量决定的。(4)标准量和比较量都发生变化,表示的倍数关系却不变。"那倍数关系到底是由谁决定的?"学生在这样一个思辨的过程中感悟到倍数关系是由标准量和比较量共同决定的,从而对倍数关系的认识逐渐深入,对"倍"概念的理解也更加全面。

基于上述思考,笔者做了如下实践探索,收到了良好的教学效果。

● **教学片段一:建立"份"与"倍"的联系**

出示情境图:嘟嘟妈妈带着嘟嘟到超市买水果。(图略)

出示：

3个菠萝和6个苹果（用水果图片在黑板上摆成下图）

【师】说一说：把菠萝和苹果比一比，你能看出什么？

【生1】我能看出"苹果比菠萝多3个"。

【生2】我能看出"菠萝比苹果少3个"。

【师】嗯，你们比较的是它们"相差多少"。（板书：相差关系）还能看出什么？

【生】还能看出"苹果比菠萝多2倍"。

【师】为什么说"多2倍"呢？你是怎么想的？

【生】因为菠萝有3个，苹果有6个，所以苹果比菠萝多2倍。（其他同学似懂非懂。）

【师】我们一起来圈一圈、看一看。把3个菠萝当成标准，圈在一起，看作一份，苹果有这样的几份？（边说边圈，如下图）

1份（标准）

2份

【生】2份。

【师】1份是3个，苹果有这样的2份，我们就说苹果的个数是菠萝的2倍。（板书：苹果是菠萝的2倍）苹果比菠萝多出来3个，正好多了1份，所以苹果比菠萝多了1倍，不是多2倍。现在我们知道了，在比较两个数量的大小时，可以比较它们的相差关系，也可以比较它们的倍数关系。（板书：倍数关系）

> **思考**
>
> 二、三年级小学生的思维以具体形象思维为主,他们对抽象概念本质的领悟,都必须以足够的直观材料和充分的实践经验为基础。上述教学将"倍"的概念置于现实背景中去感悟和理解,依托学生已有的知识经验,帮助学生建立了"份"与"倍"的联系,初步认识到"倍"表示的是比较关系。

● **教学片段二:建立"2倍"的直观模型**

【师】刚才我们认识了"苹果的个数是菠萝的2倍"这个关系,你觉得2倍关系还可以怎么表示呢?试着在练习本上画一画、圈一圈,让别人一眼就可以看出来。

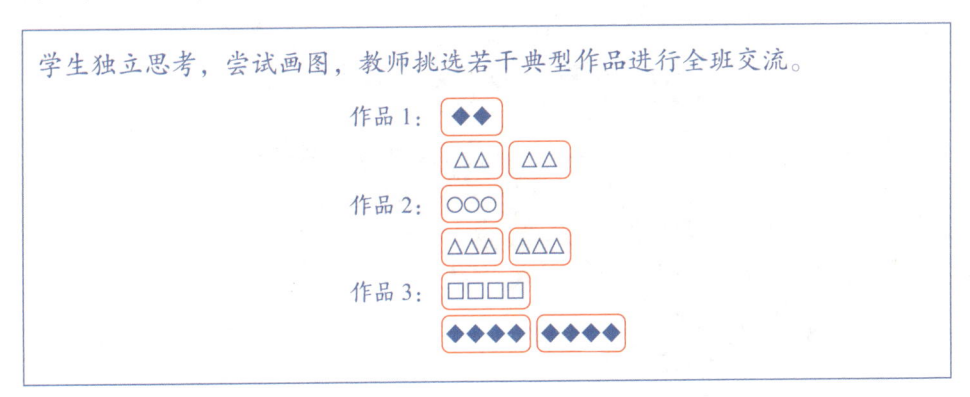

学生独立思考,尝试画图,教师挑选若干典型作品进行全班交流。

作品1:◆◆
　　　△△　△△

作品2:○○○
　　　△△△　△△△

作品3:□□□□
　　　◆◆◆◆　◆◆◆◆

(学生在交流中明确这3幅作品都可以表示出"谁是谁的2倍"。)

【师】我们看一下这3幅作品,它们的图一样吗?(不一样)标准一样吗?(不一样)

【师】图变了,标准也变了,为什么都是2倍呢?

【生】不管标准是几个,都可以把它看作1份,另一个量都是它的2份,所以是2倍。

【师】一般情况下，我们都是以较小的数为标准，把它看作1份，较大的数有这样的2份，我们就说较大的数是较小的数的2倍。标准不一样也没有关系，看来倍数关系不是仅仅由标准量决定的。

> 🔍 **思考**
>
> 紧紧抓住"2倍"这一基本倍数关系，让学生在初步认识"2倍"的基础上"自己举一个2倍的例子"，便激活了学生的思维。学生之间的差异导致呈现的学习素材既有相同之处又有不同之处，差异化的资源利用有效地促进了学生的合作学习。接着，教师在关键处提问："图变了，标准也变了，为什么都是2倍呢？"引导学生结合自己的操作和思考经验进行解释，感知"2倍"就是这样的"2份"，体会"变"中有"不变"，而这个"不变"，正是两者之间的"2倍关系"。

● **教学片段三：在辨析中提升对"倍"的认识**

1. 出示：4个火龙果和8个桃子（如下图，杂乱无序摆放）

（图：桃子的个数是火龙果的2倍）

【师】小猴说得对吗？为什么？

【生】小猴说得对！因为火龙果是4个，桃子有8个。把4个看成1份，8个就是2份，所以桃子的个数是火龙果的2倍。

> 课件动态显示把两种水果有序排列，并圈一圈。
>
> 桃子的个数是火龙果的2倍

【师】两个数量相比较，以其中一个为标准，把它看作一份，另一个有它的 2 份，就可以说另一个是标准的 2 倍。

2. 出示：4 个火龙果和 6 个猕猴桃

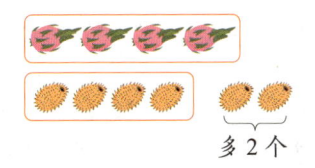

多 2 个

【师】小兔说"猕猴桃的个数是火龙果的 2 倍"，它说得对吗？为什么？

【生】小兔说得不对！因为 4 个火龙果是一份，猕猴桃只有 6 个，不够 2 份。应该说猕猴桃的个数比火龙果的 1 倍多 2 个，而不是 2 倍。

【师】真会观察！知道先看火龙果几个是 1 份，再看猕猴桃有这样的几份。4 个是"1 份"，6 个只比 1 份多 2 个，所以猕猴桃的个数只是比火龙果的 1 倍多 2 个，而不是它的 2 倍。

🔍 思考

由于学生初次认识"倍"，因此需要给学生提供清晰的标准结构的直观模型，这样有助于学生建立"倍"的概念。但教学中不能都是这样的"标准结构"，否则不能促使学生真正深入思考，因此需要提供"变式结构"，甚至是"错误的结构"，让学生在辨析中深化对"倍"的认识。

在上述"变式结构"模型中，分了两个层次处理，一是打乱了实物的排列顺序，二是呈现了"错误的结构"，这就使学生在检验甄别的过程中不仅明晰了"2 倍关系"，还了解了"比 1 倍多 2 个"和"2 倍"的区别，从而沟通了倍数关系与"比多少"，更加深刻地理解了"倍"概念的本质。

● 教学片段四：在"变化"中深化"倍"的认识

1. "标准"不变，由"2倍"拓展到"多倍"

【师】刚才我们认识了2倍，一起想象一下：如果要表示苹果是菠萝的3倍，又该怎样画？

【生】先画出1份，再画出跟它一样的3份，就能表示3倍。

出示：

1份

3份

苹果是菠萝的3倍

【师】如果要表示5倍呢？

【生】先画出1份，再画出跟它一样的5份，就能表示5倍。

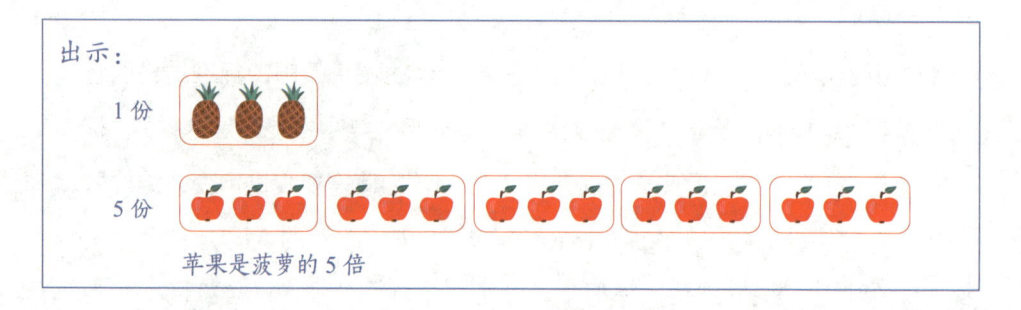

出示：

1份

5份

苹果是菠萝的5倍

【师】要表示1倍呢？

【生】先画出1份，再画出跟它一样的1份，就能表示1倍。

出示：

1份

1份

【师】只有这样的1份，我们就说苹果的个数是菠萝的1倍。1倍就是同样多。（板书：1倍就是同样多）

【师】仔细观察这3幅图，想一想：我们是怎样表示苹果和菠萝的倍数关系的？

[师生共同小结：先表示一个标准量（1份），然后要表示几倍，就画出几个标准量（几份）。]

【师】再观察这些图，你发现什么始终没有变？

【生】1份数始终没有变。

【师】1份数始终不变，也就是标准不变，有这样的几份就是几倍的关系。

2. "标准"变化，"倍数关系"也随之变化

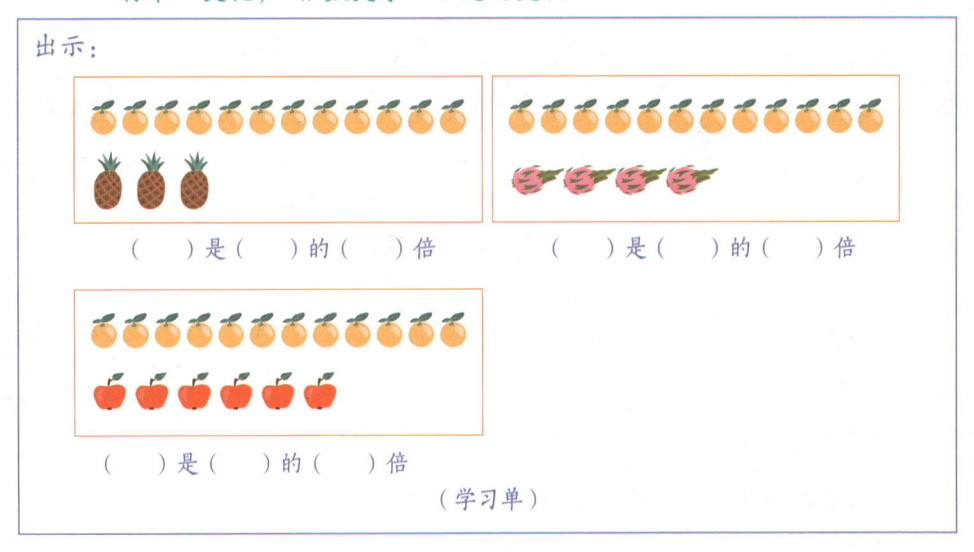

出示：

（　　）是（　　）的（　　）倍

（　　）是（　　）的（　　）倍

（　　）是（　　）的（　　）倍

（学习单）

【师】如果橙子和菠萝相比，橙子是菠萝的几倍？如果橙子和苹果相比，橙子是苹果的几倍？如果橙子和火龙果相比呢？有倍数关系吗？请你在"学习单"上圈一圈、填一填。

（学生独立完成"学习单"后，集体反馈。）

【生】橙子的数量是菠萝的4倍，是火龙果的3倍，是苹果的2倍。

【师】橙子的数量没有变，倍数却变了，这是怎么回事呢？

045

【生1】因为标准的数量变了。

【生2】因为1份的数变了。

【师】1份数就是标准，看来标准真的太重要了！

3. "标准量"和"比较量"都发生变化，而"倍数关系"不变

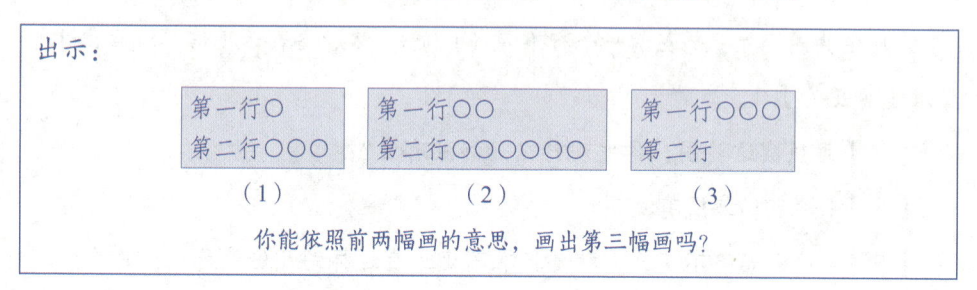

出示：

（1）	（2）	（3）
第一行○ 第二行○○○	第一行○○ 第二行○○○○○○	第一行○○○ 第二行

你能依照前两幅画的意思，画出第三幅画吗？

（学生独立完成，在"学习单"上画一画、圈一圈，然后全班交流。）

【生】图（1）把1个○看作1份，第二行有3份；图（2）把2个○看作1份，第二行有3份；图（3）把3个○看作1份，第二行也要画3份。（如下图）

第一行○　　　第一行○○　　　第一行○○○
第二行○○○　第二行○○○○○○　第二行○○○○○○○○○

【师】每一幅图中○的数量都不一样，为什么都说第二行○的个数是第一行的3倍呢？

【生】因为都有这样的3份。

【师】在这幅图中，什么在变化？什么不变？

【生】第一行的数量在变化，第二行的数量也在变化，它们的倍数关系不变。

【师】把第一行的数看作1份，也就是标准，第二行是跟标准相比较的数量，它们都在变化，倍数关系却不变。回顾刚才的学习，你觉得两个数量之间是几倍的关系到底是由谁决定的？是标准，还是比较的量？

【生】跟它们都有关系。

【师】是的，倍数关系是由这两个数量共同决定的。

> **思考**
>
> 概念的理解并不是一蹴而就的，需要经过多次反复，经历"建构—解构—重构"的过程。对于"倍"的理解，需要加强变式，突出其本质，从而帮助学生深化理解。理解"倍"的概念要抓住三个数量：标准量、比较量和倍数。只要标准量或比较量发生变化，它们之间的倍数关系就会随之改变。于是，在学生初步理解"倍"的概念之后，笔者继续利用水果和图形的各种变化引导学生把握"倍"概念的内在本质，深化对"倍"的认识。

环节1中的"变化"是"标准不变，比较量变化"（两个量之间成正比）。笔者不断引发学生想象"如果要表示苹果是菠萝的3倍，又该怎样画""5倍呢"，数形结合，拓展了学生对"倍"的认识。在此基础上引导学生认识较难理解的"1倍"，强调"1倍就是同样多"，学生的理解自然水到渠成。通过以上结构化的设计，引导学生深入认识标准量（1份）、比较量（几份）、倍数三者之间的关系，梳理出表示倍数关系的一般方法，这对学生来说无疑是一个很好的小结。在数学学习中，学会"建模"是学生从感性认识上升到理性认识的一个重要标志。

环节2中的"变化"是"比较量不变，标准变化"（"标准"与"倍数"成反比）。教学中，笔者让学生通过圈一圈的形式探究倍数发生变化的原因，再次感受比较"标准"的重要性，潜移默化地渗透了反比例的思想。

环节3意在引导学生通过观察、比较、推理，发现数量之间隐藏的倍数关系，发展推理能力。而"倍数关系到底是由谁决定的"这一追问，让学生在思考、辨析中明确了"倍数关系跟标准量和比较量都有关系，是由这两个数量共同决定的"，从而深化了对"倍"概念的理解。

"三位数乘两位数"单元整体教学设计

"三位数乘两位数"单元隶属"数与运算"主题，是小学阶段整数乘法学习的最后一个知识模块。

一、确定指向核心素养的单元学习目标

（一）基于主题大观念提炼单元具体观念

本单元相关的主题大观念主要有两个：一是"数的运算是计数单位个数的运算"，包括乘法在内的四则运算都可以被理解为计数单位个数的运算；二是"数量关系模型是对真实情境中数量关系的一般化"，它能应用于更多情境，解决更多的实际问题。建立模型相当于为解决问题提供一个抓手，将具体问题归结为某个模型就确定了问题中数量之间的相等关系。综合上述分析，结合本单元内容，将主题大观念具体化为如下单元观念。

观念1： 乘法运算都可以被理解为计数单位个数的运算，两位数乘两位数的算理与算法可以迁移到三位数乘两位数甚至多位数乘两位数上。

观念2： 通过运算可以发现一些常见的数量关系类型，数量关系类型将真实情境中的问题用一般化形式表达出来，它能应用于更多的情境，解决更多的实际问题。

观念3： 以上过程发展了学生的运算能力、推理意识和模型意识。

（二）对比分析多种版本教材

人教版与苏教版教材编排的"三位数乘两位数"单元内容比较一致，包括"三位数乘两位数、积的变化规律与常见的数量关系"三个部分。北师大版教材

四年级的"乘法"单元内则包括"三位数乘两位数、乘法估算、有趣的算式、用计算器计算"等内容。下面以人教版教材的单元内容为例加以分析。

人教版教材将本单元内容的编排分为三个部分。第一个部分是笔算三位数乘两位数。先教学一般笔算方法，要求学生将两位数乘两位数的算理、算法迁移到三位数乘两位数上；再教学因数中间或末尾有0的笔算方法。"三位数乘两位数"是整数乘法学习的最后一个阶段，教学时要引导学生对整数乘法的算理和算法进行回顾和整理，从而总结出多位数乘法的一般算法，也就是"用一个因数每一位上的数分别乘另一个因数"，并进一步理解算理，建构起乘数是两位数的乘法运算法则。第二个部分是研究积的变化规律，引导学生探究运算中的规律，鼓励学生运用规律进行简便计算，提高运算能力，培养数感和推理意识。第三个部分是教学两种常见的数量关系——"总价＝单价×数量""路程＝速度×时间"，引导学生经历从生活实际问题抽象到数学模型的过程，鼓励学生应用总结的数学模型解决生活中的实际问题。

（三）参考权威考试命题

从权威的考试命题来看，相关的测试题目除了考查计算技能之外，更加注重考查对于三位数乘两位数算理的理解（如下图）。这就要求我们的教学不仅要让学生学会"如何算"（算法），还要让学生明白"为什么可以这样算"（算理）。

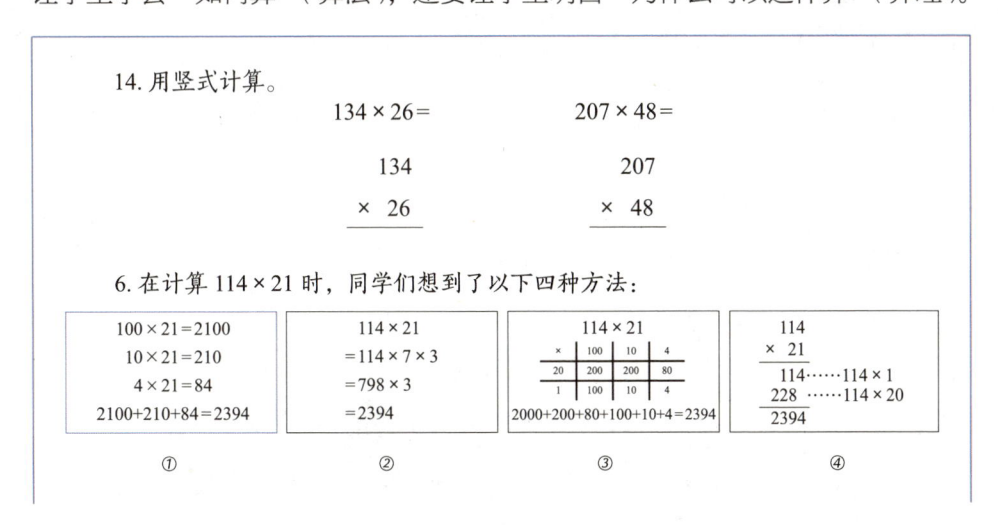

14. 用竖式计算。

$134 \times 26 =$ $207 \times 48 =$

6. 在计算 114×21 时，同学们想到了以下四种方法：

①	②	③	④
$100 \times 21 = 2100$ $10 \times 21 = 210$ $4 \times 21 = 84$ $2100 + 210 + 84 = 2394$	114×21 $= 114 \times 7 \times 3$ $= 798 \times 3$ $= 2394$	$\begin{array}{c\|ccc} \times & 100 & 10 & 4 \\ \hline 20 & 200 & 200 & 80 \\ 1 & 100 & 10 & 4 \end{array}$ $2000+200+80+100+10+4=2394$	114 $\times\ 21$ $\overline{114}$……114×1 228……114×20 $\overline{2394}$

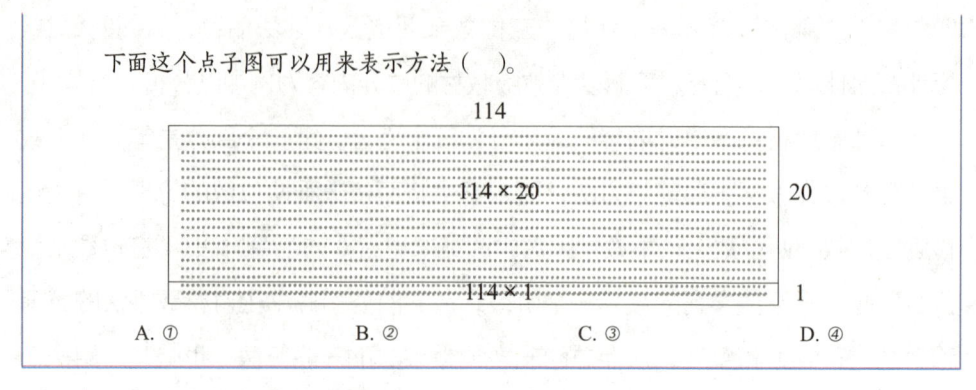

下面这个点子图可以用来表示方法（　　）。

```
           114
┌─────────────────────────────┐
│                             │
│          114×20             │ 20
│                             │
├─────────────────────────────┤
│         114×1               │ 1
└─────────────────────────────┘
```

A. ①　　　　B. ②　　　　C. ③　　　　D. ④

（四）确定单元学习目标

综合以上分析，可以将本单元的学习目标确定为：

1. 能将两位数乘两位数的算理与算法迁移到三位数乘两位数上，能通过思考、讨论、交流，总结出多位数乘法的一般算法，发展迁移能力。

2. 经历探究积的变化规律的过程，能够发现并归纳出积的变化规律，并能对其进行灵活运用，发展数感和运算能力。

3. 能结合具体情境理解并掌握"单价、数量、总价""速度、时间、路程"之间的数量关系，并能利用这些数量关系解决简单的实际问题，发展应用意识和模型意识。

4. 能运用已有的知识经验解决新的计算问题，进而获得成功的体验，树立学好数学的自信心。

二、单元内容重组与课时规划

（一）厘清单元内容的学习进阶

"三位数乘两位数"单元的学习可以分为三个层级（阶段）。

层级1： 由两位数乘两位数的笔算迁移到三位数乘两位数的笔算，理解乘数是两位数时要用"十位上的数"与"个位上的数"分别乘另一个因数，并建构起乘数是两位数的乘法运算法则，侧重发展运算能力与推理意识。

层级2： 利用积的变化规律计算因数中间或末尾有0的三位数乘两位数，

侧重发展运算能力和推理意识。

层级 3：发现并总结出"单价、数量、总价""速度、时间、路程"之间的关系，并能运用数学模型解决生活中的实际问题，侧重发展模型意识。

（二）分析学情

从知识的前后联系来看，在这之前学生已经学习过"多位数乘一位数""两位数乘两位数"等知识，具备一定的知识经验和迁移能力。本单元对学生的运算能力提出了更高的要求，要求学生能将三位数乘两位数的笔算方法迁移到多位数乘法中，形成整数乘法的运算模型。

调研发现，大部分学生虽然能迁移两位数乘两位数的笔算算法到三位数乘两位数的笔算中，也能说清楚每一步的算理，但在笔算时没能主动发现、总结运算策略，主动简化笔算过程；遇到因数中间或末尾有 0 的笔算乘法时，大部分学生说不清为什么要这样笔算，或者不理解简便的书写方式。

部分学生在因数中间或末尾有 0 的笔算算法上出错较多，主要表现在以下几个方面：1. 认为 220×40 和 22×4 很像，只要按照两位数乘两位数的竖式计算就可以，但不知道该如何处理"0"；2. 在用竖式计算 220×40 时，用 40 个位的"0"依次去乘 220，每一位的乘积都是"0"，尽管认为方法正确，但觉得竖式里的这一步都是"0"有些奇怪，又不知该如何改动；3. 受以往学习经验的影响较大，运用不同策略解决问题的意识相对淡薄。

综上所述，本单元的学习路径应侧重于类比迁移，即将两位数乘两位数的算理、算法迁移到三位数乘两位数甚至更多位数乘法的学习中，将学习"速度、时间、路程"数量关系的方法迁移到"单价、数量、总价"的学习中。

（三）划分课时类型

综合以上分析，可以将人教版中本单元知识教学的"序"做如下调整（如下页表），使之更符合学生的学习规律。

整合前的课时安排		整合后的课时安排		
课时	教学内容	课时	课型	教学内容
1	三位数乘两位数笔算	1	关键课	三位数乘两位数笔算
2	因数中间或末尾有0的乘法	2	关键课	积的变化规律
3	练习课	3	练习拓展课	用积的变化规律灵活计算因数中间或末尾有0的乘法
4	积的变化规律	4	练习拓展课	练习拓展课
5	常见的数量关系"总价=单价×数量"	5	关键课	常见的数量关系"路程=速度×时间"
6	常见的数量关系"路程=速度×时间"	6	方法迁移课	常见的数量关系"总价=单价×数量"
7	练习课	7	练习拓展课	数学阅读课：铺地锦
8	单元整理与复习	8	整理复习课	单元整理与复习

调整后的单元教学仍然分为三个部分：第一个部分是算理、算法的迁移，从三位数乘两位数逐步扩充到多位数乘法；第二个部分是积的变化规律的学习，先发现、理解、掌握积的变化规律，并运用积的变化规律解决实际问题，再运用积的变化规律灵活计算因数中间或末尾有0的三位数乘两位数，从根源上理解因数中间或末尾有0时的简便书写格式；第三个部分是调整"行程问题"与"价格问题"的课时顺序，先教学比较难理解的"速度"概念，帮助学生理解速度单位的写法，掌握推导"速度、时间、路程"这三个数量之间关系的方法，为迁移学习"价格问题"打好基础。

三、设计指向目标的核心任务序列

单元优化后的部分教学内容、核心目标与核心任务

课时	教学内容	核心目标	核心任务
1	三位数乘两位数	能将两位数乘两位数的算理与算法迁移到三位数乘两位数上，能通过思考、讨论、交流，总结出多位数乘法的一般算法，发展迁移能力。	任务1：用竖式计算 $114×2$ 和 $14×23$，并解释竖式每一步的道理和算法。 任务2：用竖式计算 $114×23$，并结合具体情境解释算法。

续表

课时	教学内容	核心目标	核心任务
2	积的变化规律	经历探究积的变化规律的过程,能够发现并归纳出积的变化规律,并能对其进行灵活运用,发展数感和运算能力。	**任务1:**(1) 2×6=　　(2) 20×4= 　　　　　20×6=　　　　10×4= 　　　　　80×6=　　　　5×4= 先口算,再观察,你有什么发现? **任务2:**想办法验证发现的规律。
3	路程、时间与速度	能结合具体情境理解并掌握"速度、时间、路程"之间的数量关系,并能利用数量关系解决简单的实际问题,发展应用意识和模型意识。	**任务1:**如图,谁走得最快?谁走得最慢?请说明理由。 喜羊羊　用了6分钟 美羊羊　用了6分钟 480米　280米 学校　280米　懒羊羊 用了4分钟 **任务2:**(1)"神舟十八号"载人飞船在太空中5秒飞行了约40千米,"神舟十八号"的速度约是( )。 (2)张老师骑自行车,2小时骑了16千米,张老师骑自行车的速度是( )。 想一想:速度的单位怎样写?

四、关键课的教学设计

课例1　三位数乘两位数

● **教学片段一**

【师】今天我们一起研究"三位数乘两位数"(板书课题),在研究新问题之前,先来回忆一下我们学习过哪些笔算乘法。

【生】三位数乘一位数、两位数乘两位数。

【师】我们先来复习,请大家独立计算114×2和14×23。

(学生独立计算,然后全班反馈、交流。)

【师】(出示下列算式)说一说14×23是怎么算的。

$$114 \times 2 = 228 \qquad 14 \times 23 = 322$$

```
    114              14
  ×   2            × 23
  -----           -----
    228              42
                     28
                   -----
                    322
```

【生】个位上的3乘14等于第一层积42，十位上的2乘14等于第二层积28，两层积加起来是322。

【师】三位数乘一位数的计算方法，其实就依据了两位数乘两位数法则中的哪一句？

【生】个位上的数依次去乘因数每一位上的数。

思考

学生已经会笔算三位数乘一位数和两位数乘两位数，与三位数乘一位数相比，三位数乘两位数只需要多乘一位，并把两次的部分积相加；与两位数乘两位数相比，三位数乘两位数只是其中的一个乘数从两位数变成了三位数，竖式计算的方法完全可以从两位数乘两位数迁移过来。可见，新旧知识之间的联系是多么紧密。在解决新问题之前引导学生复习已有的知识和方法，为学生自主研究新问题提供了必要的保障。

教学片段二

出示任务： 我国发射的第一颗人造地球卫星绕地球1圈需要114分钟。绕地球23圈需要多少时间？

（引导分析、列式：$114 \times 23 = ?$）

【师】需要多少时间呢？先估一估，与同伴交流你的想法。

（小组交流，然后全班反馈。）

【生1】我把114估成110,把23估成20,110×20=2200(分钟)。因为把两个乘数都估小了,所以正确的积一定比2200分钟多。

【生2】我把114估大,估成120;把23估小,估成20;120×20=2400(分钟)。大约是2400分钟。

……

【师】下面我们就来列竖式算一算准确的时间是多少。

学生尝试计算,教师巡视指导,然后全班交流,展示学生作品。

```
      ①                ②               ③
      114              114             114
  ×    23          ×    23         ×    23
  ───────          ───────         ───────
       42              342             342
      228               28             228
  ───────          ───────         ───────
     2322              622            2622
```

【师】一道题出现了三个结果,仔细观察,你认为哪种做法是对的?其他方法错在哪里?

【生】第二种做法肯定是错的。刚才估算的结果比2200还要多,他的计算结果是622,一定不对!

【师】用估算的结果来检验笔算结果,是个好方法!那我们仔细看看:第二种做法错在哪里了呢?

【生1】第二种做法中十位上的2没有乘百位上的数。

【生2】第一种做法也是错的,个位上的3没有乘百位上的数。

【生3】只有第三种做法是对的。

【师】为什么十位上的2、个位上的3要乘百位上的1?不乘不行吗?

【生1】不乘不行,不乘就变成两位数乘两位数了。

【生2】两位数乘两位数就是依次去乘每一位上的数,三位数乘两位数也要依次去乘每一位上的数。

【生3】不乘百位上的数,计算结果就变小了。

【师】联系这道题目，想一想：个位上的3去乘114，表示3个114，算出的是什么？

【生】算出的是绕3圈需要多少时间。

【师】（板书：绕3圈用的时间）那十位上的2去乘114表示的是什么？算出的又是什么呢？

【生】表示的是20个114，算出的是绕20圈需要多少时间。

【师】（板书：绕20圈用的时间）然后把两个积相加，表示的是什么？

【生】表示23个114，也就是绕23圈用的时间。

【师】现在明白为什么个位和十位上的数都要依次去乘因数每一位上的数了吗？

【生】我明白了：绕1圈需要114分钟，个位上的3乘114每一位上的数，表示3个114，是绕3圈用的时间；十位上的2乘114每一位上的数，表示20个114，算的是绕20圈用的时间；再相加，就算出了绕23圈的总时间。

【师】谁能用自己的话说一说"怎样计算三位数乘两位数"？

【生】先用个位上的数乘因数每一位上的数，再用十位上的数乘因数每一位上的数，然后把两次的积相加。

【师】总结得真好！你觉得计算时应该注意些什么？

【生1】应该去乘因数每一位上的数，不能漏掉百位上的数。

【生2】数变大了，一定要细心计算。

【师】真好！比较一下，你觉得三位数乘两位数和以前学的乘法有什么相同点和不同点？

（小组讨论后全班交流。）

【生】它们的计算方法是一样的，都要依次乘每一位上的数，而且相同数位要对齐；不同点就是由原来的两位数变成三位数了。

【师】是的，看似不一样，其实它们的计算方法和道理是相通的。

> **思考**
>
> 　　首先，引导学生结合实际情境，理解算理。然后，及时回顾计算过程，让学生用自己的语言讲述三位数乘两位数的计算方法与体会，在交流中总结算法。最后，通过比较两位数乘两位数的计算方法和三位数乘两位数的计算方法，沟通新旧知识，把新知识纳入已有的知识结构中。

● 教学片段三

【师】以前我们学过三位数乘一位数、两位数乘两位数，今天，我们又学了三位数乘两位数。猜猜看：以后我们还会学几位数乘几位数？

【生】三位数乘三位数、四位数乘三位数、一百位数乘一百位数……

【师】可是，课本上并没有安排这些内容啊，为什么呢？

【生】因为它们都是用同样的方法计算的。

【师】什么"同样的方法"呢？

【生】都是从个位算起，先乘个位，再乘十位，再乘百位，一直乘下去。

【师】乘的结果表示什么？

【生】乘个位的结果表示有多少个一，乘十位的结果表示有多少个十，乘百位的结果表示有多少个百，依次类推。

【师】（出示下图）我们再来看看古代欧洲的算式，看看它的计算方式和我们的一样吗？

$$\begin{array}{r} 114 \\ \times\ 23 \\ \hline 12 \\ 3 \\ 3 \\ 8 \\ 2 \\ 2 \\ \hline 2622 \end{array}$$

【生】它是一个数一个数算的。

【师】什么意思啊？

【生】就是先用个位上的3去乘个位上的4等于12，写上去；再用3去乘十位上的1等于3，写上去；再用3去乘百位上的1等于3，……

【师】他说得对吗？你们看懂了吗？

【生】看懂了。

【师】笔算乘法其实就是拆一拆，算一算，将拆分后算出的几个几、几十个几、几百个几用竖式记录下来，再求出它们的和。

出示：

□里填几？
```
    1 3 2
×     2 □
─────────
  1 0 5 6
    2 6 4
─────────
  3 6 9 6
```

（有的学生表示填3，也有的表示填8。）

【生1】我这样想，132乘几等于1056，132乘3不等于1056，132乘8是对的。

【生2】我看132乘几的个位是6，只有二三得六、二八十六，但是132乘3的积不会是四位数，所以应该填8。

【师】我们总结一下：要填的数与第一层积有关，还要考虑2乘几，积的个位会是6。

出示：

□里填几？
```
    1 3 2
×     2 □
─────────
    □ □ □
    2 6 4
─────────
  3 1 6 8
```

（学生独立完成，小组交流后汇报。）

【师】这个问题怎么想？

【生1】积的个位是8，第一层积的个位一定是8。然后再想2乘几得8，由此得出第二个因数个位上是4。

【师】其他同学对生1的说法有疑问吗？

【生2】我有问题：2乘9等于18，个位上也是8呀，为什么非要填4呢？

【生1】还要看第一层积是三位数，如果填9，积就是四位数了，所以一定是填4。

【生3】我是这样想的：用3168-2640=528，得到第一层积，再想132乘几是528。

【师】这样算的依据是什么？

【生3】计算法则中有依据。因为第一层积加第二层积等于最后结果，所以用最后结果减去第二层积就等于第一层积。

【师】真会思考问题！从计算法则中找到了解决问题的依据。

思考

多位数乘多位数的计算本质上是计数单位的累加，笔算乘法就是将拆分成的几个几、几十个几、几百个几用竖式记录下来，再求它们的和。借助古代欧洲的算式，能让学生充分理解笔算乘法的内在本质，整体把握计算的道理。"□里填几"的练习，一方面增强了学生的学习兴趣；另一方面，促使学生不自觉地把视角投向计算法则，从计算法则中找到解决问题的依据，计算法则便成了学生思维的"支点"。

课例2　路程、时间与速度

● 教学片段一

教学时，首先让学生观察如下情境图：

下面是喜羊羊、美羊羊和懒羊羊从家到学校的时间。

我刚好用了6分钟　　我也用了6分钟

我只用了4分钟

【师】仔细观察，题目中告诉了我们哪些信息？

【生】从家到学校，喜羊羊刚好用了6分钟，美羊羊也用了6分钟，懒羊羊只用了4分钟。

【师】根据这些信息，你能提出什么数学问题呢？

【生】他们三个谁走得最快？谁最慢？

【生1】懒羊羊走得最快，因为他用的时间最少。

【生2】那不一定！有可能懒羊羊家离学校近，喜羊羊和美羊羊的家离学校远一些。

【师】生2说得有没有道理？

【生】（一致同意）有道理！

【师】也就是说，要比出快慢，只知道时间还不行，还需要知道他们从家到学校分别走了多长的路。一共行了多长的路叫作路程。（板书：路程）

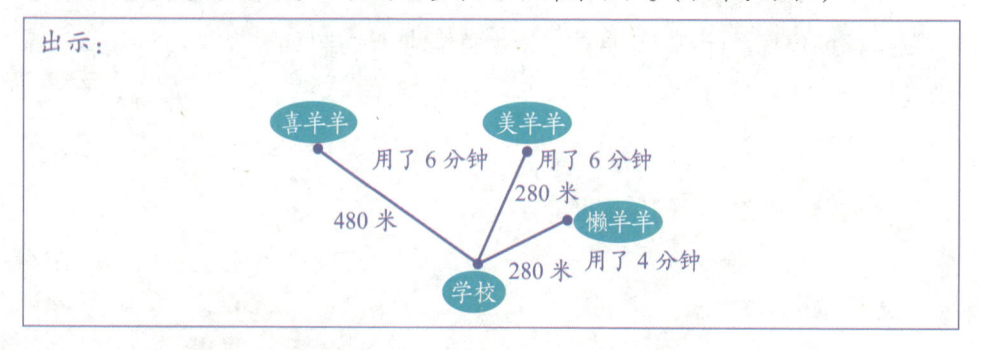

出示：

喜羊羊　　　　　美羊羊
　　用了6分钟　　用了6分钟
　　　　　　　280米
480米　　　　　　懒羊羊
　　　　　280米　用了4分钟
　　学校

（学生先独立思考，尝试计算，然后全班交流。）

【生1】喜羊羊和美羊羊用的时间都是6分钟，但是喜羊羊走的路程长，所以喜羊羊比美羊羊快。

【师】时间相同，可以直接比路程。

【生2】美羊羊和懒羊羊都走了280米，但美羊羊用的时间长，所以懒羊羊比美羊羊快。

【师】路程相同，可以直接比时间。再看喜羊羊和懒羊羊，它们用的时间、走的路程都不同，又该怎么比较呢？

【生3】可以列算式比较。480÷6=80（米），280÷4=70（米），80＞70，所以喜羊羊比懒羊羊快。

【师】80＞70，生3在比什么，你们看懂了吗？

【生】比的是"1分钟走的路程"。70米是懒羊羊1分钟走的路程，80米是喜羊羊1分钟走的路程。

【师】求"1分钟走的路程"为什么要用除法呢？

【生】因为求"1分钟走的路程"，就是把480米平均分成6份，把280米平均分成4份，所以要用除法。

【师】（出示下图）把480米平均分成6份，其中的1份就是喜羊羊1分钟走的路程；把280米平均分成4份，其中的1份就是懒羊羊1分钟走的路程。我们可以在线段图上表示出来。

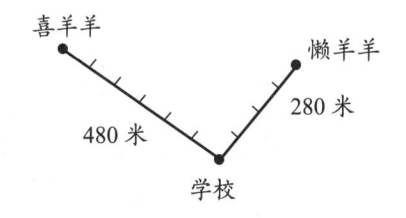

【师】从图上看，他俩谁走得快？

【生】喜羊羊走得快。因为都是1分钟，但喜羊羊走的路程多。

【师】像这样表示"1分钟走的路程"叫作"速度"。是怎么求速度的？

【生】路程÷时间＝速度。

【师】启示是计算"速度"就是把"时间不同"转化为"时间相同"。现在它们三个，两个两个地比，已经比出快慢来了。能比出谁最快，谁最慢吗？

【生】能。因为刚才已经知道了喜羊羊比美羊羊快，懒羊羊也比美羊羊快，说明美羊羊最慢；喜羊羊又比懒羊羊快，所以喜羊羊是最快的。

板书：

$$\left.\begin{array}{l}喜羊羊 > 美羊羊 \\ 懒羊羊 > 美羊羊\end{array}\right\}美羊羊最慢$$

$$\left.\begin{array}{l}懒羊羊 > 美羊羊 \\ 喜羊羊 > 懒羊羊\end{array}\right\}喜羊羊最快$$

思考

学生的数学学习是以经验为基础的。学生的数学学习过程就是一个经验的激活、利用、调整、提升的过程，是建立在经验基础上的一个主动建构的过程。在"路程、时间、速度"这三个数量中，"速度"是最难理解的，却是最核心的。在上述教学中，笔者注重把抽象的"速度"概念与学生熟悉的"比快慢"生活经验紧密连接，将自身的"学术"经验与学生对"速度"的已有经验对接。教师进入学生的话语系统，进入学生的思维系统，师生深度对话，有效促进了学生数学素养的提升。与此同时，上述以解决问题"谁跑得快"为载体的教学过程，在实现基础知识教学目标的同时，让学生经历了一系列用口头语言表达的演绎推理活动，充分展现了在基础知识教学中落实推理素养培育的理念。

● 教学片段二

出示任务2：

（1）"神舟十八号"载人飞船在太空中5秒飞行了约40千米，"神舟十八号"的速度约是（ ）。

（2）张老师骑自行车，2小时骑了16千米，张老师骑自行车的速度是（ ）。

（学生独立思考，列式计算，然后全班交流。）

【生】40÷5＝8（千米），16÷2＝8（千米）。

【师】（故作惊讶）哎呀！我发现张老师骑车的速度真快呀！竟然和"神舟十八号"飞船的速度一样，都是8千米。

【生】（笑）他们的速度不一样！"神舟十八号"飞船的速度是每秒8千米，张老师骑车的速度是每小时8千米。

【师】可是，从算式的得数和单位名称上看不出来它们有什么不一样啊，都是8千米呀。你能想个办法把这两个8千米区分开吗？

（学生先独立思考，在练习本上写出自己的想法，然后全班交流。）

【生1】（在黑板上算式得数的下方写出了自己的想法）每一秒8千米；每小时8千米。

【师】添上时间，就能把两个8千米区分开了，真是个好办法！还有别的办法吗？

【生2】在8千米前面分别加上"每一秒"和"每小时"。

【师】他的方法和生1类似，都是添上走的时间，也能区分开，而且写得更简单了。数学追求的就是简洁，还能写得再简洁些吗？

【生3】（跑上前）把8千米前面的"每一秒"和"每小时"改成"每秒"和"每时"。

【师】他又省去了两个字，更简单了！

【生4】还可以在"千米"后面直接添上"秒"和"小时"（在黑板上写出

了自己的想法：千米秒、千米小时）。

（不少学生对生4的写法提出了异议：不行，"千米秒"不通顺。）

【生5】我有办法！〔跑上前在黑板上写出了自己的想法：8（千米）秒和8（千米）小时〕

【师】你为什么把秒和小时写到括号外面呢？

【生5】这样就不会把"千米"和"秒"混在一起了。

【师】我非常佩服大家！为了区分两个"8千米"，大家动脑筋想出了这么多好办法！而且大家的想法已经非常接近数学家的方法了，数学家是在"千米"和"秒"之间加个"/"加以区分，把"神舟十八号"飞船的速度写成"8千米/秒"，把骑车的速度写成"8千米/小时"或者"8千米/时"。大家很了不起！让我们把掌声送给自己！

【师】不知道你发现了没有，速度的单位名称很特别。谁能发现它特别在哪儿？

【生】哦，我知道了，速度单位包含两个单位名称。

【师】（追问）哪两个单位名称？

【生】千米、秒或者千米、时。

【师】是的，速度单位是由长度单位"千米"和时间单位"秒""时"复合而成的。你觉得速度单位中的"/"除了把"千米"和"秒"分开之外，还相当于什么符号？

【生1】相当于"÷"。

【生2】我在我们家的计算器上见到过用"/"代表"÷"。

【师】从速度的单位也能看出路程、时间和速度的关系是——

【生】路程÷时间＝速度。

> **思考**

　　速度单位和速度的意义紧密相连，因为速度是单位时间内运动的路程，所以速度的单位一般写作"长度单位/时间单位"的形式。这样的复合单位学生是第一次接触，需要结合具体情境理解。在上述教学中，教师通过让学生计算"神舟十八号"飞船的速度和张老师骑车的速度，发现得数都是"8千米"，顺势引导学生思考"张老师骑车的速度是不是跟'神舟十八号'飞船一样快呢"，由此引发学生产生新的疑问，产生区分这两个"8千米"的强烈需求。学生经过思考之后，自然而然地想到速度单位不能只用路程的单位来表示，还与时间有关，从而建立起复合单位的意识。这样的教学让学生充分经历了知识的"再创造"过程，有效地突破了复合单位的难点，在促进学生对数量关系理解的同时，也让抽象、推理素养与创新意识的培育落在了实处。

"运算律"单元整体教学设计

一、确定指向核心素养的单元学习目标

（一）基于主题大观念提炼单元具体观念

"运算律"单元属于"数与运算"主题，相关的主题大观念是"运算律是四则运算算理的依据"。运算律是进行数运算的依据，体现了数学运算的科学性和严谨性。

依据课程标准和学生认知水平，结合单元内容，将主题大观念细化为如下单元具体观念。

观念1：在数学学习中，可以按照"发现规律—验证规律—表征规律—推广规律"的研究路径去探索运算律。

观念2：数学是严谨的，通过不完全归纳法发现的规律还需要借助找生活事例、建几何直观模型、找反例等方法进行验证，才能得出正确结论。

观念3：运算律是进行数运算的依据。计算或解决问题时，可以根据具体情况运用运算律进行简便运算，或者选择合理简洁的运算策略解决问题，通过运算促进学生推理意识的发展。

观念4：以上过程发展了学生的运算能力与推理意识，有助于学生形成初步的代数思维。

（二）对比分析多种版本教材

现行小学数学教材都将"运算律"内容编排在四年级，但不同教材的编写方式不同。人教版等多数版本教材都以"运算"为主线，先学习加法的交换律、结合律，再学习乘法的交换律、结合律，最后学习乘法分配律。而北师大版教

材以"运算律"为主线，先学习加法、乘法的交换律，再学习加法、乘法的结合律，最后学习分配律。

各版本教材关于如何学习运算律的编排方式也有所不同。人教版教材的编排方式是"在解决现实问题中抽象出等式—从众多等式中发现规律—用个性化的方法表征规律—运用运算律进行简便计算"。而北师大版教材则直接从观察一组纯数学算式入手，建立等式，初步感悟运算律，继而举生活事例（现实模型）解释等式意义及理解运算律的本质，再用字母表达式表示运算律，并运用运算律进行简便计算。

另外，"减法的运算性质"和"除法的运算性质"在人教版教材中都是作为例题出现的，但"减法的运算性质"在北师大版教材中是作为一道思考题出现的，北师大版教材也没有编排"除法的性质"内容。

不同版本的教材各有优势和不足，教学时要依据学生实际加以借鉴。

（三）参考权威考试命题

参考权威考试命题后发现，试卷中减少了考查技能熟练度的题目，注重考查学生对"运算律"内涵本质的理解，注重考查学生的思维过程。右图是四年级期末测试卷中的一道题目。

在六年级的毕业考试卷中也有类似题目：

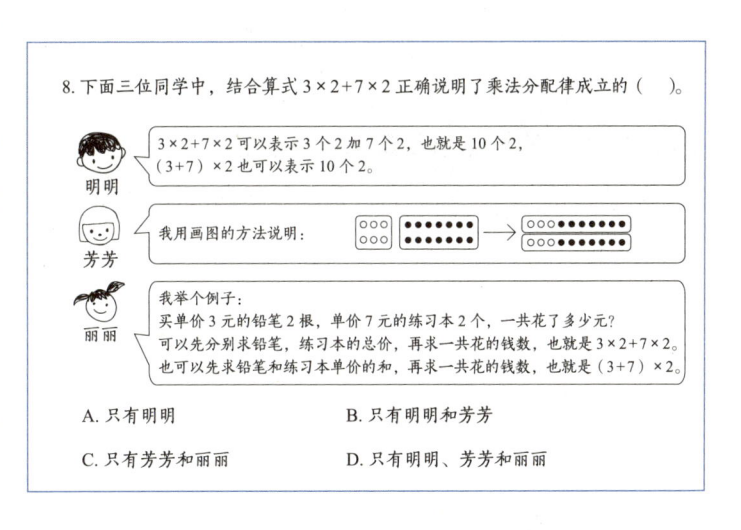

8.下面三位同学中，结合算式 $3×2+7×2$ 正确说明了乘法分配律成立的（　　）。

明明：$3×2+7×2$ 可以表示 3 个 2 加 7 个 2，也就是 10 个 2，$(3+7)×2$ 也可以表示 10 个 2。

芳芳：我用画图的方法说明

丽丽：我举个例子：
买单价 3 元的铅笔 2 根，单价 7 元的练习本 2 个，一共花了多少元？可以先分别求铅笔、练习本的总价，再求一共花的钱数，也就是 $3×2+7×2$。也可以先求铅笔和练习本单价的和，再求一共花的钱数，也就是 $(3+7)×2$。

A. 只有明明　　　　　　　　B. 只有明明和芳芳
C. 只有芳芳和丽丽　　　　　D. 只有明明、芳芳和丽丽

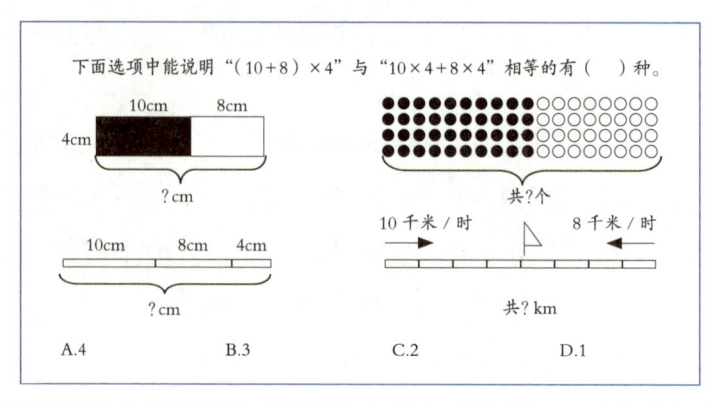

> 下面选项中能说明"(10+8)×4"与"10×4+8×4"相等的有（ ）种。
>
> [图示：10cm和8cm长、4cm宽的长方形，?cm；10cm、8cm、4cm的线段，?cm；圆点阵列，共?个；10千米/时和8千米/时相向而行，共?km]
>
> A.4　　B.3　　C.2　　D.1

上述两道题目考查的都是对运算律内涵本质的理解，要求学生会用生活事例、运算意义、几何直观模型等解释等式的意义，理解乘法分配律的本质。

（四）确定单元学习目标

基于以上分析，确定如下单元学习目标：

1. 能按照"发现规律—验证规律—表征规律—推广规律"的研究路径探索运算律及减法和除法的运算性质，并能借助生活事例、几何直观模型等解释运算律的含义，能用字母表示运算律。

2. 知道通过不完全归纳法发现的规律还需要借助找生活事例、建几何直观模型、举反例等方法进行"小心求证"，才能得出正确结论；了解运算律在之前的数学学习中的应用，知道运算律是四则运算算理的依据。

3. 能灵活运用运算律进行运算，解决简单的实际问题，发展运算能力和推理意识。

二、单元内容重组与课时规划

（一）厘清单元内容的学习进阶

可以从运算对象、运算次数以及运算类型等方面，划分本单元内容的学习进阶。

层级1： 加法与乘法的交换律只涉及两个运算对象、一次运算。

层级2： 加法与乘法的结合律以及减法的运算性质，涉及三个运算对象、两次运算。

层级3： 乘法对加法的分配律涉及三个运算对象、两次不同类型的运算。

层级4： 灵活运用运算律进行运算，选择合理的运算策略解决简单的实际问题。

为此，可以将同一层级的"加法交换律"和"乘法交换律"整合为"交换律"，将"加法结合律"和"乘法结合律"整合为"结合律"。考虑到"减法的运算性质"和"除法的运算性质"的应用广泛性，重组单元内容时可将其增补为"方法迁移课"，让学生借助在运算律学习中习得的方法进行自主探索，以体现知识、方法的迁移与应用。

（二）分析学情

学生早在一、二年级学习加法、乘法的意义时就对加法和乘法的交换律有所感悟，在学习四则运算时也多次运用运算律。尽管运算律是"隐而不明"的，在计算中也是"用而不述"的，但学生在学习中会不断感悟、体验运算律，为正式地学习运算律、构建运算律的模型积累基本的活动经验。

学生的代数思维水平较低，还不能有意识地、自主地运用运算律进行简便计算，主要原因是算术思维在"作祟"：总想算出某个算式的具体得数，而不能从"结构"的角度整体观察算式的特征。

（三）划分课时类型

"运算律"单元内容重组后的课时划分如下：

课时	课型	教学内容
1	关键课	交换律
2	关键课	结合律
3	练习拓展课	简便计算1
4	方法迁移课	减法的运算性质
5	数学阅读课	小高斯的巧算
6	关键课	乘法分配律
7	练习拓展课	简便计算2
8	方法迁移课	除法的运算性质
9	方法迁移课	简便计算3
10	整理与复习课	单元整理与复习

三、设计指向目标的核心任务序列

依据课标教学建议和学生实际，参考教材例题练习与权威考试命题，笔者设计了指向目标的核心任务序列，并充分考虑教学活动的实施。

单元优化后的部分教学内容、核心目标与核心任务

课时	教学内容	核心目标	核心任务
1	交换律	1. 经历"发现规律—验证规律—表征规律—推广规律"的研究过程，能归纳出加法交换律和乘法交换律，并能借助生活事例、几何直观模型等解释运算律的含义；能用字母表示加法交换律和乘法交换律。 2. 知道通过不完全归纳法发现的规律还需要借助找生活事例、建几何直观模型、举反例等方法进行"小心求证"，才能得出正确结论。	任务1：请你照着"3+4=4+3"的样子，再写出若干等式。你有什么发现？ 任务2：请你想办法验证你的发现，写出你的验证过程。 任务3：除了用文字表示，你还能用其他方式表示加法交换律吗？ 任务4：既然有加法交换律，猜想一下：是否有减法交换律、乘法交换律、除法交换律？想办法验证你的猜想，并写出验证过程。 任务5：反思我们是如何得到加法交换律和乘法交换律的。
2	结合律	1. 能按照"发现规律—验证规律—表征规律—推广规律"的研究思路探索加法结合律和乘法结合律，并能借助生活事例、几何直观模型等解释运算律的含义，感悟算法和运算律的联系；能用字母表示加法结合律和乘法结合律。 2. 知道通过不完全归纳法发现的规律还需要借助找生活事例、建几何直观模型、举反例等方法进行"小心求证"，才能得出正确结论。	任务1：比一比谁算得又对又快。 （1）19+24+6（2）39+115+85 （3）45+127+173 任务2：请你想办法验证你的发现，写出你的验证过程。 任务3：除了用文字表示，你还能用其他方式表示加法结合律吗？ 任务4：猜想一下：是否有减法结合律、乘法结合律、除法结合律？想办法验证你的猜想，并写出验证过程。 任务5：反思我们是如何得到加法结合律和乘法结合律的。
3	乘法分配律	1. 经历探索乘法分配律的过程，感悟算法与运算律的联系，能借助生活事例、几何直观模型等解释乘法分配律的含义；能借助加法的运算律演绎推理得到乘法分配律，在运算中发展推理意识；能用字母表示乘法分配律。	任务1：比一比谁算得又对又快。你有什么发现？ （1）7×9＋3×9（2）14×6＋6×6 （3）78×14＋22×14 任务2：请你想办法验证你的发现，写出你的验证过程。

续表

课时	教学内容	核心目标	核心任务
3	乘法分配律	2.知道通过不完全归纳法发现的规律还需要借助找生活事例、建几何直观模型或者演绎推理等方法进行"小心求证",才能得出正确结论。 3.能区分五个运算律的结构特征,感悟运算律之间的内在联系与区别。	任务3:用加法运算律推理得出乘法分配律。 任务4:比较五个运算律,找一找乘法分配律有哪些特别之处。

四、关键课的教学设计

课例 1　交换律

● **教学片段一**

(课始,讲述成语故事"朝三暮四"。)

【师】从这个故事中,你明白了什么?

【生】早上 3 颗、晚上 4 颗,早上 4 颗、晚上 3 颗,其实猴子吃得一样多。

【师】能列出算式来说明道理吗?

【生】以前是 3+4,现在是 4+3,栗子的数量还是那么多,只是换了一下位置。

【师】大家的意思是说,早晚吃的栗子总数并没有变,所以这两个算式应该是相等的。(板书:3+4=4+3)

> **思考**
>
> 课始,借助已有的加法意义和知识经验,解释算式背后的含义,让学生体会算式的合理性,初步感知加法交换律,培养学生发现和提出问题的能力。

● 教学片段二

出示任务1：请你照着"3+4=4+3"的样子，再写出若干等式。你有什么发现？

【生1】5+9=9+5。

【生2】8+2=2+8。

【生3】0+1=1+0。

【生4】1亿+2亿=2亿+1亿。

……

【师】观察这些式子，你发现了什么？

【生1】我发现"="两边的数都一样，只不过颠倒了一下位置。

【生2】我发现两个数的位置变了，但是"="两边的结果都一样。

【师】大家的意思是说，两个数相加，交换它们的位置，结果是不变的。是吗？

【生】是的。

【师】这是不是一个规律呢？能想办法验证吗？

出示任务2：请你想办法验证你的发现，写出你的验证过程。

（学生独立验证，然后交流分享。）

【生1】我举了好几个例子：10+8=8+10，100+200=200+100……因为左右两边的数都是一样的，只不过是位置换了，所以加起来结果当然一样。

【生2】我举了个例子：四（2）班有男生17人，女生13人，四（2）班一共有多少人？可以用男生人数加女生人数，17+13=30（人）；也可以用女生人数加男生人数，13+17=30（人）。17+13=13+17。

【生3】我画了一个图（如下页图），从学校到超市有150米，从超市到家是350米，要计算学校和家的距离，可以用150+350=500（米），也可以用350+150=500（米），所以150+350=350+150。

```
        150米      350米
      ┌──┴──┐  ┌────┴────┐
      学校    超市        家
```

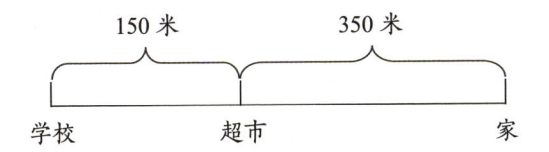

> 🔍 **思考**
>
> 在数学学习中，猜想有助于培养学生的合情推理能力；而通过演绎证明或寻找反例说明有助于培养学生的演绎推理能力。两种推理能力的协同发展，对激发学生的创新精神，培养学生的创造能力有很大帮助。在上述教学中，笔者通过"猜想""验证"等数学活动，使学生明晰"只要把两个部分合在一起，不管谁在前，谁在后，结果都是不变的"的道理，帮助学生从加法意义上理解了加法交换律的本质，发展了分析和解决问题的能力。

【师】经过验证，我们发现："两个数相加，交换它们的位置，和不变。"这就是数学上的加法交换律。（板书：加法交换律）

出示任务3：除了用文字表示，你还能用其他方式表示加法交换律吗？

（学生独立思考，然后全班交流。）

【生1】□＋○＝○＋□。

【生2】A＋B＝B＋A。

【生3】a＋b＝b＋a。

【生4】甲数＋乙数＝乙数＋甲数。

……

【师】同学们很爱动脑筋，想出这么多的表示方法！在数学上通常用字母表示加法交换律，写作"a＋b＝b＋a"。跟用文字表示"加法交换律"相比，你更喜欢哪一种？

【生】更喜欢用字母表示，这样简单、好记。

【师】确实，用字母这种数学语言来表示，更加简洁，也便于交流。所以，有人说"数学语言是世界上最简洁的语言"。

> **思考**
>
> 　　加法交换律的探究方法和经验是研究其他运算律的支撑，是学生形成初步的模型意识，进而进行类比迁移、拓展应用的关键。上述教学引导学生经历"提出问题—引发猜想—验证猜想—归纳概括"的建模过程，让学生在用符号表达规律的活动中观察、对比、分析，不断思考与建构，抽象概括出规律，这样既深化了学生对加法交换律的理解，又发展了学生的模型意识和合情推理能力。

● **教学片段三**

【师】除了加法，我们还学过哪些运算？

【生】减法、乘法、除法。

　出示任务4：既然有加法交换律，猜想一下：是否有减法交换律、乘法交换律、除法交换律？想办法验证你的猜想，并写出验证过程。

（学生思考、尝试后，全班交流。）

【生】乘法里有交换律，比如$3 \times 5 = 5 \times 3$。减法和除法里没有交换律，5-3不能写成3-5，$6 \div 2$不能写成$2 \div 6$。

【师】（出示下图）你能结合这个图来讲一讲乘法交换律吗？

【生】横着看,每行有6把椅子,有5排,椅子总数是6×5;竖着看,每列有5把,一共有6列,椅子总数是5×6。实际上是一样的,6×5=5×6。

【师】说得真好!加法和乘法关系密切,乘法本身就是几个相同加数的简便运算,所以,加法的交换律可以推广到乘法里去,但减法和除法里就没有交换律。看来,规律都有它的适用范围,我们在使用时一定要注意。

> **思考**
>
> 学生借助前面加法交换律的建模经验,能够自主迁移,推理出乘法也有交换律,但减法和除法没有。在运算律教学中,引导学生经历类比迁移的过程,能起到拓展延伸、触类旁通的作用。

出示任务5:反思我们是如何得到加法交换律和乘法交换律的。

[师生小结:发现规律—验证规律—表征规律—推广规律。]

课例2 结合律

● **教学片段一**

出示任务1:比一比谁算得又对又快。

(1) 19+24+6

(2) 39+115+85

(3) 45+127+173

学生计算时一般有两种方法,一种是按照"从左往右"的顺序进行计算,另一种是按照"先把后两个数相加凑整"的方法进行计算。在实际教学中,绝大多数学生都是按"先把后两个数相加凑整"的方法计算的,理由是计算起来比较简便。这说明学生已经在"不自觉"地运用加法结合律了。

> **思考**
>
> 　　以计算情境引入，学生的思维与已有的加法意义学习的经验被激活且都指向运算方法。"又对又快"的挑战让学生主动观察算式结构的特征并调取运算意义的知识，尝试对算式进行处理以达到这一要求，也就产生了39+115+85=39+（115+85）这样的新形态算式，这就是加法结合律的模型。它是学生在主动求"变"中发现的，等式两部分的关联是紧密的。同时，在求变过程中学生需要借助加法意义来破解计算顺序问题，所以对结合律的"变形"结构有积极的经验储备。

● 教学片段二

1. 讨论：怎样算得又对又快？

比较：（1）先把前两个数相加再加第三个数；（2）先把后两个数相加再加第一个数。

题（1）：19+24+6
　　　　=19+（24+6）
　　　　=19+30
　　　　=49

【师】在算式中添加括号是为了改变运算顺序，相当于发了"优先通行证"。但是，我们能改变运算顺序吗？这样做的道理是什么？

（师生讨论后，达成共识：把三个数相加，就是把它们合并起来，只要这三个数不变，先加谁后加谁都没有关系。所以，可以先把后两个能凑整的数相加，再加上第一个数。）

2. 尝试：其他两道题也能像这样改变顺序吗？怎么简便计算？

题（2）：39+115+85　　　　题（3）：45+127+173

=39+（115+85） 　　　　　　=45+（127+173）

　　=39+200 　　　　　　　　　=45+300

　　=239 　　　　　　　　　　　=345

〔学生仿照第（1）题的书写格式，独立完成第（2）、第（3）题，学习简便运算的书写格式，然后集体评议。〕

🔍思考

　　学生在基于原算法变换出新顺序后，自然产生了新的问题："为什么可以这样变化？"课堂顺利进入基于加法意义去解读算法的思考中。这样的运算律教学有运算意义作支撑，更充分地基于算法，能让运算律与运算更合理地结合在一起，从而更好地触发学生运用运算律的意识，提高学生对运算律的意义感知。

3.归纳、概括加法结合律

【师】看来这确实是一个新的规律，你觉得这个规律叫什么名字比较好？

【生1】加法综合律。

【生2】加法括号律。

〔小结：三个数相加，先把前两个数相加再加第三个数，或者先把后两个数相加再加第一个数，和不变。这叫作加法结合律。〕

【师】（引导学生看数学书上加法结合律的文字表述和字母表示形式）用字母形式怎样表示加法结合律？

【生】a+b+c=a+(b+c)。

【师】数学书上的字母形式跟我们总结的有什么不同？

【生】书上的多了一个括号。

【师】你有什么疑问吗？

【生】a+b+c 先算的就是 a+b 呀，为什么还要加上一个括号呢？

【师】好问题！难道是编书的叔叔阿姨们糊涂了？

【生】（笑）不是。

【师】那为什么在我们感觉没有必要的地方添加小括号呢？是什么原因？

【生】我觉得右边是先算 b+c，就给 b+c 加了小括号；左边是为了"强调"先算的是 a+b，所以也加上小括号。

师修订板书：

$$(a+b)+c=a+(b+c)$$

● **教学片段三**

【师】昨天学习加法交换律时，我们根据加法里有交换律，提出了乘法交换律、减法交换律和除法交换律的猜想，验证后发现了乘法交换律。那么，今天学习了加法里有结合律，你又能提出什么猜想呢？

【生】我猜想肯定也有乘法结合律。

【师】为什么这么肯定呢？

【生】因为我发现加法里有交换律，乘法里也有交换律。加法里既然有结合律，乘法里肯定也有结合律。

【师】你的意思是加法和乘法关系很密切，加法里有的运算律，乘法里也会有。大家觉得有道理吗？

【生】有道理。

【师】这倒是一个很有价值的猜想！但凡是猜想都需要——

【生】验证！

【师】怎样验证这个猜想对不对呢？

【生】举例子，看能不能找到反例。

（学生独立思考，举例验证。发现找不到反例。）

【师】除了找反例的方法，我们还可以结合生活中的事例来验证。

> 出示：
>
> > 文具店卖了5盒铅笔，每盒装12支，每支8元。一共卖了多少钱？
>
> 此题可以有两种解答方法：一是先求出每盒卖了多少钱，再求5盒一共卖了多少钱，列式为8×12×5；二是先求出5盒一共有多少支铅笔，再求这些铅笔一共卖了多少钱，列式为8×（12×5）。
>
> 两种方法答案相同，这样就体现了乘法结合律。

【师】看来乘法结合律确实是存在的，怎样用文字表述乘法结合律呢？

【生】三个数相乘，先把前两个数相乘再乘第三个数，或者先把后两个数相乘再乘第一个数，积不变。

【师】怎样用字母形式表示乘法结合律呢？

【生】$(a×b)×c=a×(b×c)$。

【师】减法和除法里有没有结合律呢？我们后续再研究——

课例3 乘法分配律

● 教学片段一

出示任务1：比一比谁算得又对又快。你有什么发现？

（1）7×9+3×9

（2）14×6+6×6

（3）78×14+22×14

学生计算时一般有两种方法：一种是按照"先乘后加"的算法进行计算，另一种是按照"几个几加几个几一共是几个几"的意义理解进行计算。

> **思考**
>
> 以计算情境引入,"又对又快"的挑战让学生主动观察算式结构的特征并调取运算意义的知识,尝试"求变",也就产生了 7×9+3×9=10×9 这样的新形态等式,学生进而通过对等式意义的分析、理解,初步感悟了乘法分配律模型。

● **教学片段二**

讨论:怎样算得又对又快?为什么可以这样算?

比较:(1)先乘后加,7×9+3×9=63+27=90;(2)先加后乘,7×9+3×9=(7+3)×9=90。

问题:我们能改变运算顺序吗?"先加后乘"的道理是什么?

方法一:7 个 9 加 3 个 9 一共是 10 个 9。

方法二:

$$7\times9+3\times9=(7+3)\times9$$

引导学生用加法交换律和结合律进行验证:

(7+3)×9

=(7+3)+(7+3)+(7+3)+(7+3)+(7+3)+(7+3)+(7+3)+(7+3)+(7+3)

+(7+3)

=7+7+7+7+7+7+7+7+7+3+3+3+3+3+3+3+3+3

=7×9+3×9

【师】这就是乘法分配律,如果用字母表示该怎样写?

【生】(a+b)×c=a×c+b×c。

【师】请按照第（1）题的方法，用乘法分配律完成第（2）、第（3）题。

题（2）：14×6+6×6　　　　题（3）：78×14+22×14

　　　=（14+6）×6　　　　　　　=（78+22）×14

　　　=20×6　　　　　　　　　　=100×14

　　　=120　　　　　　　　　　　=1400

讨论：这几道题目有什么共同特点？

[小结：从结构特征看，a×b+c×b。从数字特征看，有一个相同因数b；有两个数可以凑整数，a+c是一个整十、整百数。当满足这两个特征时，就可以先加后乘。（这样就把运算律的前提条件搞明白了。）(a+b)×c=a×c+b×c 就是乘法分配律的字母表现形式。]

思考

学生在基于原算法变换出新顺序后，自然产生了新的问题："为什么可以这样变化？"课堂顺利进入基于乘法意义去解读算法的思考中。同时，及时触发学生原有经验，如面积模型等方法，让学生凭借经验中的算法和几何直观来验证这种变换的合理性。这样的运算律教学有运算意义和直观表象作支撑，更充分地基于算法，能让运算律与运算更合理地结合在一起，从而更好地触发学生运用运算律的意识，提高学生对运算律的意义感知。

教学片段三

出示任务4：对比五个运算律，找一找乘法分配律有什么特别之处。

加法交换律：a+b=b+a

加法结合律：(a+b)+c=a+(b+c)

乘法交换律：a×b=b×a

乘法结合律：(a×b)×c=a×(b×c)

乘法分配律：(a+b)×c=a×c+b×c

（学生小组讨论、交流。）

【生】前面几个运算律，等号左边是几个数，右边也会是几个数，不多也不少。乘法分配律的等号左边是三个数——a、b、c，右边却是四个数——a、c、b、c。

【师】想一想：为什么右边会多出一个数呢？

【生】因为c先乘了a，又乘了b，被用了两次，所以会多出一个数。

【师】说得好！从左往右看这个等式，c个（a+b）分成了c个a加c个b；从右往左看，c个a加c个b配成了c个（a+b）。这就是乘法分配律中"分配"两个字的由来。还有别的发现吗？

【生】我发现前面学过的运算律里面只有一个符号，而乘法分配律里有两个符号。

【师】（追问）只有一个符号是什么意思？

【生】加法交换律和结合律里面只有加号，乘法交换律和结合律里面只有乘号。

【师】那么，乘法分配律里有哪些运算呢？

【生】（异口同声）既有加法，又有乘法。

【师】这是一个很重要的发现，乘法分配律把乘法和加法联系起来了，所以又叫作乘法对加法的分配律。

"小数除法"单元整体教学设计

"小数除法"是小学"数与运算"主题的核心内容之一，是培养学生运算能力的重要载体。现行教材中的小数除法运算教学一般都是按照"除数是整数（除到被除数末尾没有余数，无须补 0）"—"除数是整数（除到被除数末尾有余数，需要补 0 继续除）"—"除数是整数（被除数不够除，需要商 0 占位）"—"除数是小数"这样的顺序进行任务推进的，而此任务序列指导下的小数除法教学主要存在以下三个问题：1. 计算类型复杂，过分注重运算技能的教学，纠缠于添"0"的技能；2. 没有凸显引入小数除法的必要性；3. 没有从整体上建立小数除法与整数除法的联系，无法让学生进而发现两者在运算上的一致性。

为解决这些问题，笔者立足于小数除法的本质，基于课标要求和学生实际，对"小数除法"单元进行了整体教学设计。

一、确定指向核心素养的单元学习目标

（一）基于主题大观念提炼单元具体观念

小数除法与整数除法的运算具有一致性，都凸显了主题大观念"数的运算是计数单位个数的运算"。

先看整数除法。二年级安排了表内除法，借助乘法口诀能直接获取表内除法运算的结果。三年级和四年级安排了整十数除以一位数、两位数除以一位数、整十数除以整十数和三位数除以两位数。从教材看，在计算 60÷2 时，将 60 个一转化为 6 个十，再将 6 个十平均分成 2 份。在计算 48÷3 时，先分 4 个十，分出去 3 个十后，再将余下的 1 个十转化为 10 个一，与 8 个一组合成 18 个一，

然后平均分成 3 份。在计算 80÷20 时，则利用包含除的意义，将 80 个一和 20 个一分别转化为 8 个十和 2 个十，计算 8 里面有几个 2。可见，整数除法运算都凸显了计数单位，通过对计数单位的转化，实现对计数单位个数的细分，进而转化为表内除法进行运算。

再看小数除法。对于"除数是整数的小数除法"，教材中大多会出现两道例题：一是被除数大于除数，有余数而除不尽；二是被除数小于除数，需要商"0"占位。这两道例题就是整数除法遗留的问题。（如下图）

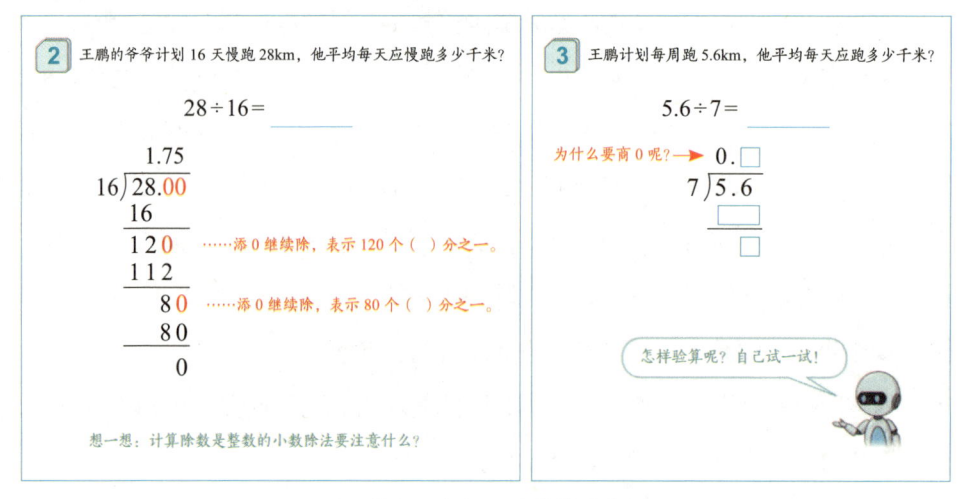

（人教版五年级上册教材图片）

教学中，要让学生由此产生认知冲突，感受学习小数除法的必要性。进而，要采用借助"元、角、分"模型、画图、列竖式计算等方式，引导学生用整数除法的算理、算法计算小数除法，体会小数除法的计算就是逐步细分计数单位。从细分整数部分的计数单位走向细分小数部分的计数单位，这是小数除法与整数除法运算一致性的体现。

综合以上分析，依据课程标准和学生实际，将主题大观念具体化为如下单元观念。

观念 1：小数除法可以解决整数除法解决不了的两个问题——余数除不尽、被除数小于除数，因此引入小数除法很有必要。

观念 2：小数除法和整数除法相同，都是对计数单位个数的运算。小数除法可以按整数除法的算理和算法进行运算，即可以借助十进制的转换思想，将被除数中不够除的部分转换成低一级的计数单位，从而继续往下除。从细分整数部分的计数单位走向细分小数部分的计数单位，这是运算一致性的体现。

观念 3：可以采用借助"元、角、分"模型、画图以及列竖式计算等多种方式进行算理表征，它们之间具有内在一致性：都是将不够除的"大单位"转化成低一级的"小单位"，从而继续除下去。

观念 4：以上过程发展了学生的运算能力与推理意识。

（二）参考权威考试命题

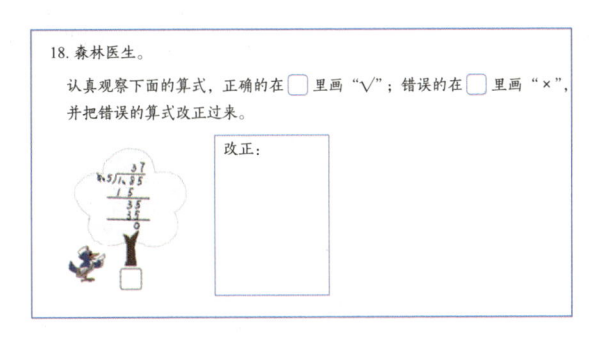

学生在列竖式解决除数是小数的小数除法问题时，往往会出现"转化道理不明"的错误——直接画去除数和被除数的小数点。此题针对的就是这个问题，凸显出命题注重考查学生对小数除法的算理与算法之间关系理解的特点。

再如，下题来源于北师大版教材，考查的是学生用计数单位解释除法竖式每一步的计算道理，同样关注的是学生对算理与算法之间关系的理解。

（三）确定单元学习目标

基于上述分析，确定如下单元学习目标：

1. 能采用借助"元、角、分"模型、画图等方式进行算理表征，能将"分—换—再分"的直观与竖式中的"除—换—再除"的抽象建立联系，能用"元、角、分"模型、图画或计数单位解释竖式每一步的计算道理，感悟计数单位的作用。

2. 知道小数除法既可以解决与小数有关的平均分问题，也可以解决整数除法解决不了的问题——当不够除时可以将被除数或余数换算成更小的计数单位继续除下去，由此进一步感悟计数单位在运算中的作用。

3. 能够正确地计算小数除法，知道小数除法可以按照整数除法的算理、算法进行计算，其实质都是计数单位转化后的不断细分，由此感悟运算的一致性，发展运算能力和推理意识。

二、单元内容重组与课时规划

（一）厘清单元内容的学习进阶

结合以上分析，将单元学习内容划分为如下层级。

层级 1： 学习"除数是整数的小数除法"（除到被除数末尾没有余数，无须补 0，如 6.9÷3、11.5÷5 等），体会小数除法可以按照整数除法的算理、算法进行计算，感悟算法的一致性。

层级 2： 学习"除数是整数的小数除法"（除到被除数末尾有余数，需要补 0，如 21÷4 等；被除数不够除，需要商 0 占位，如 18÷24、0.72÷8 等），体会小数除法可以解决整数除法解决不了的遗留问题，感受引入小数除法的必要性。

层级 3： 学习"除数是小数的小数除法"，如 5.1÷0.3、5.13÷0.3、9÷2.5 等，理解除法竖式中除数和被除数"去小数点"和"点小数点"的道理，并抽象出"除数是小数的小数除法"的算法：在转化时要将除数和被除数同时扩大相同的倍数。

（二）分析学情

从学生的知识储备来看，由整数除法过渡到小数除法似乎顺理成章，那么学生能顺利地完成小数除法的学习吗？学生的真实困惑又在何处？从以往的经验和调研情况来看，学生在学习中存在以下问题：

1. 学生有着较丰富的计算整数除法的经验，大部分学生能够按照整数除法的算法进行小数除法的竖式计算，但是能解释竖式每一步计算道理的学生较少。这说明学生对小数除法的认知尚停留在感性层面，缺乏理性思考。不少学生的竖式书写不规范、不简洁，比如竖式中含有小数点等。这说明学生并没有真正理解小数除法的算理，只是在凭借"模仿"进行计算。

2. 调研发现，学生在计算"除数是整数的小数除法"时经常会出现被除数末尾添"0"后忘记添加小数点、余数添0后商的数位没有对齐等错误。

3. 学生在计算小数除以小数的时候，容易形成"只要同时画去小数点就行"的错误认识，不理解除法竖式中除数和被除数"去小数点"和"点小数点"背后的道理。

4. 学生未能充分体会引入小数除法的必要性，对小数除法与整数除法在算理、算法上的一致性缺乏认识。

（三）划分课时类型

综合以上分析，笔者改变了"小数除法"单元教学的"序"，并做出适度的整合，将单元学习目标分解为课时目标。以北师大版五年级上册"小数除法"单元为例，内容整合前后的课时安排如下表：

整合前的课时安排		整合后的课时安排		
课时	教学内容	课时	课型	教学内容
1	除数是整数的小数除法（无须添0）	1	关键课	除数是整数的小数除法（无须添0）
2	练习课	2	关键课	除数是整数的小数除法（余数末尾添0；不够除，商0占位）
3	除数是整数的小数除法（余数末尾添0）	3	练习拓展课	除数是整数的小数除法练习
4	除数是整数的小数除法（不够除，商0占位）	4	练习拓展课	除数是整数的小数除法练习
5	练习课	5	关键课	除数是小数的小数除法（被除数和除数的位数相同或不同）

续表

整合前的课时安排		整合后的课时安排		
课时	教学内容	课时	课型	教学内容
6	除数是小数的小数除法（被除数和除数的小数位数相同）	6	练习拓展课	除数是小数的小数除法练习
7	除数是小数的小数除法（被除数和除数的小数位数不同）	7	练习拓展课	除数是小数的小数除法练习
8	练习课	8	练习拓展课	小数除法综合练习
9	练习课	9	方法迁移课	求商的近似数
10	求商的近似数	10	关键课	循环小数
11	用计算器计算	11	数学阅读	神奇的"走马灯数"
12	循环小数	12	方法迁移课	小数混合运算
13	练习课	13	练习拓展课	小数混合运算练习
14	小数混合运算	14	整理与复习课	单元整理与复习
15	练习课			
16	单元整理与复习			

三、设计指向目标的核心任务序列

单元优化后的部分教学内容、核心目标与核心任务

课时	教学内容	核心目标	核心任务
1	除数是整数的小数除法（除到被除数末尾没有余数，无须补0）	能采用借助"元、角、分"模型、画图等方式对除数是整数的小数除法（没有余数）进行算理表征，能将"分—换—再分"的直观与竖式中的"除—换—再除"的抽象建立联系，能用"元、角、分"模型、图画或计数单位解释竖式每一步的计算道理，感悟计数单位的作用。	**任务1**：5盒牛奶要11.5元，1盒牛奶多少钱？请你画一画、写一写，想办法解释你的想法。 **任务2**：借助计数单位解释竖式每一步的计算道理。
2	除数是整数的小数除法（除到被除数末尾有余数，需要补0；被除数不够除，需要商0占位）	1.知道小数除法既可以解决与小数有关的平均分问题，也可以解决整数除法解决不了的问题；能用"元、角、分"模型、图画解释竖式每一步的计算道理。 2.知道不够除时可以将被除数或余数换算成更小的计数单位继续除下去；能用计数单位解释竖式每一步的计算道理，感悟计数单位在运算中的作用。	**任务1**：4个人买小吃花了21元，平均每人花多少元？请你算一算，想办法解释你的想法。 **任务2**：玩具每盒24个，共18元，平均每个多少元？先估一估，再算一算。你能用计数单位解释除法竖式每一步的计算道理吗？ **任务3**：用竖式计算0.72÷8，再用计数单位解释竖式每一步的计算道理。

088

续表

课时	教学内容	核心目标	核心任务
3	除数是小数的小数除法	能够正确地计算小数除法，知道小数除法可以按照整数除法的算理、算法进行计算，其实质都是计数单位转化后的不断细分，由此感悟运算的一致性，发展运算能力和推理意识。	**任务1**：国内长途电话费是每分钟0.3元，张阿姨的通话费是5.1元，她打了多少分钟？先用竖式计算，再想办法解释竖式每一步的计算道理。 **任务2**：用竖式计算5.13÷0.3，再想办法解释竖式每一步的计算道理。

首先，注重多元表征，理解小数除法的算理。引导学生采用借助"元、角、分"模型、画图等方式对"除数是整数的小数除法"（没有余数）进行算理表征时，不要简单地追求表征方式的多样性，而应着眼于不同表征方式之间的内在一致性。先通过提问"你能借助'元、角、分'模型或者用画图的方法解释竖式每一步的计算道理吗？"引发学生进行深度思考，在这个过程中，将"分—换—再分"的直观与竖式中的"除—换—再除"的抽象建立联系。进而，再提出问题："你能借助计数单位解释竖式每一步的计算道理吗？"从"分钱"过渡到"分数"，学生逐步在去情境化的背景下，理解计数单位的"除—换—再除"。最终，达到对算理的深度理解，为引出小数除法的算法奠定基础。

其次，突出整数除法的遗留问题——"余数还能继续分吗？怎么分？"在思考如何处理余数的过程中，学生会逐渐意识到以往学过的整数除法并不能解决余数问题，由此产生认知冲突，体会学习小数除法的必要性。进而通过算理的讲解，引导学生理解了商"0"的道理，完善了算法。

"除数是小数的小数除法"是"除数是整数的小数除法"的后继内容，可以借助转化思想，说清算理，获得算法。教学中，应引导学生思考转化的必要性和方法，以及"转化的过程如何在竖式中体现"，从而帮助学生理解除法竖式中除数和被除数"去小数点"和"点小数点"背后的道理，促使学生理解竖式计算每一步的意义，最终熟练掌握计算方法。

四、关键课的教学设计

课例 1 除数是整数的小数除法（一）

● 教学片段

出示任务 1：5 盒牛奶要 11.5 元，1 盒牛奶多少钱？

【师】怎样列式？

【生】11.5÷5。

【师】为什么用除法做呢？

【生】把 11.5 元平均分成 5 份，所以用除法。

【师】这道除法算式有什么特点？

【生】里面有小数。

【师】是的，这是我们今天要学习的"小数除法"（板书课题），小数除法也是用来解决平均分问题的。你能用学过的知识计算 11.5÷5 吗？请你画一画、写一写，想办法解释你的想法。

（学生独立思考，然后交流分享、理解算理。）

【生1】11.5 元就是 115 角，115÷5=23（角），23 角 =2.3 元。

【生2】10÷5=2（元），1.5 元 =15 角，15÷5=3（角），2 元 3 角 =2.3 元。

【生3】我用的是画图法。用 1 个大圆代表 1 元，用 1 个小圆代表 1 角，1 个大圆可以换成 10 个小圆。把 11 个大圆平均分成 5 份，每份是 2 个，余 1 个。剩下的 1 个大圆不能继续分了，换成 10 个小圆，和原来的 5 个小圆合在一起，是 15 个小圆，就可以继续分成 5 份了，每份是 3 个小圆。2 个大圆和 3 个小圆就是 2.3 元。

【生4】我是列竖式计算的。（在黑板上板书竖式）

【师】大家很棒，想出了这么多种方法！你能借助"元、角、分"模型或者用画图的方法解释竖式每一步的计算道理吗？

【生1】竖式中的整数部分11除以5,商2余1;余下的1和剩下的0.5加在一起就是1.5,可以把它看作1.5元,1.5元=15角,也就是竖式中的15,除以5等于3,这里的3表示3角。所以结果是2元3角,就是2.3元。

【生2】画图的方法和列竖式计算的过程也是一样的。

> 🔍 **思考**
>
> 在上述教学中,算理的多种表征形式不是割裂开的,笔者引导学生将直观表征形式中"分—换—再分"的过程与竖式中基于计数单位的"除—换—再除"过程建立联系,贯通了不同的算理表征形式,促进了学生对算理的理解。

【师】真棒!想一想:你能借助计数单位解释竖式每一步的计算道理吗?

【生】先把11个"一"平均分成5份,商2余1;余下的1转化成10个0.1,和剩下的0.5加起来就是15个0.1,继续平均分成5份,每份是0.3;2和0.3合起来就是2.3。

【师】竖式中的15是什么意思呀?

【生】就是15个0.1。

【师】因为竖式中的小数点都要与商中的小数点对齐,所以可以简写为商中的一个小数点,竖式中的小数点就不用写了。

> 🔍 **思考**
>
> 从"分钱"过渡到"分数",学生逐步在去情境化的背景下理解计数单位的"除—换—再除"。

课例2　除数是整数的除法（二）

● 教学片段一

出示任务1：4个人买小吃花了21元，平均每人花多少元？

【师】怎样列式？

【生】21÷4=5（元）……1（元）。

【师】余数1能不能不管？每个人给老板5元，剩下的1元不给老板的话，老板就亏了。那这1元该谁付？

【生】4个人一起付才公平。

【师】也就是1还要继续除以4的意思。1÷4怎么算呢？请大家用自己喜欢的方式来解决。

（学生独立思考，然后全班交流分享。）

【生1】我是先把1元转化成10角，10÷4=2（角）……2（角）；再把余下的2角转化成20分，20÷4=5（分）；合起来就是2角5分，就是0.25元。

【生2】我把1元转化成100分，100÷4=25（分），也就是0.25元。

【生3】我是列竖式，算出得数是0.25。

【师】（追问生3）你为什么要在余数1的后面添一个0呢？

【生3】1除以4不够除，10除以4就够除了。

【生】我补充，添0后，1就变成了10，相当于把1元换成了10角。

【师】商2的前面为什么要点上小数点呢？

【生3】因为2代表的不是2元，而是2角。

【生】2是10角除以4算出来的，10角平均分成4份，每份是2角，是0.2元。

【师】那为什么在余数2的后面又添上了一个0呢？

【生3】因为剩下的2角平均分成4份也不够分，添0后，2角就变成了20分，就又够分了，20÷4=5（分）。

> 🔍 **思考**
>
> 　　平均分硬币的直观模型有助于学生将"分—换—再分"的过程与竖式运算中"除—添0—再除"的过程建立联系。"添0"就是"换钱",就是化成小计数单位,增加计数单位的个数。计数单位"够分了",就继续分。实物直观模型较好地凸显了除法中的"添0"就是"计数单位转换"这一核心。

【师】谁能借助计数单位解释一下竖式每一步的计算道理?

【生】先把余数1转化成10个0.1,平均分成4份,商2余2,商2是2个0.1,所以要写在十分位上。再把余数0.2转化成20个0.01,平均分成4份,商5,就是5个0.01,所以5要写在百分位上。

【师】讲得真清楚!以前我们学习整数除法,遇到余数就会停下来,现在我们是怎么做的?

【生】现在把余数变成更小的计数单位,就能继续往下除。

【师】是的,如果是整数除法就没办法往下除了,现在可以把余数转化成更小的计数单位,用小数除法继续除下去。整数除法解决不了的问题用小数除法就可以解决了!

> 🔍 **思考**
>
> 　　在思考如何处理余数"1元"的过程中,学生会逐渐意识到以前学过的整数除法并不能解决余数问题,由此产生认知冲突,体会学习小数除法的必要性。上述教学通过让学生用计数单位解释竖式每一步的计算道理,促使学生进一步理解了计数单位的"除—换—再除",完善了算法。

● 教学片段二

出示任务2：玩具每盒24个，共18元，平均每个多少元？

【师】能不能先估一估，平均每个玩具大概多少钱？

【生】不可能超过1元，因为如果每个玩具是1元的话，那应该要24元，但题目中是18元，18比24小，所以肯定不够1元。我估计可能是0.8元。

【师】如果让大家列竖式计算的话，整数部分应该商几？

【生】应该商0，因为不够1元。

（学生独立计算，然后全班交流。）

选择有对比性的学生作品进行展示、交流。
$$\begin{array}{r} 0.75 \\ 24\overline{)18.0} \\ \underline{168} \\ 120 \\ \underline{120} \\ 0 \end{array}$$　　$$\begin{array}{r} 0.75 \\ 24\overline{)18.0} \\ \underline{168} \\ 1.20 \\ \underline{120} \\ 0 \end{array}$$　　$$\begin{array}{r} 0.75 \\ 24\overline{)180} \\ \underline{168} \\ 120 \\ \underline{120} \\ 0 \end{array}$$
①　　　　　　　②　　　　　　　③

【师】小组讨论一下，你认为哪种做法是正确的？为什么？

（经过讨论，同学们一致赞成第①种做法。第②种在竖式里给余数也添加了小数点，没有必要。第③种是18后面补0但没有添加小数点，变成了180÷24。）

【师】为什么被除数18的末尾需要先点上小数点再补0呢？

【生】18的末尾点上小数点再补0，就是把18个"1"转化成180个"0.1"。

【师】是的，解决被除数小于除数的问题时，关键是"在个位商0，并添加小数点"。被除数18末尾点上小数点就是把18个1转化为180个0.1，就能继续除下去了。我们再看看第②种方法，竖式中的余数12后面添上0后是否也应该添加小数点呢？

（面对老师的追问，学生意见不一，不少人陷入了沉思。）

【师】不添上小数点，在 12 后面添 0，就是把 12 个 0.1 转化成 120 个 0.01 继续往下除；若添上小数点，120 就变成了 1.20，表示 12 个 0.1，就不够 24 除了，也没有办法表示计数单位的细分。所以，竖式中的余数后面不添加小数点。

> **思考**
>
> 在上述教学中，笔者通过追问引导学生理解"不够商 1 只能商 0"的道理，同时添加小数点，用于占位；在学生独立完成竖式计算之后，展示有对比性的学生作品，让学生在对比优化中感悟到"添小数点"与"不添小数点"的道理。

● **教学片段三**

1. 出示任务 3：用竖式计算 0.72÷8。

（学生尝试计算后集体交流。）

【生1】我算的答案是 0.9。

【生2】不对，答案应该是 0.09。

【师】到底哪个答案正确呢？说说理由。

【生】计算 0.72÷8 时，先用整数部分"0"除以 8，不够商 1 就用 0 占位，点上小数点；再用十分位的 7 除以 8，不够商 1 就用 0 占位；再用 72 除以 8，商 9，写在百分位上，所以答案是 0.09。

【师】十分位的"7"除以 8 不够除时，是怎么变成 72 除以 8 的？

【生1】十分位上的 7 表示 7 个 0.1，转化成 70 个 0.01，再加上原有的 2 个 0.01 就是 72 个 0.01。

【生2】把 72 个 0.01 平均分成 8 份，商就是 9 个 0.01，所以 9 应该写在百分位上，最后得数就是 0.09。

【师】特别棒！小数除法跟整数除法一样，也要从高位除起，一位一位地往下除，除到哪一位就把商写在哪一位的上面，不够商1就——

【生】用0占位。

2. 练习

让学生练习计算0.4÷25，集体反馈时，重点交流"0.4÷25的商的整数部分和十分位分别是几？什么情况下需要商0？"引导学生进一步明确商0的用法。

3. 反思

【师】通过上面的学习，你觉得小数除法能解决整数除法不能解决的哪些问题？都是怎么解决的？

（小组讨论后，全班交流。）

【生1】我们组觉得小数除法能解决"有余数而除不尽"的问题，可以在余数末尾添0，转化成更小的计数单位继续往下除。

【生2】原来的整数除法中的被除数都比除数大，现在用小数除法就能计算被除数比除数小的题目了——在被除数末尾添0，点上小数点就能除下去了，不够商1就用0占位。

> **思考**
>
> 当被除数比除数小时，学生知道要在被除数末尾添0继续往下除，但若遇到诸如0.72÷8这样的题目，个位和十分位都不够商"1"，要连续两次商0时，部分学生就会出现忘记第二次商0的情况。上述教学就是针对这种情况进行有的放矢的练习，借助错例分析进一步完善算法，进而通过"小数除法能解决哪些整数除法解决不了的问题"的思考与讨论，让学生进一步感悟引入小数除法的必要性。

课例3　除数是小数的除法

"除数是小数的除法"可以借助转化思想，说清算理、获得算法。现行多种版本教材在编排"除数是小数的除法"这一内容时，均是直接利用商不变的规律，通过将被除数与除数同时扩大相同的倍数实现转化，并未弄清转化的必要性和方法。这样的编排设计一方面容易让学生形成"计算小数除以小数，只要同时画去被除数和除数的小数点即可"的错误印象，另一方面也使学生对转化过程的体验不够深刻，难以真正掌握转化的方法，对"除数是小数的小数除法"的算理一直处于一知半解的状态。

● 教学片段一

出示任务1：国内长途电话费是每分钟0.3元，张阿姨的通话费是5.1元，她打了多少分钟？

【师】怎样列算式？说明理由。

【生】5.1÷0.3，总价÷单价＝数量。

（学生独立思考并计算5.1÷0.3，完成后全班交流。）

【生1】我利用商不变的规律，5.1÷0.3＝（5.1×10）÷（0.3×10）＝51÷3＝17。

【生2】我利用单位换算，5.1元＝51角，0.3元＝3角，都转化成以"角"为单位，就是51÷3，就变成整数除法了。

【师】对比这两种方法，你有什么发现？

【生】两种方法都是把除数变成整数，这样就把小数除法计算变成了我们学过的"除数是整数"的计算。

【师】第一种方法依据的是商不变的规律，第二种方法依据的是单位换算，可以用计数单位来解释这种转化吗？

【生】5.1就是51个0.1，0.3就是3个0.1，5.1÷0.3就是把3个0.1看作一份，看"51个0.1"里面包含多少"3个0.1"，所以5.1÷0.3＝51÷3。

> **思考**
>
> 学生通过商不变的规律、单位换算、计数单位等不同方式，逐步发现并理解了转化的本质：通过对计数单位进行细分，将"除数是小数的除法"转化为"除数是整数的除法"。

● **教学片段二**

出示任务 2：用竖式计算 5.13÷0.3。

学生独立计算，展示典型答案，集体交流：

方法 1：直接画去被除数和除数的小数点，5.13÷0.3=513÷3

方法 2：5.13÷0.3=51.3÷3

方法 3：5.13÷0.3=5.13÷3

【生1】我认为方法2正确。可以用商不变的规律来验证，5.13÷0.3=（5.13×10）÷（0.3×10）=51.3÷3，除数乘10，被除数也要乘10，不能乘100。

【生2】我也认为方法2正确，被除数和除数应当同时扩大相同的倍数。

【师】是的，在转化时要将除数和被除数同时扩大相同的倍数，而不是直接画去它们的小数点，也不是除数变成整数而被除数不变。想一想：转化后，实际上是在计算谁除以谁？

【生】计算51.3÷3。

【师】商的小数点应该和谁对齐？

【生】商的小数点应该和转化后的被除数51.3的小数点对齐。

出示：

在括号里填上合适的数。

$0.26÷0.02=（　）÷（　）$

$1.2÷0.3=（　）÷（　）$

$5.4÷0.09=（　）÷（　）$

（学生回答后，集体评议。）

思考

上述教学针对学生容易出现的"转化原理不清"的真实问题——除数变整数而被除数不变或者直接画去除数和被除数的小数点，引导学生计算、讨论 $5.13÷0.3$ 的几种不同转化方法，帮助学生深入理解了将"除数是小数的除法"进行转化的原理方法，最终熟练掌握了计算方法。

"分数的意义"单元整体教学设计

"分数的意义和性质"单元是"数与运算"主题的重要内容，也是小学阶段数学学习的一个难点。

一、确定指向核心素养的单元学习目标

（一）厘清分数的"意义"

分数学习之难，在很大程度上是分数的"意义"太丰富、关系太复杂导致的。只有将分数的"意义"分类表述，学生才能对分数的"意义"有更全面的理解。综合国内外学者的研究成果，可以对分数的意义做如下表所示的分类描述。

分数的意义分类	分数的意义描述
整体中的部分（份数）	把一个整体平均分成若干份，表示其中的一份或几份的数，即一个整体的一部分。语言表述如"四份中的三份就是四分之三"。
度量	由度量中产生分数单位，用分数单位确定分数的值，包含有几个分数单位就是几分之几。语言表述如"三个四分之一是四分之三"。
商	用除法解决平均分问题得不到整数结果时可以用分数表示商，整数 a 被 b 除所得的商可以用分数 $\frac{a}{b}$ 表示。语言表述如"3÷4 可以写成 $\frac{3}{4}$"。
比	两个整数 M 和 N 的比可以用分数 $\frac{M}{N}$ 表示。语言表述如"3 与 4 的比是 $\frac{3}{4}$"。

在小学阶段的分数教学中，应引导学生从以上多个方面去理解分数的意义。研究发现，现行各版本教材在三年级教学"初步认识分数"时，侧重理解分数的"整体中的部分"意义，强调分数的"率"含义。这一做法能够让学生快速

地建立"平均分"概念，更容易接受和理解分数。但是，到了五年级学习"分数的意义与性质"时，如果仍将"整体中的部分"意义置于关键位置，则容易造成学生无法感知分数的具体大小、分数单位及其个数的作用，因此很难将分数与自然数、小数的结构与功能建立联系。比如，学生普遍不能理解为什么会有 $\frac{5}{4}$ 这样的假分数存在，理由是"把整体平均分成了4份，怎么能取出5份呢？"再如，学生在完成类似"1÷3"的题目时，虽然计算很烦琐，但还是会尽量使用小数来表示结果，而不愿意使用分数，理由是"分数不是一个数，不能表示计算结果"。

综上可见，分数的"度量意义"更能够凸显分数作为数概念的本质：从度量中产生分数单位，数分数单位（计数单位）的个数就得到分数。这样就将分数与整数、小数建立联系，形成同样的结构，实现了各类数之间的一致性，学生就更认可"分数（特别是假分数）也是一个数"。

（二）基于主题大观念提炼单元具体观念

本单元属于"数与运算"主题，相关的主题大观念是"用符号和计数单位表达数"。数是数量的抽象，其本质在于将具体的数量以抽象的形式表达。整数、分数、小数都是用符号和计数单位对数量或关系的抽象表达。分数表达将"1"等分后的一部分，本质是小于1的数，同样需要用0到9这样的符号表达，用分数单位（计数单位）确定分数的值。

依据课标要求和学生实际，可以将主题大观念细化为如下单元具体观念。

观念1： 分数与整数、小数一样，都是对数量或关系的抽象，分数是一个数。

观念2： 当单位"1"太大不能度量时，需要将其平均分从而产生更小的度量单位（分数单位），数分数单位的个数就得到了分数；分数与整数、小数的表达具有一致性，都是基于计数单位及其个数；分数的大小比较基于分数单位（计数单位）及其个数的比较。

观念3： 分数既可以表示具体的数量，也可以表示两个数量间的关系，即整体与部分的关系以及两个量之间的倍比关系等。

观念4： 以上过程发展了学生的数感和符号意识。

（三）参考权威考试命题

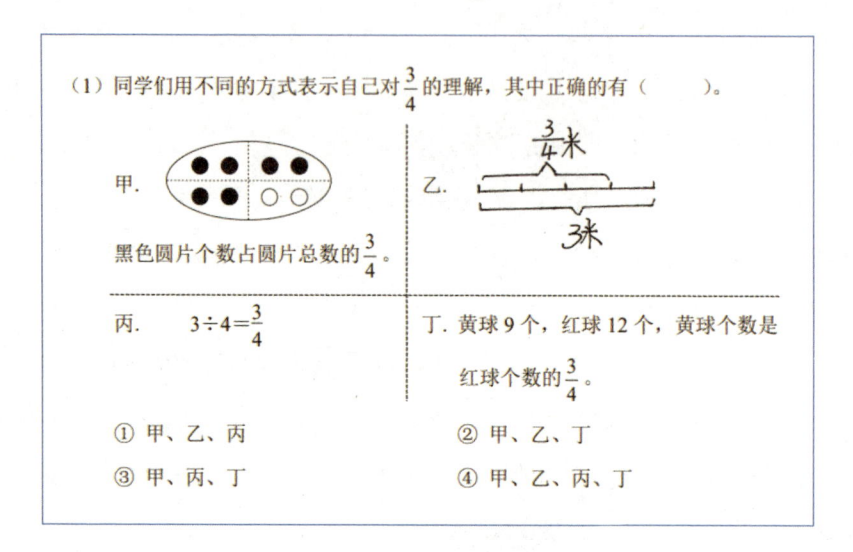

> （1）同学们用不同的方式表示自己对 $\frac{3}{4}$ 的理解，其中正确的有（　　）。
>
> 甲．黑色圆片个数占圆片总数的 $\frac{3}{4}$。
>
> 乙．$\frac{3}{4}$ 米／3 米
>
> 丙．$3 \div 4 = \frac{3}{4}$
>
> 丁．黄球9个，红球12个，黄球个数是红球个数的 $\frac{3}{4}$。
>
> ① 甲、乙、丙
> ② 甲、乙、丁
> ③ 甲、丙、丁
> ④ 甲、乙、丙、丁

此题考查学生对分数概念多方面意义的理解。甲是分数的"整体中的部分"（份数）意义；丙是分数的"商"意义；丁是分数的"比"意义；只有乙是错的，混淆了分数的"量"和"率"的意义。上述命题启示我们，分数教学要注重让学生通过多元表征来表达对分数意义丰富内涵的理解，重视展示学生的思考过程。

（四）确定单元学习目标

综上分析，确定如下单元学习目标（仅限"分数的意义"部分）：

1. 经历分数意义的探索过程，理解分数的多重意义；感悟分数单位，体会分数的表达（读写）、比较大小等内容都是基于相应分数单位（计数单位）及分数单位的个数展开的，体会数的认识的一致性，发展数感和符号意识。

2. 明确分数与除法的关系，认识真分数和假分数，知道带分数是一部分假分数的另一种书写形式，能把假分数化成带分数或整数。

3. 能对实际情境中的分数做出合理的解释，能运用所学分数知识解决求一个数是另一个数的几分之几的简单实际问题，进一步发展数感和应用意识。

二、单元内容重组与课时规划

（一）厘清单元内容的学习进阶

基于分数意义的丰富内涵，依据课程标准，对比不同版本教材，划定"分数的意义"学习进阶层级如下表：

进阶维度	进阶层级		
	直观水平	半直观半抽象水平	抽象水平
分数的意义 — 表示"量"的大小（由平均分物或度量产生）	把一个物体或计量单位平均分成N份得到分数单位，数分数单位的个数，结果是真分数或假分数。	把M个物体抽象为整体"1"，平均分成N份，每份是$\frac{M}{N}$，结果是真分数或假分数。	将每个分数（包括真分数和假分数）与数轴上的点建立一一对应关系。
分数的意义 — 表示"比率关系"（用分数刻画部分与整体、两个"量"的倍数关系）	整体"1"是一个物体时，部分与整体的比率关系（真分数）。	单位"1"是多个物体时，部分与整体的比率关系（真分数）。	两个数量之间的倍数关系（真分数、假分数）。

（二）分析学情

学生在三年级时已经在分物的背景下从"平均分"的角度初步认识了分数，从"平均分"一个具体物体（实物或图形），如蛋糕、正方形、长方形等，到平均分多个物体，如一盘桃、一盒球等。学生已经初步认识了分数表示的是一个整体的一部分，表示部分与整体的倍比关系。同时，学生在用分一分、画一画等方式表达一个分数的意义时，积累了丰富的表征分数的活动经验。

（三）划分课时类型

基于对单元内容的学习进阶分析和学情分析，可以对本单元的教学进行整体思考和把握。确定如下学习路径：首先认识分数"部分与整体的关系"这一意义，即分数是"分"出来的；其次，认识分数"度量"的意义，即分数是"数"出来的；再次，认识分数"商"的意义，即分数是"除"出来的；最后，认识分数"比"的意义，即分数是"比"出来的。苏教版教材"分数的意义与性质"

单元内容重构后的部分课时划分如下：

课时	课型	教学内容
1	关键课	分数是"分"出来的（"整体中的部分"定义）
2	关键课	分数是"数"出来的（"度量"定义，同步认识真分数、假分数）
3	关键课	分数是"除"出来的（"商"的定义，同步认识分数与除法的关系）
4	关键课	分数是"比"出来的（"比"的定义，同步认识求一个数是另一个数的几分之几）
5	练习拓展课	分数的意义综合练习

三、关键课的教学设计

课例 1 分数是"分"出来的

● 教学片段一

出示任务1：以图形"圆"为素材，"圆"的数量不限，画一画，表示出 $\frac{1}{4}$ 这个分数，并解释是怎样表示 $\frac{1}{4}$ 的。

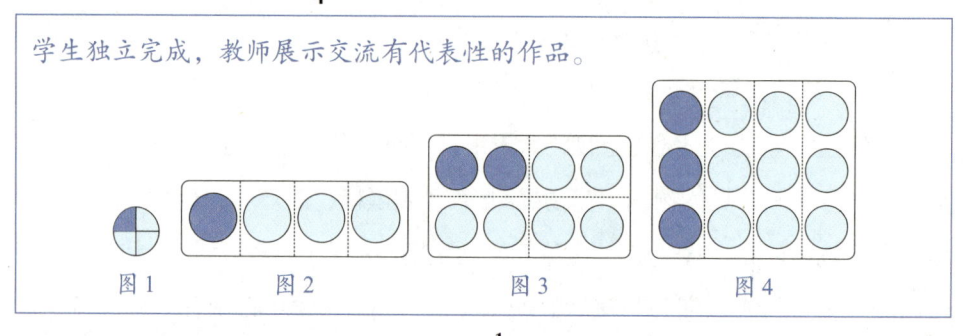

学生独立完成，教师展示交流有代表性的作品。

图1　图2　图3　图4

【师】这4幅图的涂色部分都能表示 $\frac{1}{4}$ 吗？请说明理由。

【生】能，因为它们都是把一个整体平均分成4份，涂色部分占了1份。

【师】都表示 $\frac{1}{4}$，为什么大小不一样呢？

【生】不一样。

【师】都表示 $\frac{1}{4}$，为什么大小不一样呢？

【生】因为它们各自的整体不一样。第一个 $\frac{1}{4}$ 平均分的是1个圆，第二个 $\frac{1}{4}$ 平均分的是4个圆，第三个 $\frac{1}{4}$ 平均分的是8个圆，第四个 $\frac{1}{4}$ 平均分的是12个圆。

[小结：不管是几个圆，都可以将其看成一个整体，只要把它平均分成4份，这样的1份就可以用$\frac{1}{4}$表示。]

> 🔍 **思考**
>
> 学生在创作并表示出$\frac{1}{4}$这个分数的过程中，体会到了表示同一个分数可以有不同的情形，丰富了整体"1"的内涵；继而通过讨论"涂色部分都能表示$\frac{1}{4}$吗？请说明理由""都表示$\frac{1}{4}$，为什么大小不一样呢"这两个问题，进一步明确了分数的意义。

● 教学片段二

出示任务2：一个图形的$\frac{1}{3}$是 ▭▭ ，请画出这个图形。

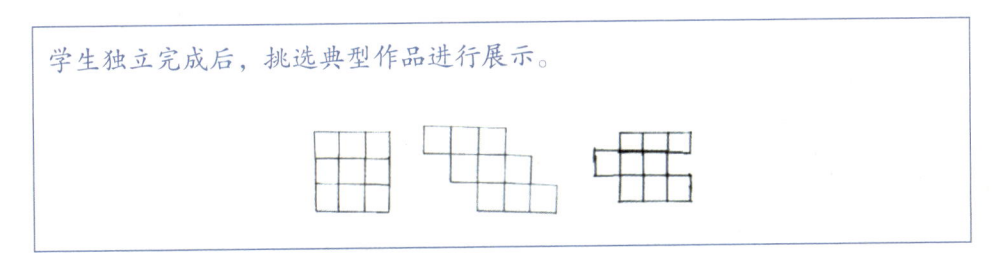

> 学生独立完成后，挑选典型作品进行展示。

【师】这些图形各不相同，都对吗？说说理由。

【生】都对！因为一个图形的$\frac{1}{3}$是3个小方格，这个图形的"整体"就是3的3倍，是9个小方格。

【生】不管这个"整体"是什么形状，只要是9个小方格就可以。

【师】部分占整体的$\frac{1}{3}$，整体就是部分的——

【生】3倍。

> 🔍 **思考**
>
> 上述教学让学生经历由"部分"逆向思考"整体"的过程，在追问、

思辨中进一步理解分数"部分与整体"的关系：部分占整体的几分之几，整体是部分的几倍。

● **教学片段三**

出示任务3：为灾区人民捐款，明明捐献了零花钱的 $\frac{1}{3}$，亮亮也捐献了零花钱的 $\frac{1}{3}$。他们捐的钱一样多吗？请说明理由。

（学生独立思考，然后全班交流。）

【生】不一定，万一他们的零花钱不一样多呢。假设明明的零花钱是60元，亮亮的零花钱是90元，60元的 $\frac{1}{3}$ 就是20元，90元的 $\frac{1}{3}$ 就是30元，不一样多。如果他们的零花钱都是60元，那他们的 $\frac{1}{3}$ 就一样多。

【师】虽然他们都捐了各自零花钱的 $\frac{1}{3}$，但捐得是不是一样多还得看零花钱的总数是不是一样多。对于同一个分数来说，"整体"的数量不一样，这个分数对应"部分"的数量也会不一样。

🔍 **思考**

通过"两人都捐了零花钱的 $\frac{1}{3}$，捐的钱是否一样多？"的问题讨论，学生进一步理解了分数的意义，初步感悟了分数的相对性。

课例2 分数是"数"出来的

● **教学片段一**

出示： 1
（？）

106

【师】如果把红色纸条的长度作为标准,用整数"1"表示,估一估:蓝色纸条的长可以用哪个数来表示?

【生】3。

【师】是3吗?我们一起来数一数。(课件呈现下图)

1

【生】正好数了3次,3个"1"是3。

【师】数源于数!整数就是通过数计数单位数出来的。

> **思考**
>
> 上述教学唤起学生的测量经验,(以"1"为单位进行测量,数计数单位的个数就得到测量结果),让学生感悟计数单位在整数计数中的价值,为接下来理解分数的意义做了孕伏。

● 教学片段二

【师】(出示下图)如果把红色纸条的长度作为标准,用"1"表示,估一估:黄色纸条的长度可以用哪个数来表示?

1

(?)

【生1】$\dfrac{3}{4}$。

【生2】$\dfrac{4}{5}$。

【师】看来大家的想法不完全一样,那用什么方法验证我们的猜想呢?

107

结合学生讨论，课件逐步呈现：

先把红色纸条对折，平均分成4份，再用 $\frac{1}{4}$ 根红色纸条去测量，正好量了3次。所以黄色纸条是 $\frac{3}{4}$ 根红色纸条那么长。

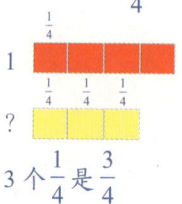

3个 $\frac{1}{4}$ 是 $\frac{3}{4}$

[小结：当被测量的黄色纸条不够"1"时，可以把"1"平均分，创造出比"1"更小的计数单位，就可以量出黄色纸条的长度了。]

【师】（出示下图）对比一下：都是以红色纸条的长度为标准，测量蓝色纸条和黄色纸条的长度时，有什么相同点与不同点呢？

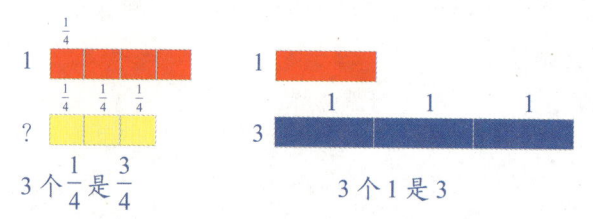

3个 $\frac{1}{4}$ 是 $\frac{3}{4}$ 3个1是3

【生1】计数单位不同。测量蓝色纸条时，是以"1"为单位进行测量的；而测量黄色纸条时，是以" $\frac{1}{4}$ "为单位进行测量的。

【生2】测量过程是相同的，都是"数一数"计数单位的个数，有几个计数单位就是多长。

【师】（追问）能说一说是怎么数出蓝色纸条和黄色纸条长度的吗？

【生】蓝色纸条的长度"3"是通过数3个"1"得到的，黄色纸条的长度" $\frac{3}{4}$ "是通过数3个" $\frac{1}{4}$ "得到的。

【师】通过上面的学习，你发现分数和整数有什么相同的地方吗？

【生】分数和整数一样，有几个几分之一就是几分之几。

[小结：分数也是"数"计数单位的个数"数"出来的，分数是一个数。]

> 🔍 **思考**
>
> 学生在无法测量比"1"短的长度时，产生了平均分的需求，而平均分的过程就是寻找新的计数单位的过程，学生从而体会到分数单位产生的必要性。在用分数单位测量纸条的过程中，学生感受到通过分数单位的不断累加就可以得到分数，分数与整数一样，都是"数"出来的，从而体会"分数是一个数"，感悟分数与整数计数方法的一致性。

● **教学片段三**

【师】（出示下图）把红色纸条的长度看作"1"，估计一下绿色纸条的长度是多少？怎样验证呢？

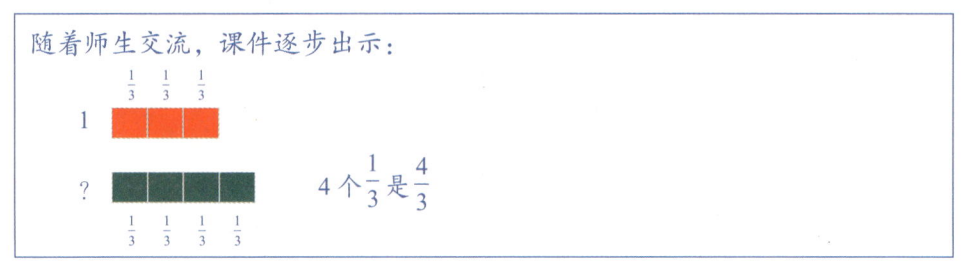

> 随着师生交流，课件逐步出示：
>
> 4 个 $\frac{1}{3}$ 是 $\frac{4}{3}$

【师】这个分数和我们以前认识的分数有什么不一样啊？

【生】这个分数的分子比分母还要大。

【师】为什么会出现这种情况呢？

【生1】因为绿色纸条比红色纸条还要长，所以得到的分数比"1"大。

【生2】我觉得 $\frac{4}{3}$ 是"数"出来的，有 4 个 $\frac{1}{3}$，就是 $\frac{4}{3}$。

【师】看来确实存在分子比分母大的分数。同样是用红色纸条去测量，为什么蓝色纸条的长度用整数表示，黄色纸条、绿色纸条的长度用分数来表示呢？

生：因为蓝色纸条的长度正好是3个"1"，所以是3；而黄色纸条的长度不够"1"，绿色纸条的长度比"1"多一点儿，就要把"1"平均分，用分数来表示长度。

师：通过刚才的测量活动，我们发现整数是用"1"数出来的。当这个单位"1"太大时，还可以把这个单位"1"再平均分，产生更小的单位，也就是分数单位，$\frac{1}{4}$、$\frac{1}{3}$都是分数单位。分数是一个数，通过"数"分数单位的个数，就可以得到分数。

> **思考**
>
> 对假分数的理解一直是学生学习的难点。在学生积累了以红色纸条的$\frac{1}{4}$为单位测量黄色纸条长度的经验后，笔者引导学生类比迁移，用分数单位测量绿色纸条的长度。显然，绿色纸条的长度比"1"长一些，测量结果一定是一个分子比分母大的分数，假分数存在的合理性便顺理成章地被学生接受。这为进一步学习真分数和假分数打下了基础。同时，在操作、比较、对话的过程中，学生进一步体会到分数是"数"出来的，分数是一个数。

● 教学片段四

1. 将数轴上的点与分数建立一一对应关系

（课件动态演示：将纸条"压缩"抽象为数轴。）

师：如果我们把红色纸条这个单位"1"变为一条线段，这个起点标上0，这一头标上1，就得到一条数线。（课件动态显示，学生观察"压缩"过程，结果如下图）

【师】(在数轴上表示出 $\frac{3}{4}$) A、B 这两个点分别表示什么数?

【生】点 A 表示 $\frac{1}{4}$,点 B 表示 $\frac{2}{4}$。

【师】如果直线变成下面这样(出示下图),A、B 这两个点分别表示什么数?

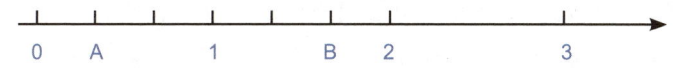

【生】点 A 表示 $\frac{1}{3}$,点 B 表示 $\frac{5}{3}$。

【师】刚才是四分之几,现在为什么变成三分之几了?

【生】刚才是把"1"平均分成 4 份,分数单位是"$\frac{1}{4}$";现在是把"1"平均分成 3 份,分数单位是"$\frac{1}{3}$"。

出示:

【师】现在分数单位是多少?点 C 表示哪个数?

【生】分数单位是"$\frac{1}{5}$",点 C 表示 $\frac{7}{5}$。

【师】你有什么发现?

【生1】数轴上的点除了可以表示整数、小数,也可以表示分数,而且一个点对应一个分数。

【生2】两个分数之间有无数个分数。

【生3】相同的点可以用不同的分数表示。

🔍 思考

　　学生到五年级时应该更理性地认识分数,能借助数轴,将分数与数轴上的点建立一一对应关系,从而更深刻地认识分数的意义。

111

2. 数一数，填一填。你有什么发现？

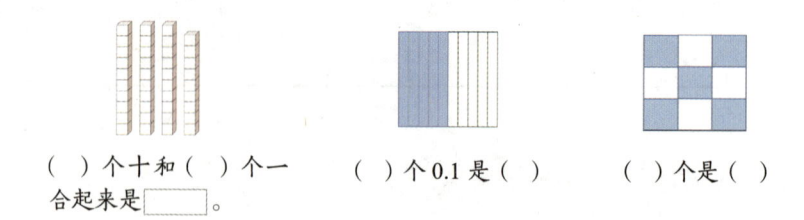

（　）个十和（　）个一合起来是 ▢ 。　　　（　）个0.1是（　）　　　（　）个是（　）

【生】整数、小数、分数都是由它们的计数单位组成的。

【师】分数单位就是分数的计数单位。无论是整数、小数还是分数，都是由计数单位累加而成的，它们的本质是一样的。

> **思考**
>
> 上述教学引导学生发现分数单位就是分数的计数单位，整数、小数、分数都是由各自的计数单位累加而成的，从而实现了对整数、小数、分数基于计数单位表达的一致性的理解，在三种数之间架起了桥梁。

课例3　分数是"除"出来的

● 教学片段一

出示题目：把▢个月饼平均分给4个小朋友，每个小朋友分到多少块？怎样列式？

【师】不知道要分几个月饼，可以怎么办？

【生】可以假设。

【师】好主意！我们先假设分1个月饼。

（借助课件演示，引导学生列式：$1 \div 4 = \frac{1}{4}$。）

【师】假设把2个月饼平均分给4个小朋友呢？每人分到多少块？

（学生答案不一，大多数学生的答案是$\frac{1}{4}$块，也有回答$\frac{1}{8}$块的，只有极少数学生的答案是$\frac{2}{4}$块。）

【生1】我觉得答案是$\frac{1}{4}$块。因为不管是1个月饼还是2个月饼，只要是平均分成4份，每份就是$\frac{1}{4}$。

【生2】我认为答案是$\frac{2}{8}$块，因为把每块月饼平均分成4份，2块月饼一共分成了8份，所以是$\frac{2}{8}$。

【生3】我认为是$\frac{2}{4}$块，因为一个月饼分到$\frac{1}{4}$块，2个月饼不就是$\frac{2}{4}$块吗？

借助课件演示"分饼"的过程，澄清认识：这里是把2个月饼看作单位"1"，得到2个$\frac{1}{4}$块，也就是$\frac{2}{4}$块。

2个$\frac{1}{4}$是$\frac{2}{4}$

$2÷4=\frac{2}{4}$（块）

单位"1"

思考

确定单位"1"的量才是"分数与除法"这节课应该引导学生突破的思维障碍点，这能使学生进一步建构分数的多种意义。

● 教学片段二

【师】假设把3个月饼平均分给4个小朋友，每人分到多少块呢？

（有了分2个月饼的基础，学生顺利得出：把3个月饼看作单位"1"，平均分成4份，每人得到3个$\frac{1}{4}$块，也就是$\frac{3}{4}$块。）

课件演示：

3个$\frac{1}{4}$是$\frac{3}{4}$

$3÷4=\frac{3}{4}$（块）

单位"1"

【师】如果分4个月饼呢？

【生1】4÷4=1，每人分到1块。

【生2】把4个月饼看作单位"1"，平均分成4份，得到4个$\frac{1}{4}$块，就是$\frac{4}{4}$块，也就是1块。

课件演示：

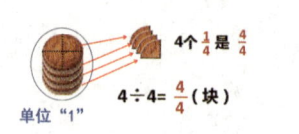

4个$\frac{1}{4}$是$\frac{4}{4}$

单位"1"   4÷4=$\frac{4}{4}$（块）

【师】假设分5个月饼呢？

【生】把5个月饼看作单位"1"，平均分成4份，得到5个$\frac{1}{4}$，也就是$\frac{5}{4}$块。

课件演示：

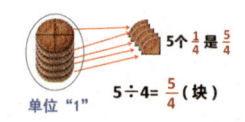

5个$\frac{1}{4}$是$\frac{5}{4}$

单位"1"   5÷4=$\frac{5}{4}$（块）

【师】如果把6个月饼平均分成4份呢？

【生】每人得到6个$\frac{1}{4}$块，也就是$\frac{6}{4}$块。

【师】仔细观察这些算式和得数，你能找到分数与除法的关系吗？

师生交流、讨论，形成如下板书：

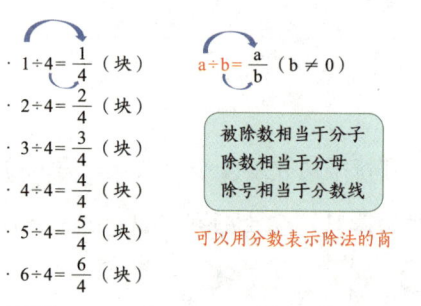

- 1÷4=$\frac{1}{4}$（块）
- 2÷4=$\frac{2}{4}$（块）
- 3÷4=$\frac{3}{4}$（块）
- 4÷4=$\frac{4}{4}$（块）
- 5÷4=$\frac{5}{4}$（块）
- 6÷4=$\frac{6}{4}$（块）
- ……

a÷b=$\frac{a}{b}$（b≠0）

被除数相当于分子
除数相当于分母
除号相当于分数线

可以用分数表示除法的商

【师】分数是"分"出来的，分数也是"数"出来的，分数也可以是——

【生】"除"出来的。

"分数乘除法"单元整体教学设计

分数乘法和分数除法是小学计算教学的"收官"内容，也是运算教学的一块"硬骨头"，许多学生往往"得其法，而不得其意"，因此它一直是小学计算教学的重难点之一。笔者力图从"运算一致性"的视角，整合、重组这两个单元的学习内容，破解教学难题。

一、确定指向核心素养的单元学习目标

（一）基于主题大观念提炼单元具体观念

分数乘法和分数除法同属于"数与运算"主题，在运算过程中，"数的运算是计数单位个数的运算"作为主题大观念凸显出来。

先看分数乘法运算：$\frac{b}{a}\times\frac{d}{c}=(b\times\frac{1}{a})\times(d\times\frac{1}{c})=(b\times d)\times(\frac{1}{a}\times\frac{1}{c})=bd\times\frac{1}{ac}=\frac{bd}{ac}$。在上述运算中，$bd$ 是计数单位的个数乘计算单位的个数所得的积，$\frac{1}{ac}$ 是计数单位乘计数单位所得的积，得到的两个积再相乘就有了最后的答案。可见，分数乘法的运算仍是计数单位的个数的运算。

再看分数除法运算：$\frac{b}{a}\div\frac{d}{c}=\frac{bc}{ac}\div\frac{ad}{ac}=\frac{bc\div ad}{ac\div ac}=\frac{bc}{ad}$。在上述运算中，先通分，也就是先统一分数单位（计数单位），分子除以分子即对计数单位的个数进行运算；分母除以分母的过程由于先通了分，分母已经一致，所以不用计算。将此算法中间的通分过程省略掉，就可以得出"除以一个不为 0 的数等于乘这个数的倒数"的结论。

从当前的教材和教学来看，分数乘法和分数除法是分属于两个单元的内容，

它们有各自的算理和算法，应用分数乘法和分数除法解决实际问题时也有它们各自的解题思路和方法。这些知识似乎是割裂的，缺乏内在一致性。

但事实上，分数除法是分数乘法的逆运算，两者在本质上是一个整体：从算理推演和算法推导的角度而言，分数除法的算理是借助演绎推理来推演的，其算法转化成了分数乘法。

$$\frac{c}{a} \div \frac{d}{b} = \frac{c}{a} \times \frac{b}{d} = (c \times \frac{1}{a}) \times (b \times \frac{1}{d}) = (c \times \frac{1}{a}) \times (b \times \frac{1}{d}) = (c \div d) \times (\frac{1}{a} \div \frac{1}{b}) = \frac{cb}{ad}$$

也就是计数单位与计数单位相除（$\frac{1}{a} \div \frac{1}{b}$），计数单位的个数与计数单位的个数相除（$c \div d$），再把所得的两个商相乘。可见，分数乘法和分数除法的计算都是基于计数单位进行的，都可以还原成计数单位与计数单位运算、计数单位上的数字（本质上是计数单位的个数）与计数单位上的数字运算。从应用分数乘除法解决实际问题的角度而言，其关键都是基于"求一个数的几分之几是多少，就是用这个数乘几分之几"这个基本数量关系展开思考与分析。

基于上述分析，结合单元内容，将"计数单位"这一主题大观念具体化为如下单元观念。

观念 1：分数乘法的意义是整数乘法意义的扩充。一个数乘整数，是求这个数的几倍是多少；一个数乘分数，是求这个数的几分之几是多少。

观念 2：分数除法的意义是整数除法意义的扩充。分数除法的本质是把被除数和除数的计数单位通过细分变得相同，再把计数单位的个数与个数相除。分数除法是分数乘法的逆运算。

观念 3：分数乘除法的算理与算法都可以用计数单位的个数来理解，这体现了算理的一致性。分数乘法运算与整数乘法、小数乘法运算保持了一致，都是计数单位与计数单位相乘，计数单位上的数字与计数单位上的数字相乘。分数除法与整数除法、小数除法一致的算法，是基于计数单位的方法，即先通分（统一计数单位），然后分子除以分子（对计数单位的个数进行运算），分母除以分母（这个过程由于先通了分，分母已经一致，所以不用计算）的过程。将通分过程省略掉，就可以得出"乘倒数"的结论。

观念4：用分数的乘法和除法解决问题的关键，都是基于"求一个数的几分之几是多少，就是用这个数乘几分之几"这个基本数量关系展开思考与分析。

观念5：在推演算理、推导算法的过程中，发展学生的运算能力和推理能力（尤其是演绎推理能力）等数学核心素养。

笔者以上述单元具体观念为核心对"分数乘除法"内容进行重组，将分数乘法和分数除法整合为一个学习单元，引导学生从分数乘除法的意义、算理、算法和数量关系之间的联系出发，多角度沟通分数乘法和分数除法之间的内在逻辑联系，体会分数乘除法运算的一致性和可迁移性。实践表明，这种整体性思维能有效减轻学生的学习负担，帮助学生学会用整体的、联系的、发展的眼光看问题，形成科学的思维习惯，发展核心素养。

（二）参考权威考试命题

> 《九章算术》是中国古代的一部数学著作，书中解决分数除法问题的具体方法是"经分术"。根据"经分术"，如果被除数和除数都是分数，要先将两个分数通分，再使分子相除，如下所示：
>
> $\dfrac{a}{b} \div \dfrac{c}{d} = \dfrac{ad}{bd} \div \dfrac{bc}{bd} = \dfrac{ad}{bc}$ （b，c，d 均不为 0）
>
> 按照以上方法，可以这样计算 $\dfrac{2}{7} \div \dfrac{3}{5} =$ _____ = _____。

此题提供了阅读材料——古人用"经分术"计算分数除法，让学生仿照古人的算法计算分数除法。题目既考查了学生的阅读理解能力和运算能力，也渗透了数学文化。

> 我们学习了分数除法，计算分数除以分数的方法很多。下面是 4 名同学计算 "$\dfrac{2}{3} \div \dfrac{5}{9}$" 的过程，想法正确的有（ ）种。
>
> 豆豆 $\dfrac{2}{3} \div \dfrac{5}{9} = \dfrac{2}{3} \times \dfrac{9}{5}$　　　　乐乐 $\dfrac{2}{3} \div \dfrac{5}{9} = \dfrac{10}{15} \div \dfrac{10}{18} = \dfrac{1}{15} \div \dfrac{1}{18}$
>
> 文文 $\dfrac{2}{3} \div \dfrac{5}{9} = \dfrac{6}{9} \div \dfrac{5}{9} = 6 \div 5$　　笑笑 $\dfrac{2}{3} \div \dfrac{5}{9} = \dfrac{2}{3} \div (5 \div 9) = \dfrac{2}{3} \div 5 \div 9$
>
> A.4　　　　　B.3　　　　　C.2　　　　　D.1

此题呈现了多种计算分数除以分数的方法——多元的表达需要多元的理解，考查了学生对分数除法的算理与算法的掌握。

> 数学课上，同学们讨论了"分数乘法"的内容。豆豆发现一个问题：我看数学书上写着"分数乘分数，用分子相乘的积作分子，用分母相乘的积作分母"，如果按照这个方法计算就是：$\frac{2}{5} \times \frac{3}{7} = \frac{2 \times 3}{5 \times 7} = \frac{6}{35}$。而且豆豆发现分数、整数、小数乘法有相通的地方，为什么可以这样算呢？他尝试着发现其中的奥秘，举了几个学过的乘法例子。
>
> | 举例1 | $\frac{2}{5} \times \frac{3}{7} = (\frac{1}{5} \times 2) \times (\frac{1}{7} \times 3) = (\frac{1}{5} \times \frac{1}{7}) \times (2 \times 3) = \frac{1}{35} \times 6 = \frac{6}{35}$ |
> | --- | --- |
> | 举例2 | $40 \times 20 = (4 \times 10) \times (2 \times 10) = (4 \times 2) \times (10 \times 10) = 8 \times 100 = 800$ |
> | 举例3 | $0.3 \times 0.8 = (3 \times 0.1) \times (8 \times 0.1) = (3 \times 8) \times (0.1 \times 0.1) = 24 \times 0.01 = 0.24$ |
>
> (1) 你同意豆豆的计算方法吗？根据刚才的举例情况尝试着计算 $\frac{2}{3} \times \frac{4}{5}$，并写出计算过程。
>
> (2) 请你举一个能够用上面的方法计算的小数或整数乘法的例子，并计算出来。
>
> (3) 请你结合刚才的例子，写出 $\frac{b}{a} \times \frac{d}{c}$ 的计算过程。

此题考查学生对运算一致性的理解，先通过几个样例展示整数、分数、小数乘法"相通的地方"，再要求学生在自行理解的基础上解决问题。学生需要认真研究样例，深入理解问题所涉及的数学知识，并运用数学推理去解决。

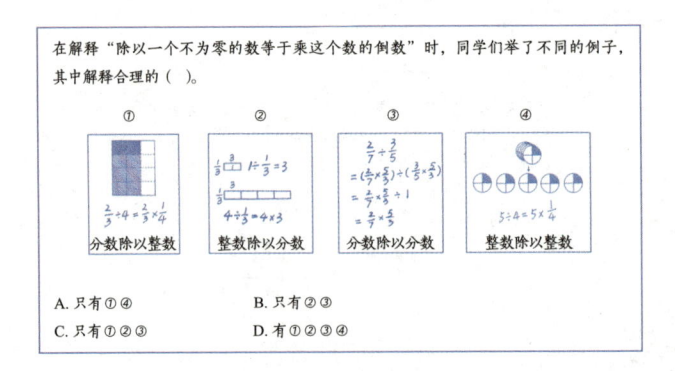

> 在解释"除以一个不为零的数等于乘这个数的倒数"时，同学们举了不同的例子，其中解释合理的（ ）。
>
> ① 分数除以整数
> ② 整数除以分数
> ③ 分数除以分数
> ④ 整数除以整数
>
> A. 只有①④
> B. 只有②③
> C. 只有①②③
> D. 有①②③④

此题考查学生对分数除法计算法则（算理）的理解，要求学生不仅"知道怎样算"，还知道"为什么这样算"。

（三）确定单元学习目标

1. 能借助具体情境、面积模型，用乘除法的意义迁移类推出：分数乘法的意义是整数乘法意义的扩充，一个数乘整数是求这个数的几倍是多少，一个数乘分数是求这个数的几分之几是多少；分数除法的意义是整数除法意义的扩充，分数除法是分数乘法的逆运算。

2. 能用乘法的意义、运算律、面积模型等进行推理，探究出分数乘法的算理是计数单位个数的运算；算法是分数计数单位的个数乘分数计数单位的个数，分数计数单位乘分数计算单位，得到的两个积再相乘，从而感受数的运算本质上的一致性。能熟练地计算分数乘法。

3. 能用除法的意义、商的变化规律、面积模型等进行推理，探究出分数除法的算理与小数除法、整数除法的一致，都是计数单位个数的运算；算法是"除以一个数等于乘这个数的倒数"。

4. 会用乘法解决"求一个数的几分之几是多少"的实际问题，抽象出分数乘法实际问题中的数量关系；会用除法解决"已知一个数的几分之几是多少，求这个数"的实际问题，抽象出分数除法实际问题中的数量关系。体会到用分数的乘法和除法解决问题的关键，都是基于"求一个数的几分之几是多少用乘法"这个基本数量关系展开思考与分析。

5. 在探索新知的过程中，进一步体会数学知识之间的联系，体会数的运算的一致性，发展运算能力和推理意识。

二、单元内容重组与课时规划

（一）厘清单元内容的学习进阶

以北师大版教材为例，在分数乘法单元中，第 1 课时把乘法模型中的"每份数"从整数拓展到了分数，引导学生根据"几个相同的整数相加用乘法计算"类推出"几个相同的分数相加也用乘法计算"；第 2 课时把乘法模型中的"份数"从整数拓展到了分数，形成整数乘分数的另一种表达，即求一个数的几分之几是多少，也形成了基于实际问题的数量关系"单位'1' × 分率 = 对应的量"；第 3 课时把"每份数"和"份数"都从整数拓展到了分数。

分数除法单元是建立在分数乘法单元学习的基础上的，除此之外，"倒数"概念的出示和理解也是分数除法单元学习里特别重要且不可缺少的。北师大版教材将"倒数"的概念前置在"分数乘法"单元，在分数除以整数的探究之后就出现"除以一个不为 0 的整数，相当于乘这个整数的倒数"的说法；随后在一个数除以分数的教学时，结合现实情境寻找结果，用发现和归纳的方式，获得一个数除以分数的运算方法，即"除以一个不为 0 的数，等于乘这个数的倒数"；然后借助直观了解"乘倒数"的道理。显然，这与整数除法和小数除法都关注计数单位及计数单位的细分、在运算过程中凸显"计数单位"这一主题大观念缺乏一致性。为此，教学"分数除法"时，需要引导学生理解分数除法依然是可以"分"出来的，寻找"乘倒数"的算法与一致性通法的关联，并用一致性通法解释"乘倒数"算法的合理性。

（二）分析学情

为了了解学生的认知起点，笔者课前从对分数乘除法算法的掌握程度、对算理的理解程度两个方面对学生进行了学情前测和访谈，具体内容见下表：

算一算，写出计算的过程和结果	想一想，试着解释你的算法是否正确
$\frac{2}{7} \times 3 =$	
$\frac{3}{4} \times \frac{1}{2} =$	
$\frac{6}{7} \div 3 =$	
$\frac{3}{4} \div \frac{1}{2} =$	

前测中几道题的正确率都达到了 70%，说明大部分学生已经通过自学或预习了解并掌握了分数乘法和分数除法的计算方法。其中小部分学生能主动联系乘法的运算意义将"$\frac{2}{7} \times 3$"转化为"$\frac{2}{7} + \frac{2}{7} + \frac{2}{7}$"进行计算并说理；个别学生能将"$\frac{3}{4} \times \frac{1}{2}$"转化为"$0.75 \times 0.5$"，将"$\frac{3}{4} \div \frac{1}{2}$"转化成"$0.75 \div 0.5$"，并能说明自己的计算结果是正确的。但几乎没有学生想到用"画图"来说理。访谈中被问及为什么这样计算时，大部分学生也说不清楚其中的道理。由此可见，学生对分数乘除法的计算是只"知其然"——知道算法，却"不知其所以然"——不明算理。

（三）划分课时类型

以北师大版教材五年级下册的"分数乘法"和"分数除法"单元为例，整合前和整合后的课时安排如下表所示：

整合前的课时安排		整合后的课时安排		
课时	教学内容	课时	课型	教学内容
1	分数乘整数	1	关键课	分数乘整数
2	整数乘分数	2	关键课	整数乘分数
3	练习课	3	练习拓展课	整数与分数相乘
4	求一个数的几分之几是多少	4	关键课	分数乘分数
5	练习课	5	练习拓展课	分数乘法练习
6	分数乘分数	6	关键课	认识倒数
7	练习课	7	练习拓展课	认识倒数练习
8	认识倒数	8	关键课	分数除以整数
9	练习课	9	关键课	一个数除以分数
10	单元整理与复习	10	练习拓展课	分数除法练习
11	分数除以整数	11	数学阅读课	古人是怎样计算分数除法的？
12	一个数除以分数	12	关键课	用分数乘除法解决问题1
13	练习课	13	方法迁移课	用分数乘除法解决问题2
14	已知一个数的几分之几是多少，求这个数	14	方法迁移课	用分数乘除法解决问题3
15	练习课	15	练习拓展课	用分数乘除法解决问题4
16	单元整理与复习	16	整理与复习课	单元整理与复习

三、设计指向目标的核心任务序列

单元优化后的部分教学内容、核心目标与核心任务

课时	教学内容	核心目标	核心任务
1	分数乘整数	1. 能借助具体情境，迁移类推出：分数乘法的意义是整数乘法意义的扩充，一个数乘整数，是求这个数的几倍是多少；一个数乘分数，是求这个数的几分之几是多少。 2. 能借助面积模型等进行推理，探究出分数乘整数的算理和算法。	任务1：（1）一桶水有3升，5桶共多少升？ （2）一桶水有3升，$\frac{1}{2}$桶是多少升？ （3）一桶水有3升，$\frac{2}{7}$桶有多少升？ 任务2：计算$\frac{2}{7} \times 3 = ?$

续表

课时	教学内容	核心目标	核心任务
2	分数乘分数	能用乘法的意义、运算律、面积模型等进行推理，探究出分数乘法的算理是计数单位个数的运算；算法是分数计数单位的个数乘分数计数单位的个数，分数计数单位乘分数计数单位，得到的两个积再相乘，从而感受数的运算本质上的一致性。能熟练地计算分数乘法。	**任务1**：一个长方形，长为 $\frac{7}{10}$ 分米，宽为 $\frac{3}{10}$ 分米。这个长方形的面积是多少平方分米？请列式计算，并用画图的方式解释计算的道理。 **任务2**：长方形的长是 $\frac{4}{5}$ 分米，宽是 $\frac{2}{3}$ 分米，面积是多少？请你画一画，算一算。 **任务3**：想一想：分数乘法、整数乘法、小数乘法，它们的计算道理一样吗？可以举例子来说明。
3	分数除以整数	能用除法的意义、面积模型等进行推理，探究出分数除以整数的算理和算法，体会到分数除法依然是可以"分"出来的，分数除法运算是计数单位个数的运算。	**任务1**：把一张纸的 $\frac{4}{7}$ 平均分成2份，每份是这张纸的几分之几？ **任务2**：把一张纸的 $\frac{4}{7}$ 平均分成3份，每份是这张纸的几分之几？ **任务3**：想一想：我们是怎样计算分数除以整数的？
4	一个数除以分数	能用除法的意义、商的变化规律、面积模型等进行推理，探究出分数除法的算理与小数除法、整数除法的一致，都是计数单位个数的运算；算法是"除以一个数等于乘这个数的倒数"。	**任务1**：王老师住在亦城茗苑，她每天步行上班。从亦城茗苑到学校大约2千米，王老师用时约 $\frac{1}{2}$ 小时，她平均每小时走多少千米？ **任务2**：如果王老师骑共享单车上班，2千米的路程只需要 $\frac{1}{6}$ 小时，她平均每小时骑行多少千米？ **任务3**：周末，王老师从亦城茗苑步行去首航超市买水果，亦城茗苑到首航超市有 $\frac{7}{10}$ 千米，王老师走了大约 $\frac{1}{6}$ 小时，她平均每小时走多少千米？

续表

课时	教学内容	核心目标	核心任务
5	用分数乘除法解决问题1	1. 能借助分数乘法的意义"求一个数的几分之几是多少,用乘法",解答分数乘法问题。 2. 能根据分数的意义和乘除互逆关系分析数量之间的关系,会用分数除法解决"已知一个数的几分之几是多少,求这个数"的实际问题。	任务1:列式计算,并解释道理。 (1) 8的 $\frac{1}{4}$ 是多少? (2) 15的 $\frac{2}{3}$ 是多少? 任务2:先写出等量关系,再列式解答。 (1) 操场上参加活动的一共有27人,其中有 $\frac{2}{9}$ 的人在跳绳。跳绳的有多少人? (2) 操场上有6人在跳绳,是参加活动总人数的 $\frac{2}{9}$,参加活动的总人数是多少?

四、关键课的教学设计

课例1 分数乘整数

● **环节一:在类推迁移中体会乘法意义的扩充**

出示任务1:

(1) 一桶水有3升,5桶共多少升?

【师】怎么列式?说说理由。

【生】一桶水的体积×桶数=水的体积,3×5=15(升)。

[小结:3×5表示3的5倍是多少。]

(2) 一桶水有3升, $\frac{1}{2}$ 桶是多少升?

【生】 $\frac{1}{2}$ 桶就是半桶,就是3升的一半,3÷2=1.5(升)。

[小结:求3升的一半,就是求3升的 $\frac{1}{2}$ 是多少,可以用 $\frac{1}{2}$ 来计算。]

(3) 一桶水有3升, $\frac{2}{7}$ 桶有多少升?

【生】$3 \times \frac{2}{7}$（升）。

[小结：$3 \times \frac{2}{7}$ 表示求 3 升的 $\frac{2}{7}$ 是多少。分数乘法的意义是整数乘法意义的扩充。一个数乘整数，是求这个数的几倍是多少；一个数乘分数，是求这个数的几分之几是多少。]

● **环节二：激活经验，探究算法**

出示任务 2：计算 $\frac{2}{7} \times 3 = ?$

【师】你会算吗？写出计算过程，想一想：怎样让别人明白你为什么这样算？

（学生独立尝试后，全班交流。）

【生1】$\frac{2}{7} \times 3$ 表示 3 个 $\frac{2}{7}$ 相加，$\frac{2}{7} + \frac{2}{7} + \frac{2}{7} = \frac{6}{7}$。

【生2】$\frac{2}{7} \times 3 = \frac{2 \times 3}{7} = \frac{6}{7}$，整数和分子相乘做分子，分母不变。

【师】（追问生2）能解释一下这样算的理由吗？

【生2】1 个 $\frac{2}{7}$ 里有 2 个 $\frac{1}{7}$，3 个 $\frac{2}{7}$ 就有（2×3）个 $\frac{1}{7}$，就是 $\frac{6}{7}$。

【生】我是用画图的方法表示 3 个 $\frac{2}{7}$，合起来就是 $\frac{6}{7}$。

【师】（出示下图）仔细看图，从图中你明白了什么？

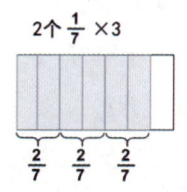

【生】每个 $\frac{2}{7}$ 里面都有 2 个 $\frac{1}{7}$，$\frac{2}{7} \times 3$ 就有 6 个 $\frac{1}{7}$。

【师】$\frac{2}{7}$ 的计数单位是 $\frac{1}{7}$，计算 $\frac{2}{7} \times 3$，求的是计数单位 $\frac{1}{7}$ 的个数。现在你明白生2所说的"整数和分子相乘做分子，分母不变"的道理了吗？

【生】我明白了。分子乘整数计算的是计数单位的个数，但是计数单位并没有变，所以分母不变。

【师】今天学习的分数乘法和以前学过的整数乘法、小数乘法的计算道理一样吗？可以举例子来说明。

【生1】20×3，20就是2个十，2个十乘3，就有6个十，也就是60。

【生2】0.2×3，0.2就是2个0.1，2个0.1乘3等于6个0.1。

【师】想一想：刚才我们是怎么计算 $\frac{2}{7} \times 3$ 的？

【生】2个 $\frac{1}{7}$ 乘3，就是6个 $\frac{1}{7}$。

【师】有什么发现？

【生】都是在算有几个计数单位。

【生】计算道理是一样的，都是在算有几个十、几个0.1、几个几分之一。

【师】是啊，不管是整数乘法、小数乘法，还是分数乘法，都是在计算有几个这样的计数单位。

课例2　分数乘分数

● 教学片段一

出示任务1：一个长方形，长为 $\frac{7}{10}$ 分米，宽为 $\frac{3}{10}$ 分米。这个长方形的面积是多少平方分米？

（让学生尝试列式计算，全班交流。）

【生1】转化成小数再计算，$\frac{7}{10} \times \frac{3}{10} = 0.7 \times 0.3 = 0.21$（平方分米）。

【生2】直接相乘，$\frac{7}{10} \times \frac{3}{10} = \frac{7 \times 3}{10 \times 10} = \frac{21}{100}$（平方分米）。

【师】分子7×3＝21表示什么意思？分母10×10＝100又表示什么意思？你能画图来解释吗？

（学生独立思考、尝试画图，然后全班交流。）

【生】（出示下页图）这是一个边长为1分米的正方形，面积是1平方分米。分母10×10表示把1平方分米平均分成100份；长为 $\frac{7}{10}$ 分米，表示每行有7个

125

$\frac{1}{100}$ 平方分米；宽为 $\frac{3}{10}$ 分米，表示有这样的 3 行。这个长方形包含 21 个 $\frac{1}{100}$ 平方分米，面积是 $\frac{21}{100}$ 平方分米。

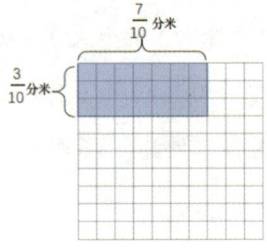

【师】从图上看，分母乘分母的积表示什么？分子乘分子的积表示什么？

【生】分母乘分母的积表示平均分的总份数，分子乘分子的积表示取的总份数。

[小结：可以从计数单位的角度进行思考，$\frac{7}{10}$ 里有 7 个 $\frac{1}{10}$，$\frac{3}{10}$ 里有 3 个 $\frac{1}{10}$，两数相乘后，计数单位的个数（7 和 3）需要相乘，计数单位（$\frac{1}{10}$ 和 $\frac{1}{10}$）也需要相乘，相乘后产生新的计数单位为 $\frac{1}{100}$，即图中的一个小方格。]

● 教学片段二

出示任务 2：长方形的长是 $\frac{4}{5}$ 分米，宽是 $\frac{2}{3}$ 分米，面积是多少？请你画一画，算一算。

（学生独立完成后，全班交流。）

【生 1】边长为 1 分米的正方形，面积是 1 平方分米。长为 $\frac{4}{5}$ 分米，就是把 1 分米平均分成 5 份，取其中的 4 份；宽为 $\frac{2}{3}$ 分米，就是把 1 分米平均分成 3 份，取其中的 2 份。（如下图）分母 5×3 的积表示一共平均分成了 15 份，分子 4×2 的积表示一共取了 8 份，所以结果是 $\frac{8}{15}$。

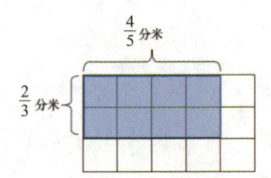

【生 2】4 个 $\frac{1}{5}$ 和 2 个 $\frac{1}{3}$ 相乘，得到（4×2）个（$\frac{1}{5} \times \frac{1}{3}$），等于 8 个 $\frac{1}{15}$，也

就是 $\frac{8}{15}$。

【生3】$\frac{4}{5} \times \frac{2}{3} = \frac{4 \times 2}{5 \times 3} = \frac{8}{15}$（平方分米）。

【师】根据上面两道题的计算过程，你能总结出分数乘分数的计算方法吗？

［小结：计算分数乘分数，用分母相乘的积作分母，用分子相乘的积作分子。分母相乘表示把单位"1"平均分成的总份数（得到新的计数单位），分子相乘表示取的份数（得到计数单位的个数）。］

● **教学片段三**

【师】除了分数乘法，我们还学了整数乘法、小数乘法，它们的计算道理一样吗？可以举例子来说明。比如：

$3 \times 2 = (1 \times 3) \times (1 \times 2) = (1 \times 1) \times (3 \times 2) = 1 \times 6$

$30 \times 20 = (10 \times 3) \times (10 \times 2) = (10 \times 10) \times (3 \times 2) = 100 \times 6$

$0.3 \times 0.2 = (0.1 \times 3) \times (0.1 \times 2) = (0.1 \times 0.1) \times (3 \times 2) = 0.01 \times 6$

$\frac{3}{10} \times \frac{2}{10} = (\frac{1}{10} \times 3) \times (\frac{1}{10} \times 2) = (\frac{1}{10} \times \frac{1}{10}) \times (3 \times 2) = \frac{1}{100} \times 6$

［小结：从计数单位的角度来看整数乘法、小数乘法和分数乘法，它们的数学本质是完全一致的，只是表现形式不一样。］

【师】再想一想：分数加、减法和分数乘法的计算又有什么不同？

［小结：分数加、减运算只涉及"相同计数单位个数的加、减"，当分母不同时，需要先通分，而分数乘法是两个分数的计数单位相乘得到新的计数单位，所以不存在先通分的必要。］

课例3　分数除以整数

● **教学片段一**

出示任务1：把一张纸的 $\frac{4}{7}$ 平均分成2份，每份是这张纸的几分之几？

学生用画图的方法表示出计算结果。

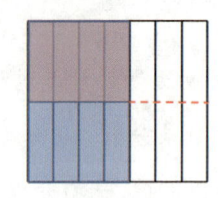

【师】比较这两种方法，有什么不同？

【生1】一个是竖着分，一个是横着分。

【生2】分的结果不同，竖着分的结果是 $\frac{2}{7}$，横着分的结果是 $\frac{4}{14}$，约分后也是 $\frac{2}{7}$。

【师】你能根据不同的画图方法写出计算过程吗？

【生1】$\frac{4}{7} \div 2 = \frac{4 \div 2}{7} = \frac{2}{7}$。

【生2】$\frac{4}{7} \div 2 = \frac{4}{7} \times \frac{1}{2} = \frac{4}{14} = \frac{2}{7}$。

【师】老师也介绍一种方法，你能看得懂吗？

板书：
$$\frac{4}{7} \div 2 = \frac{4}{7} \div \frac{2 \times 7}{7} = 4 \div 14 = \frac{4}{14} = \frac{2}{7}$$

【生】这种方法是先通分，把分母变得相同，再用分子相除。

[小结：把被除数和除数先通分，就是把它们的计数单位变得相同，再用计数单位的个数相除，这实际上是把分数除法转化成了整数除法。]

● 教学片段二

出示任务2：把一张纸的 $\frac{4}{7}$ 平均分成3份，每份是这张纸的几分之几？

（让学生用画图的方法表示计算结果。）

全班交流，动态展示画图的过程，发现计数单位被细分。

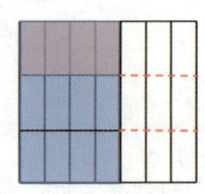

【生】把一张纸先平均分成 7 份，取 4 份，得到 $\frac{4}{7}$。再把 $\frac{4}{7}$ 平均分成 3 份，取 1 份。把这张纸一共分成了 21 份，取了 4 份，所以是 $\frac{4}{21}$。

【师】你会用算式表示出计算过程吗？

【生1】$\frac{4}{7} \div 3 = \frac{4}{7} \div \frac{3 \times 7}{7} = 4 \div (3 \times 7) = \frac{4}{21}$。

【生2】也就是用 4 个 $\frac{1}{7}$ 除以 21 个 $\frac{1}{7}$ 等于 4÷21，就是 $\frac{4}{21}$。

【师】观察算式，你发现分数除以整数可以怎么计算？

【生】分数除以整数，可以把整数变成与分数分母相同的分数，转化成整数除法进行计算。

【师】知道为什么这样转化吗？

【生】变成了相同计数单位的个数相除。

[小结：分数除以整数，可以将被除数和除数的计数单位细分到相同，然后将相同计数单位的个数相除，也就是把分数除法转化成整数除法来解决问题。]

课例 4　一个数除以分数

● 教学片段一

出示任务 1：王老师住在亦城茗苑，她每天步行上班。从亦城茗苑到学校大约 2 千米，王老师用时约 $\frac{1}{2}$ 小时，她平均每小时走多少千米？

【生】路程÷时间=速度，$2 \div \frac{1}{2} = ?$

【师】$2 \div \frac{1}{2}$ 可以表示 2 里面有几个 $\frac{1}{2}$？你能画图表示出计算结果吗？

学生尝试画图，全班交流。

$\frac{1}{2}$	$\frac{1}{2}$
$\frac{1}{2}$	$\frac{1}{2}$

2 × 2

129

【师】左边的单位"1"里有 2 个 $\frac{1}{2}$，右边的单位"1"里也有 2 个 $\frac{1}{2}$，这样就有 2 个 2，这两个 2 一样吗？

【生】一个 2 表示的是 2 个单位"1"，另一个 2 表示每个单位"1"里有 2 个 $\frac{1}{2}$。

【师】怎样列式计算呢？

【生1】$2 \div \frac{1}{2} = 2 \times 2 = 4$（千米/时）。

【生2】我把被除数和除数先通分，$2 \div \frac{1}{2} = \frac{2 \times 2}{2} \div \frac{1}{2} = (2 \times 2) \div 1 = 4$（千米/时）。

【师】我们还可以用商不变的性质去解答，$2 \div \frac{1}{2} = (2 \times 2) \div (\frac{1}{2} \times 2) = 4 \div 1 = 4$（千米/时）。你觉得这几种算法之间有联系吗？

【生1】有联系，都把 $2 \div \frac{1}{2}$ 转化成了 2×2。

【生2】方法 1 是方法 2 和方法 3 的简写。

【师】最后都把 $2 \div \frac{1}{2}$ 转化成了 2×2，也就是转化成了乘除数的倒数来计算。

● 教学片段二

出示任务2：如果王老师骑共享单车上班，2 千米的路程只需要 $\frac{1}{6}$ 小时，她平均每小时骑行多少千米？

列式：$2 \div \frac{1}{6} = ?$

学生用画图的方法表示结果，全班交流。

$\frac{1}{6}$	$\frac{1}{6}$	$\frac{1}{6}$	$\frac{1}{6}$	$\frac{1}{6}$
$\frac{1}{6}$	$\frac{1}{6}$	$\frac{1}{6}$	$\frac{1}{6}$	$\frac{1}{6}$

2 × 6

【生1】$2 \div \frac{1}{6} = 2 \times 6 = 12$（千米/时）。

【生2】$2 \div \frac{1}{6} = (2 \times 6) \div (\frac{1}{6} \times 6) = 12 \div 1 = 12$（千米/时）。

【生3】$2÷\dfrac{1}{6}=\dfrac{2×6}{6}÷\dfrac{1}{6}=(2×6)÷1=2×6=12$（千米/时）。

【师】这几种方法之间有联系吗？

【生1】最后都是把 $2÷\dfrac{1}{6}$ 转化成了 $2×6$ 来计算。

【生2】$2÷\dfrac{1}{6}$ 就等于 2 乘 $\dfrac{1}{6}$ 的倒数。

出示任务3：周末，王老师从亦城茗苑步行去首航超市买水果，亦城茗苑到首航超市有 $\dfrac{7}{10}$ 千米，王老师走了大约 $\dfrac{1}{6}$ 小时，她平均每小时走多少千米？

【师】怎样列式计算？

【生1】$\dfrac{7}{10}÷\dfrac{1}{6}=\dfrac{7}{10}×6=\dfrac{21}{5}$（千米/时）。

【生2】$\dfrac{7}{10}÷\dfrac{1}{6}=(\dfrac{7}{10}×6)÷(\dfrac{1}{6}×6)=\dfrac{21}{5}$（千米/时）。

【生3】$\dfrac{7}{10}÷\dfrac{1}{6}=\dfrac{7×3}{10×3}÷\dfrac{1×5}{6×5}=\dfrac{21}{30}÷\dfrac{5}{30}=21÷5=\dfrac{21}{5}$（千米/时）。

【师】根据上面的计算，能否总结一下怎样计算一个数除以分数？

（学生小组讨论，全班交流。）

[小结：一个数除以分数，只要"乘分数（除数）的倒数"。"乘倒数"是"商不变的性质"和"分母除分母，分子除分子"等方法省略过程后的简单表达方式。]

课例5　用分数乘除法解决问题1

● 教学片段一

出示任务1：列式计算，并解释道理。

（1）8 的 $\dfrac{1}{4}$ 是多少？

【生1】把 8 平均分成 4 份，$8÷4=2$。

【生2】求一个数的几分之几是多少，用乘法计算，$8×\dfrac{1}{4}=2$。

出示：

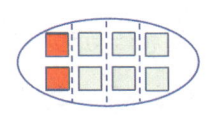

（2）15 的 $\frac{2}{3}$ 是多少？

【生1】15÷3×2=10。

【生2】$15 \times \frac{2}{3} = 10$。

出示：

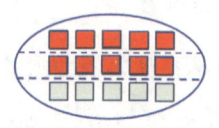

[小结：求一个数的几分之几是多少，就用这个数乘几分之几。]

● 教学片段二

出示任务2：

（1）操场上参加活动的一共有27人，其中有 $\frac{2}{9}$ 的人在跳绳。跳绳的有多少人？

【师】单位"1"是谁？（参加活动的总人数）你能找到总人数和跳绳人数之间的等量关系吗？

【生】总人数 $\times \frac{2}{9} =$ 跳绳人数。

【师】根据等量关系，怎样求跳绳人数呢？

【生】$27 \times \frac{2}{9} = 6$（人）。

（2）操场上有6人在跳绳，是参加活动总人数的 $\frac{2}{9}$，参加活动的总人数是多少？

【师】这道题跟刚才的题目相比较，哪些变了？哪些没有变？

【生1】题目的已知条件变成了问题，问题变成了已知条件。

【生2】题目中的等量关系没有变。

【师】该怎样列式解答呢？

【生1】倒回去想，用跳绳人数 $6 \div \frac{2}{9} = 27$（人）。

【生2】还可以用方程解，设参加活动总人数为 x 人，$\frac{2}{9}x = 6$。

【师】想一想：你觉得第（1）题和第（2）题在解题思路上有什么相同点？

【生1】都是先找单位"1",再找等量关系,然后列式解答。

【生2】我发现它们的等量关系是一样的,只不过一个是用乘法计算,另一个是用除法或者方程解答。

[小结:用分数乘法和除法解决问题,关键是根据"求一个数的几分之几是多少用乘法"找到等量关系,然后根据题目选择不同的方法。]

图形与几何

"认识平面图形"单元整体教学设计

小学教材编排遵循了从立体到平面再回到立体的顺序，此过程分为两个阶段：第一个阶段是从现实空间中抽象出立体和平面图形，能直观辨认；第二个阶段是从图形要素角度刻画图形特征（即图形要素与要素之间、图形与图形之间的联系）。

一年级的"认识平面图形"单元处于第一个阶段：学生经历从三维到二维的转化，抽象出平面图形，通过丰富的操作活动，在操作和想象中，积累认识图形的经验，发展空间观念。

一、确定指向核心素养的单元学习目标

（一）基于主题大观念提炼单元具体观念

"认识平面图形"单元隶属"图形的认识与测量"主题。图形的认识主要是对图形的抽象，即用抽象的方式表达物体形状的特征，表达的方式是点、线段、角和面等要素及其关系。相关的主题大观念是"图形的特征与维度密切相关"。不同维度的图形，其特征的要素及其关系不同。

依据课标的要求和低年级学生的年龄特点，明确本单元的具体观念如下。

观念1：通过立体图形获得平面图形，感知面与体的关系。

观念2：图形边、角的特点可以作为分类的标准，通过分类可以获得对平面图形特征的初步认识。

观念3：借助折、拼、摆等操作获得对平面图形之间关系的初步认识。

观念4：以上过程发展了学生的空间观念和推理意识。

整个单元的学习，结合低年级学生的年龄特点，充分利用学生在幼儿园阶段积累的有关图形的经验，以直观感知为主。笔者选用了学生熟悉的素材，鼓励学生在操作中想象、在想象中推理、在想象中创造，初步获得对平面图形特征、平面与立体图形关系的感知，积累认识图形的活动经验，发展空间观念。

（二）确定单元学习目标

根据课标的要求和单元具体观念，确定如下单元学习目标：

1. 能通过描一描、画一画等方式得到长方形、正方形、平行四边形、三角形和圆等平面图形，认识到"面在体上"，立体图形与平面图形之间关系密切。

2. 知道分类是认识图形的重要方法，分类之前确定标准很重要。能根据一定的标准给平面图形分类，知道平面图形的名称；能用自己的话描述平面图形的样子；能够辨认长方形、正方形、平行四边形、三角形和圆等平面图形。

3. 能根据要求对平面图形进行简单的折、拼、摆等操作活动；能在组合图形中说出各组成部分图形的名称；能说出立体图形中某一个面对应的平面图形，感知立体图形和平面图形的关联，形成初步的空间观念。

4. 认识七巧板，能辨认出七巧板中各组成部分图形的名称，能用七巧板拼摆指定图形（正方形、三角形、长方形等），能用七巧板拼摆出有趣的故事。

5. 能积极主动地参与数学学习活动，感受数学学习的乐趣。

二、单元内容重组与课时规划

（一）厘清单元内容的学习进阶

各版本教材一般将"认识平面图形"编排在一年级下册，安排在"认识立体图形"之后。单元学习内容大致分为三个板块：一是"认识平面图形"，体会"面在体上"；二是"动手做"，对平面图形进行简单的折、拼、摆等操作活动，体会图形之间的关系；三是"认识七巧板"，用七巧板进行简单的拼摆操作活动。依据学生的认知规律，本单元内容的学习进阶可以分为三个层级。

层级 1：从立体图形上得到平面图形，体会"面在体上"，感知平面图形与立体图形之间的关系；依据一定的标准给平面图形分类，知道平面图形的名称，能够辨认出每一种平面图形。

层级 2：能用平面图形拼图，能说出组合图形中各部分图形的名称，发展空间观念。

层级 3：认识七巧板，能用七巧板拼摆指定图形，能用七巧板拼摆出有趣的故事。

（二）分析学情

平面图形作为数学学习的研究对象，是从现实空间中抽象而来的，与学生的日常生活密切相关，学生在学习之前已经积累了大量关于平面图形的生活经验。教学中，教师需要准确把握学情，找准学习的真实起点。

为此，笔者对一年级的部分学生进行了访谈。调研发现，学生在直观辨认图形方面有较好的基础：绝大部分学生能正确辨认所有平面图形，少数学生在辨认长方形和正方形时出错，只有极少数学生不能正确辨认图形。另外，学生对图形维度的感知能力较弱：只有约三分之一的学生能按照立体图形和平面图形的标准进行分类，还有部分学生分类标准不统一。调研还发现，学生对于图形的识别较多依据标准图形，对于细长、矮胖、斜置的变式图形的识别有困难。

由此可见，教学中，应该把更多的时间和精力放在从三维转化到二维，感知图形要素与要素之间、图形与图形之间的联系上，帮助学生从对平面图形的零散感性认识逐步上升到初步的理性认识。

（三）划分课时类型

课时	课型	教学内容
1	关键课	《谁是小偷？》绘本阅读
2	练习拓展课	用平面图形拼图
3	练习拓展课	折纸游戏；猜猜我是谁
4	关键课	七巧板的"前世今生"
5	练习拓展课	用七巧板拼摆出指定图形
6	方法迁移课	用七巧板拼摆出有趣的故事
7	实践性作业	在点子图上用图形拼出美丽的图案

三、关键课的教学设计

课例1 《谁是小偷？》绘本阅读

用数学阅读开启学生的"识图"之旅

2022年版课标指出："注重幼小衔接，基于对学生在健康、语言、社会、科学、艺术领域发展水平的评估，合理设计小学一至二年级课程，注重活动化、游戏化、生活化的学习设计。"同时要求"关注幼小衔接，帮助学生积累数学活动经验"。那么，我们如何从数学学习的角度做好幼小衔接工作，帮助儿童更好地适应小学课堂教学呢？数学绘本阅读或许是一种可行的选择。

一年级的学生受年龄和认知特点影响，往往对抽象的数学内容感到枯燥、难以理解。教育心理学研究表明，如果把思维过程"融"于情境，学生就会对教学活动产生直接、强烈的兴趣。数学绘本以其图文并茂的数学知识呈现、贴近生活的趣味故事内容和色彩丰富的直观图画形式，顺应了儿童的心理发展规律，能引起学生的情感共鸣，激发学生的数学学习兴趣。同时，数学绘本将数学知识和思想方法融入故事情节中，链接了儿童的经验世界，让枯燥的数学知识变得生动起来，顺应了儿童的认知发展规律，学生们在阅读中观察，在观察中思辨，在思辨中探索，能够从感性认知走向理性理解。而且从跨学科的角度考虑，数学绘本阅读还有利于学生综合素养的发展。

笔者针对一年级学生有意注意的时间短、兴趣点容易转移、识字少、喜欢听故事等特点，精心创编了数学绘本故事《谁是小偷？》，对教学进行故事化、活动化、游戏化设计，以激发学生的学习兴趣，让孩子在引人入胜的故事情境中不知不觉地掌握平面图形的特点，经历图形从"体"移到"面"上的过程，帮助学生积累数学活动经验，感悟思想方法，发展学生的核心素养，在他们的数学启蒙阶段埋下一颗喜爱数学的种子。

● 教学片段一

【师】前几天，阳阳的爸爸给她买了副七巧板，阳阳可喜欢了，每天晚上都要玩一会儿七巧板拼图才睡觉，所以阳阳的脑子里装满了各种各样的图形。俗话说："日有所思，夜有所梦。"这不，睡梦中的阳阳恍恍惚惚地来到了一个漂亮的图形城堡。

出示：
图形城堡里正在举行游戏庆典，可热闹了。
阳阳进入城堡大门不久，就看到了几个老朋友。

【师】你能说出这些图形的名字吗？
（逐一出示图形，学生说出图形名称。）

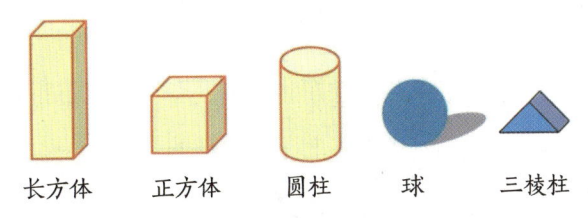

长方体　　正方体　　圆柱　　球　　三棱柱

【师】这些图形有个共同的名字，有谁知道？
【生】它们都是立体图形。
【师】是的，它们都是立体图形。（板书：立体图形）

141

正在阳阳和立体图形们聊天的时候，一个球体小卫兵从远处快速滚来，到了跟前，上气不接下气地喊道："不好了！正方体小公主的银手镯不见了，怀疑是被小偷偷走了，长方体国王喊你们赶紧回去一起破案呢。"

一听到有盗窃案，大家急忙赶往城堡的王宫。阳阳也兴奋极了，她可是一个十足的侦探迷。

【师】小朋友，猜猜看：哪个图形跑得最快？

【生】球体和圆柱跑得最快。

【师】为什么呀？

【生】因为球体能够滚动，圆柱倒下之后也能滚动。

【师】我们接着往下读，看看是不是跟大家猜想的一样。

阳阳发现还是球体和圆柱速度快，他们可不像长方体、正方体和三棱柱那样一步一步地走，而是一路滚动着走，速度可快了，害得阳阳一路小跑才勉强跟得上他俩。

他们到了王宫，看到正方体小公主还在哭呢，长方体国王一边安慰她一边焦急地走来走去。小公主哭着说："我的手镯一定被人偷了，地上还留下了小偷的脚印呢。"

有小偷的脚印？这可是重要的破案线索呀！阳阳急忙跟着大家走进公主房间去查看。

公主的房间里丝毫不像是发生了盗窃案，各种东西都摆放得整整齐齐的，没有杂乱的迹象。不过，地上确实有一个圆圆的脚印。

看到这些，阳阳心里有数了："公主殿下，丢失的手镯原来放在哪个地方？"

"就在床头柜的抽屉里。"小公主抽泣着回答。

阳阳很有把握地说:"国王陛下,您看,房间里的东西并没有被翻得乱七八糟,说明小偷对手镯的位置很熟悉,直奔手镯而来,所以我怀疑是熟人作案。"

【师】小朋友,你们觉得阳阳的推断有道理吗?

【生】有道理!

【师】国王和周围的人也跟大家一样,都同意阳阳的判断。

阳阳接着说:"公主殿下的脚印是正方形的,那么这个圆形脚印一定是小偷留下来的。公主殿下,今天都有谁进过这个房间呢?"公主说:"除了我,就是我的侍女了。"阳阳接着问:"您的侍女都有谁呀?"公主回答说:"我有3个侍女,分别是长方体、圆柱和三棱柱。哪个会留下圆圆的脚印呢?"

【师】小朋友,你们猜一猜:谁会留下圆圆的脚印呢?

【生1】我猜是圆柱,因为圆柱有两个面是圆形,印在地上就是圆圆的形状。

(全班同学都同意生1的看法。)

【师】破案是需要证据的!还是得想办法留下这些侍女的脚印,跟房间里的脚印对照。怎么能留下脚印呢?

【生2】可以把图形按在纸上,然后用笔沿着边把脚印画下来。

(大家一致认为这是个好办法。于是,学生同桌间合作,在纸上画出长方体、正方体、圆柱、三棱柱的脚印。)

(请一名学生在黑板上画出这几个立体图形的"脚印"。)

【生3】长方体的脚印是长长方方的,正方体的脚印是方方正正的,圆柱的脚印是圆圆的,三棱柱的脚印是三角形。

143

【师】哪个图形的脚印跟房间里的脚印一样啊?

【生】圆柱。

【师】现在可以确定了,谁是小偷呀?

【生】圆柱。

> "来人,快快捉拿圆柱侍女。"国王下达了命令。
>
> 不一会儿,圆柱侍女就被带来了。在证据面前,圆柱只好交代了偷窃手镯的罪行,她是趁公主不在房间的时候一时贪心偷走了手镯。
>
> 偷窃案破了,国王和小公主都对阳阳表示感谢,还要送阳阳礼物,搞得阳阳都有点不好意思了,她一边推辞一边不停地说:"不用客气,不用客气!"
>
> "阳阳快醒醒,跟谁说话呢?"阳阳睁眼一看,是妈妈在叫她。嘿嘿,原来刚刚在做梦呀!不过,在梦中用学过的图形知识当了一回侦探,帮助图形城堡里的图形抓到了小偷,阳阳很有成就感,心里美滋滋的!

(教室里的学生们也都发出了欢乐的笑声!)

● **教学片段二**

1. 分一分

【师】小朋友,仔细看看这些立体图形的脚印,和原来的立体图形有什么不同?

【生1】脚印是平面的,原来的图形是立体的。

【生2】脚印只有一个面,立体图形有好几个面。

【师】小朋友们观察得真仔细,这些脚印都是平面图形(板书:平面图形),这些平面图形和立体图形有什么联系呢?

【生1】平面图形是立体图形的"脚印"。

【生2】平面图形是立体图形的一部分。

【生3】平面图形都在立体图形的上面。

【师】说得真好,平面图形是立体图形上平平的面,也就是"面在体上"。(板书:

面在体上)仔细观察这些图形,你能给它们分分类吗?每类图形都长什么样啊?

【生1】我分成两类,圆柱脚印的边是弯的,其他图形的边都是直的。

【生2】我分成三类,圆圆的图形没有角,三角形有3个角,另外两个图形有4个角。

【生3】我分成四类,这个图形长长方方的(长方形),这个图形方方正正的(正方形),这个图形有三个角(三角形),这个图形圆圆的(圆)。

【师】是的,数学上把这种长长方方的图形叫作长方形,把这种方方正正的图形叫作正方形,把这种有三个角的图形叫作三角形,把这种圆圆的图形叫作圆。(板书:长方形 正方形 三角形 圆)

2. 找一找

【师】平面图形在我们的生活中很常见,找一找你的身边有哪些平面图形。

【生1】数学书是长方形。

【师】这个说法不够准确,谁来修改一下?

【生2】数学书的封面是长方形。

【师】是的,平面图形是一个面,应该说数学书的封面是长方形。那数学书是什么形状呀?

【生3】长方体。

【师】是的,数学书是长方体,数学书上有6个长方形呢。还能找到平面图形吗?

【生4】黑板面是长方形。

【生5】开关面是正方形。

【生6】课桌面是长方形。

……

● 教学片段三

1. 认一认

【师】刚刚我们通过立体图形的"脚印"不仅抓住了"小偷",还认识了几个

145

平面图形。下面请你拿出"七巧板"学具，你能说出七巧板中这几块板子的形状吗？

（演示把七巧板教具贴在黑板上，让学生识别每块板子的名称，介绍"平行四边形"也是一个平面图形。）

【师】七巧板一共由7块板子组成，你能根据形状给这7块板子分分类吗？

【生1】我把它们分成三类，三角形一类、正方形一类、平行四边形一类。

【生2】我反对，这些三角形有大有小，不能被划为一类，应该把一样大的三角形划分为一类。

【生3】我觉得这些三角形无论大小，都应该被划分为一类，因为是按形状分类，不是按大小分类。

（生3的发言赢得了许多同学的掌声！）

【师】生3说得很有道理！不管是大号三角形、中号三角形，还是小号三角形，它们都是三角形，无论大小，都应该被划分为"三角形"一类。数一数：七巧板中一共几个三角形啊？

【生】5个。

【师】再看看这个正方形，它和长方形有什么不一样啊？

【生4】正方形是方方正正的，长方形是长长方方的。

2. 辨一辨

【师】阳阳在图形城堡里还看见了这3个图形，阳阳说它们都是长方形，你认为她说得对吗？

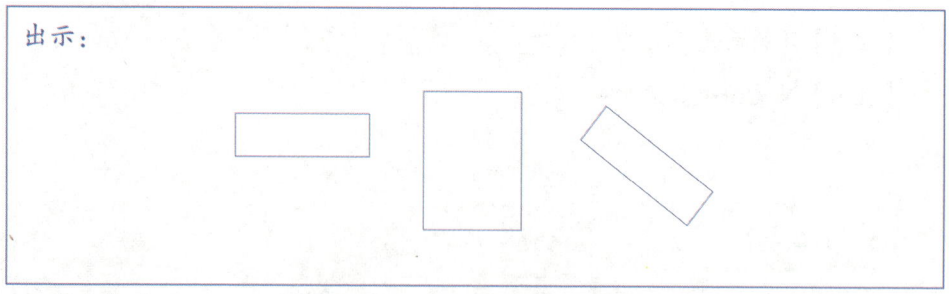

出示：

【生】对。

【师】可是这三个图形看起来不一样啊！一个"瘦"一点，一个"胖"一点，还有一个是斜着的,那它们为什么都是长方形呢?

【生1】那个斜着的,我歪着头看它就像了。

【生2】它们都是长长方方的。

【师】是的,不管是"胖"还是"瘦",也不管是"正着放"还是"斜着放",只要它的形状是长长方方的,就都是长方形。

3. 摆一摆

出示任务:(1)最少用几根小棒可以摆出一个长方形?

(学生动手摆,然后全班交流。)

【生】要用6根才行。我一开始拿了4根,摆出来是正方形,又拿了2根才摆好。

【师】为什么4根摆不成长方形呢?

【生】因为长方形有两条边要长一些。

(2)最少用几根小棒可以摆出一个三角形?

(学生动手摆。)

【生】要用3根。

【师】还能比3根更少吗?为什么?

【生】三角形有3个角,最少要用3根小棒。

【师】三角形有三条边,需要3根小棒。

(3)最少用几根小棒可以摆出一个圆形?

(学生动手摆。)

【生】小棒是直的,圆的边是弯的,摆不出来。

课例2 七巧板的"前世今生"

小朋友,你玩过七巧板吗?七巧板是一种古老的中国智力玩具。从它的名字就可以知道,它是由7块板组成的,根据形状可以将这7块板分类:一类是正方形(1块),一类是平行四边形(1块),一类是三角形(2块大号的、1块中号的、2块小号的,共5块)。

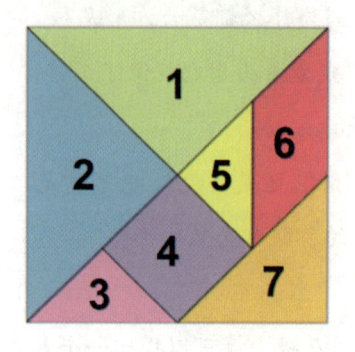

别看七巧板只有简简单单的 7 块，竟能拼出 1000 多种图形呢，例如三角形、平行四边形、不规则多边形等。玩家也可以将它拼成各种人物、动物、桥、房子、塔，等等。

亲爱的小朋友，你看看下面用七巧板拼成的图案像什么。

谁能想到，七巧板这种玩具是由一种古代家具演变而来的。我国宋朝时期有个叫黄伯思的人，他不仅是一位文学家和书法家，对几何图形也很有研究。他热情好客，每次有人来登门拜访，他总会留下客人吃饭。但是，客人的数量有时候多有时候少，每天来的客人数都不一样，可是谁家里会备着几十个大小不等的桌子呢？黄伯思犯难了。

黄伯思善于思考，他想，如果能设计出既能多又能少，既可以变大又可以变小的桌子就好了。于是，他就自己开始画图设计桌子。

终于有一天，他想出了一个好办法，设计了六张大小不同的长方形"宴几"（宴请宾客的茶几），可以根据客人的多少，任意组合，比如来客3人拼成三角形，来客4人拼成四边形，来客6人拼成六边形……这下问题就解决啦！

后来，有人将"宴几"改进为由7张桌子组成，使得桌子的组合方式更加灵活多样。到了明末清初，人们又把"宴几"缩小改变到只有7块板，用它拼图，就演变成一种玩具。因为它十分巧妙好玩，所以人们叫它"七巧板"。到了明末清初，皇宫里的人在庆贺节日或娱乐时，经常用它拼成各种吉祥的图案和文字，故宫博物院至今还保存着当时的七巧板呢！

18世纪，七巧板流传到了国外，立刻引起人们极大的兴趣。有些外国人废寝忘食地玩七巧板，并叫它"唐图"，意思是"来自中国的拼图"。相传当年拿破仑兵败滑铁卢，被囚禁在一个岛上，就是靠着玩七巧板来消磨漫长的囚禁时光的。

七巧板虽然只有小小的7块板，却融入了古代先贤的大智慧，能够培养孩子的观察能力、动手能力、想象能力以及创新意识。现在，全国不少地方每年都会举办七巧板拼图比赛。

七巧板拼图也有吉尼斯世界纪录呢。

2023年3月12日，福州13岁女孩黄瑞奕打破了"单手用三组七巧板制作三个正方形"的吉尼斯世界纪录，用时仅17.594秒。她的指导老师叶佳希说："七巧板是古老的中国益智玩具，中国益智游戏的最佳纪录，就应该由中国人来保持。"

当然，世界上没有十全十美的东西。传统七巧板中的三角形太多，缺少世界上最美的图形——圆形。所以，人们又设计制作了现代智力七巧板，引入了圆形等图形。

现代智力七巧板与传统七巧板的拼图对比：

船

另外，生活中还有像七巧板一样有趣的益智板呢，如四巧板、九巧板、十二巧板、十四巧板!

四巧板虽然只有4块板,但能拼出300多种图形。

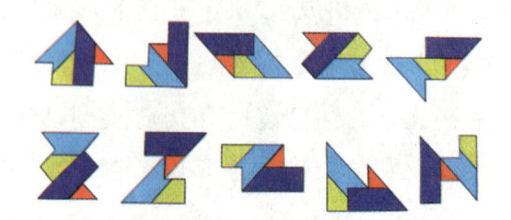

四巧板拼成的图形

四巧板由一块长方形分解成的4块不规则图形组成。将四巧板拼成大写的字母"T"据说是最难的,所以四巧板也被称为"T字之谜"。

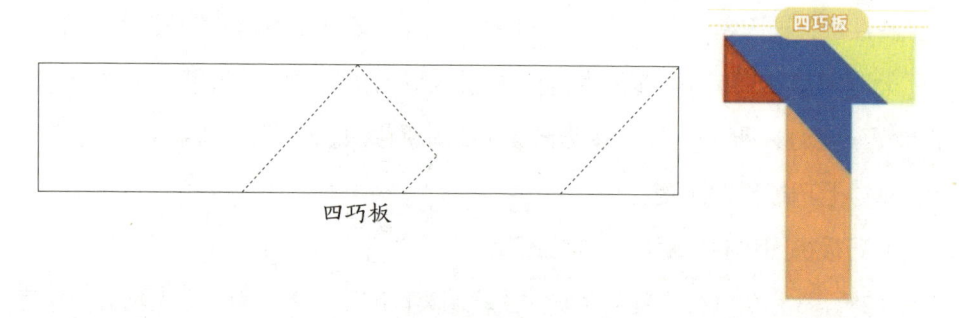

四巧板

九巧板有两种,一种是心形九巧板;另一种是蛋形九巧板,也叫"百鸟朝凤"拼板,因为它可以拼出各种各样栩栩如生的鸟类图案。

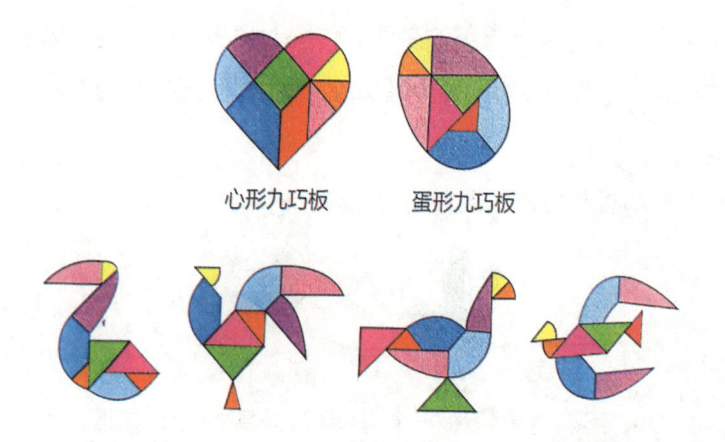

心形九巧板　　蛋形九巧板

十四巧板是古希腊数学家阿基米德的杰作,根据阿基米德的研究,把十四巧板拼成一个正方形的方法竟然有 17152 种之多!

十四巧板

【试一试1】

小朋友,七巧板千变万化的图案是不是很有趣?请你也动手玩玩吧。照样子,用七巧板拼出下面的图案,并说一说图案像什么。

【试一试2】用一副七巧板拼三角形,你能想出几种拼法?动手拼一拼,试一试。

附：用平面图形拼出美丽的图案（学生作品）

"周长"单元整体教学设计

"周长"隶属"图形的认识与测量"主题，各版本教材一般都将其编排在三年级上册，安排在图形的"面积"学习之前。

一、确定指向核心素养的单元学习目标

（一）基于主题大观念提炼单元具体观念

"周长"是对一维空间图形线段的度量值，其本质就是线段（一周边线）的长度。与"周长"相关的主题大观念是"度量单位及其个数的累加确定图形的大小"。关于长度的教学，从二年级认识厘米和米，到认识分米和毫米，再到认识图形的周长，其背后概念形成的基础就是"度量"。度量的基本意义就是找到一个度量单位，用度量单位去测量，获得可测物体包含度量单位的个数。由于"数数"太麻烦，所以人类发明了测量长度的工具——尺子，发现了计算图形周长和面积的公式。

2022年版课标中关于"周长"教学的一个明显变化就是增加了"尺规作图"。学业要求中指出："经历用直尺和圆规将三角形的三条边画到一条直线上的过程，直观感受三角形的周长，知道什么是图形的周长；会测量三角形、长方形和正方形的周长；会计算长方形、正方形的周长和面积。"教学提示中也明确提出："图形的周长教学可以借助直尺和圆规作图的方法，引导学生自主探索三角形的周长，感知线段长度的可加性，理解三角形的周长，归纳出长方形和正方形周长的计算公式。……在探索的过程中，形成初步的几何直观和推理意识。""尺规作图"体现了度量的本质属性，即运动不变性、叠合性和有限可加性。

依据课程标准和学生实际,将"度量"这一主题大观念具体化为如下单元观念。

观念1:周长的度量对象是"线"——线段或曲线,周长就是封闭图形一周边线的长度之和,可以用度量单位的个数来表达长度。

观念2:生活中的物体实际上是"测不准"的,影响测量误差的因素有很多,包括测量工具、测量的过程和方法、对测量数据的处理等。认真测量、多次测量,能够减少测量误差。

观念3:可以根据图形的特征,灵活地进行测量,然后计算多边形的周长。

观念4:以上过程发展了学生的量感和解决问题的能力。

(二)对比分析多种版本教材

各版本教材对于"周长"内容的编排不尽相同,人教版和苏教版教材是将"周长"编排在"长方形和正方形"单元之中,先认识"长方形和正方形的特征",再认识周长以及计算长方形、正方形和多边形的周长;北师大版教材则是将"周长"作为独立单元进行编排。关于"周长"的概念,各版本教材的"定义"也略有不同。其中,人教版教材是:"封闭图形一周的长度,是它的周长。"北师大版教材是:"图形一周的长度就是图形的周长。"苏教版教材则用具体实例来描述周长:"书签一周边线的长就是它的周长。"

学生理解"周长"概念,首先要明确度量的对象,即图形的"一周边线",然后再度量"边线"的长度。因此,笔者借鉴上述教材中的描述,将周长"定义"为:"封闭图形一周边线的长度是它的周长。"

"周长"概念的形成,应包含以下能力要素:一是知道"什么是周长",能用自己的语言正确描述或指出一个平面图形的"一周";二是能根据"周长"的定义,通过"顺边加"、公式计算、移与补等基本方法求出一个封闭图形的周长;三是能应用"周长"的意义进行判断和推理,并解决简单的数学问题。从布鲁姆-安德森的学习目标分类理论来看,周长概念的能力结构正好体现了"记忆、理解、应用、分析、评价、创造"的思维发展过程。

理解图形的周长要逐步深入进行，具有进阶性，而不是学习"一次"就能理解。这具体体现在以下几个方面：

一是结合具体情境引导学生直观理解周长是一个与"形"有关的概念。要将图形的"一周边线"从图形中剥离出来，使学生真正"看"到图形的一周边线，从而建立清晰的表象。所研究的图形既要有常见的直边图形，也要有常见的曲边图形（如圆形、半圆形等）。

二是通过对周长长度的测量和计算，引导学生理解它还是一个与"数量"有关的概念。开展测量活动是学生感悟周长实际含义的有效方式，有助于学生清晰认识"周长是图形一周所有边线的长度之和"。学生亲自测量是建立周长概念的关键一步，测量活动既包括直接用直尺测量，也包括先用"绳子围"再测量拉直的绳子的长度。依据 2022 年版课标的要求，还要让学生结合"尺规作图"加深对周长概念的理解（即先用直尺画一条直线，再用圆规依次"截取"图形的几条边，最后将它们首尾相接依次画到直线上，得到一条线段，从而直观感知这条线段的长度就是这个图形的周长），进一步感受线段长度的可加性。

三是在解决实际问题的过程中引导学生对比周长和面积的不同。在对比过程中，学生能够清晰地理解面积和周长分别是描述"区域的大小"和"线段的长短"的两个不同概念。

（三）参考权威考试命题

亮亮家的小院长 18 米，宽 15 米，大门宽 3 米。爸爸要把小院砌上围墙（如右图），围墙的长度是多少米？

该题不是考查对周长定义的死记硬背，而是考查能否将学到的知识迁移到新情境中去解决问题，尤其是解决真实情境中的复杂问题。

（四）确定单元学习目标

基于上述分析，确定如下单元学习目标：

1. 能正确指出各种平面图形的"一周"，能用"顺边加""化曲为直"等方法测量并计算出图形（包括直边图形与曲边图形）的周长，知道度量工具和方法会造成误差，能合理得到度量的结果。

2. 知道周长是图形一周所有边线的长度和。周长只和图形的边线有关，和面无关；图形的形状和大小不同，周长可能相等。

3. 能运用长方形和正方形的特征进行周长计算，能归纳出长方形和正方形的周长计算公式，知道解题策略具有多样性。

4. 能根据不同多边形的特征求周长，感知图形特征与求周长的方法之间的联系。

二、单元内容重组与课时规划

（一）厘清单元内容的学习进阶

以北师大版《数学》三年级上册第五单元"周长"为例，从整体结构来看，本单元一共编排了4个课时。第1课时"什么是周长"，根据直边图形和曲边图形的特点产生了"顺边加""化曲为直""以直代曲"的周长测量方法。第2课时"试一试"，引导学生在实际情境中求不同形状的多边形周长，进而知道求一般多边形的周长都可以用"顺边加"的方式。第3课时"长方形周长"是探索长（正）方形周长的计算方法，并呈现了三种求长方形周长的方法：一种是根据周长的概念来计算（"顺边加"），另外两种则是根据长方形的特征来计算。相应地，根据正方形的特征求周长有两种方法。教材并没有专门总结长（正）方形的周长计算公式，而是鼓励学生根据周长的概念和图形特征，灵活选择计算方法，从而淡化对公式的机械化记忆，避免出现死套公式的现象。前3个课时遵循了图形测量"从一般到特殊"的学习路径。第4课时为练习课。

但是笔者在实际教学中发现，在学习完第1课时"周长"的概念之后，第2课时除了提供一个现实情境外，学习内容沦为单纯的计算。这对学生来说已没有挑战性，他们不需要投入太多思维即可完成；这也不能为下一课时积累更丰富的学习经验。由于第3课时只呈现了长方形和正方形，指向性极其明显，因此学生很容易通过观察得到不同的计算方法，导致学习兴趣不高，也使得落实"探索并掌握长方形、正方形的周长计算公式"这一课标要求的学习过程陷入低阶"假探究"。怎样才能设计出指向高阶思维的表现性任务，让学生展开"真思考"和"真探究"呢？

2022年版课标指出，要"将图形的认识与图形的测量有机融合，引导学生从图形的直观感知到探索特征，并进行图形的度量"。针对"周长"单元，需要通过创设能激发学生"真探究"的任务和活动，让学生真正体会到求周长的方法与图形特征密切相关。基于此，笔者对教材内容进行了调整，保留第1课时，并将第2、3、4课时进行整合与重构。在第2课时中，将求不规则多边形的周长和求长正形、正方形的周长进行整合，重点引导学生通过观察不同图形的特征探索求周长的方法，并在探索过程中进一步体会图形的特征，感悟图形认识与测量的一致性。

基于教材编排的内在逻辑，从度量对象、度量过程、问题情境的抽象度和复杂度三个方面划分"周长"单元内容的学习进阶如下。

层级1：数出图形"一周边线"的长度单位个数，建立周长概念，渗透"化曲为直"或"以直代曲"等转化思想，培养量感和空间观念。

层级2：通过"尺规作图"进一步认识常见图形的周长，体会线段的可加性，培养量感和空间观念。

层级3：借助图形的特征探索求周长的方法，感悟图形认识与测量的一致性，培养量感、推理意识以及空间观念。

（二）分析学情

1.学生对"周长"有一定程度的认知，但这些经验往往是模糊的、直觉的、非数学化的，学生缺少对"一周边线"的直观感知。

2.学生还不能完全建立"周长是图形一周边线的长度"这样的确切认识，尤其难形成"周长是图形所有边线长度的总和"这样的抽象概括。

3.学生容易直观感受到"面"的大小，而非外围"一周"的长度。学生一般认为图形的形状和大小相同时周长就相等，形状和大小不相同时周长就不相等；或者认为面大周长就长，面小周长就短。他们还没有认识到"周长只和图形的边线有关，和面无关"。

4.学生对"尺规作图"缺少经验，对圆规这种工具比较陌生。

5.在认识周长的概念之后，大部分学生已经能根据长方形的特征来计算周长，但许多学生还不能准确地表达图形特征与周长计算方法之间的关系（或者感悟到了两者之间的关系，但不知如何表达，只能从运算的角度进行解释）。这说明直接进行长方形周长计算的任务对于大部分学生而言已经没有了挑战的空间，我们需要设计更为复杂的表现性任务来激励学生，并将其思维过程"外显"出来。

（三）划分课时类型，设计指向目标的核心任务序列

基于上述分析，笔者从单元整体的视角出发，对"周长"单元教学做出适当调整，分为4个课时。其中第1、2课时为关键课。

课时	类型	教学内容	核心目标	核心任务
1	关键课	认识周长	1.能正确指出各种平面图形的"一周"，能用"顺边加""化曲为直"等方法测量并计算出图形（包括直边图形与曲边图形）的周长，知道度量工具和方法会造成误差，能合理得到度量的结果。 2.知道周长是图形一周所有边线的长度和。周长只和图形的边线有关，和面无关；图形的形状和大小不同，周长可能相等。	任务1：指一指黑板面、数学书封面、树叶和量角器正面等的"一周"，比一比它们的"一周"有什么异同。 任务2：先量一量数学书封面和量角器正面的边线长度（取整厘米数），再算出它们的周长分别是多少厘米。 任务3：画一条线，把长方形分成两个周长相等的图形，可以怎样分？你能想出几种分法？

续表

课时	类型	教学内容	核心目标	核心任务
2	关键课	多边形的周长	1. 能运用长方形和正方形的特征进行周长计算，能归纳出长方形和正方形的周长计算公式，知道解题策略具有多样性。 2. 能根据不同多边形的特征求周长，感知图形特征与求周长的方法之间的联系。	任务1：先观察图形，再计算出它们的周长。 任务2：量一量，再算出图形的周长。
3	练习拓展课	生活中的周长问题	1. 能应用周长知识解决简单的实际问题，提高分析、解决问题的能力。 2. 感受数学与生活的密切联系，发展空间观念和创新意识。	任务1：亮亮家的小院里有一块长方形菜地长4米，宽1米，一面是墙（如下图），围成这块菜地的篱笆长多少米？ 任务2：亮亮家的小院长18米，宽15米，大门宽3米。爸爸要把小院砌上围墙（如下图），围墙的长度是多少米？
4	练习拓展课	在操作活动中解决周长问题	能借助实际操作解决简单的数学问题，加深对周长概念的理解，提高动手能力，发展空间观念和创新意识。	任务1：先拼一拼，再计算。 （1）用两个边长3厘米的正方形拼成一个长方形，拼成的长方形周长是多少厘米？ （2）用两个长4厘米、宽2厘米的长方形拼成正方形或长方形，拼成的正方形、长方形的周长各是多少厘米？ 任务2：用16张边长是1分米的正方形纸拼长方形和正方形。怎样拼才能使拼成的图形周长最短？画一画，算一算。

三、关键课的教学设计

课例 1　认识周长

● 环节一：指一指，比一比

1. 认识黑板面和数学书封面等的"一周"

【师】今天我们来认识"周长"。知道什么是"周长"吗？

【生】一周的长度。

【师】谁能指一指黑板面的"一周"在哪里？

（生1上前指一指。）

【师】（问生1）你是从哪里开始，到哪里结束的？指的时候注意了什么？

【生1】从这个点开始，沿着边绕一圈又回到了这里。

【师】从起点出发，沿着黑板面的边沿绕一圈又回到起点，就是黑板面的"一周"。起点和终点重合，这样的图形叫作封闭图形。

（让学生指一指数学书封面、课桌面、树叶面等物体表面的"一周"。）

2. 认识量角器正面的"一周"

师（出示量角器）这是测量角度的工具——量角器，你能指出量角器正面的"一周"吗？

（一生上前指出，全班反馈。）

【师】比较一下：量角器正面的"一周"与数学书封面的"一周"有什么相同点和不同点？

【生1】数学书封面的一周边线是直的，量角器的一周既有直的线也有弯的线。

【生2】相同的是它们都从起点出发，绕了一周又回到起点。

【生3】它们都是封闭图形。

【师】封闭图形一周边线的长度是它的周长。

> **思考**
>
> 建立"周长"的概念,首先要明确"一周长什么样儿"。为此,笔者设计了"找一找黑板面、数学书封面、课桌面、树叶面和量角器正面的'一周'"的数学活动,明确"度量对象"可以是直边图形的"一周",也可以是曲边图形的"一周",引导学生在亲身体验与感知活动中,逐步建立清晰的"一周"表象,并抽象概括周长的概念。

● **环节二:量一量,算一算**

出示任务2:量一量数学书封面的边长(取整厘米数),再列式计算出它的周长。

(学生独立完成,全班交流。)

【生】我用尺子测量了封面的4条边,再把它们加起来。算式是26+18+26+18=88(厘米)。

【师】为什么要把4条边的长度加起来呢?

【生】因为我们要求的是周长,所以要把所有的边长都加起来,不然就不是周长了。

【师】数学书封面的一周包含了4条边的长度,我们可以把这4条边都画在一条直线上。

> 演示用直尺画一条直线,用圆规依次度量数学书封面ABCD的4条边,首尾相接画到直线上。
>
> 周长
> A　　B　　C　　D　　A

【师】为什么开始时是A，结束时也是A呢？

【生】因为A既是起点，也是终点。

【师】那怎样计算量角器正面的周长呢？

【生】先量出曲线的长度，再加上线段的长度，就是量角器的周长。

【师】曲线的长度怎么测量呢？

【生】可以用软尺来量。

【师】嗯，生活中买衣服、买裤子时，经常用软尺测量腰围、胸围。可是，如果没有软尺呢？还有别的办法吗？

【生】还可以用一条绳子绕着这条曲线，当绳子长度和曲线长度一样的时候，用尺子量出绳子的长就知道曲线的长了。

【师】先用绳子测量曲线，再把绳子拉直测出长度，绳子的长度也是曲线的长度，这种方法叫作"化曲为直"。量角器的一周包含有一条曲线和一条线段，这两条线的长度之和就是它的周长。

【师】回顾一下：我们是怎么求一个平面图形的周长的？

【生】先测量出这个图形所有的边长，再把它们加起来。

> **思考**
>
> 周长是图形一周边线的长度，是可以量化的。因此，建立周长的概念不能仅仅停留于建立表象，而应该进一步用长度这一数值来进行刻画描述。通过具身测量与计算，学生亲身体验了线段长度的可加性，领悟到周长的本质是线段的长度，深化了对周长这一概念的理解，发展了量感。

● 环节三：想一想，分一分

出示任务3：画一条线，把长方形分成两个周长相等的图形。

学生尝试着在练习纸上的长方形中画线，然后全班交流，借助实物投影进行反馈。

【师】观察这些图形，你有什么发现？

【生1】我发现只要把长方形平均分，这两个图形的周长就相等。

【生2】我发现只要不乱画，分成的两个图形的周长就相等。

【师】（追问生2）什么是不乱画？

【生2】就是画的线必须是直的，分成的两部分必须一样大。

【师】（在黑板上画出下图，追问生2）这样画，分成的两部分的周长相等吗？

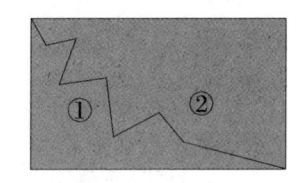

【生2】不相等。

【师】说说理由。

【生2】因为这条线是乱画的，分成的两个图形不一样大。

【师】（质疑）两个图形不一样大，它们的周长就不相等吗？小组讨论一下。

（学生小组讨论，然后全班交流。）

【生】我们组认为它们的周长一样长。因为图①的一周有3条边，图②的一周也有3条边，对边相等，中间的折线也一样长，所以周长一样长。

【师】可是图②看起来比图①要大一些呀。

【生1】周长是图形一周的长度，不是图形的大小。

【生2】周长的长短跟图形的大小没有关系。

【师】是的，周长是图形一周边线的长度，跟图形的大小没有必然联系。

> **思考**
>
> 小学生在学习周长时普遍会有"哪个'面'看上去大，其周长就会更长"的思维误区。为此，笔者精心设置了"画一条线，把长方形分成两个周长相等的图形"的表现性任务，巧妙融通了周长、面积两个概念的对比理解。学生在比较、辨析中逐渐剥离"面的大小"对周长的干扰，深化了对周长本质内涵的认识，促进了量感的充分形成。

课例2 多边形的周长

● **教学片段**

出示情境：为了迎接"国庆"，滨河公园正在整修，做了许多漂亮的植物造型花坛（如下图）。为了保护这些造型花坛，需要给它们安装上围栏。你能帮助工人算一算分别需要多长的围栏吗？

【师】要求需要多长的围栏，实际上就是求这些花坛的——

【生】周长。

【师】对，我们把这些花坛的形状用数学的方式表达出来，就出现了各种各样的多边形（如下页图）。现在能求周长吗？

【生】不能，因为没有数据。

【师】是啊，如果没有数据，我们就不知道最后的测量结果，也就无法计算周长。老师向公园管理处要来了这些花坛边长的数据（如下图），现在请大家算一算，并完成学习任务。

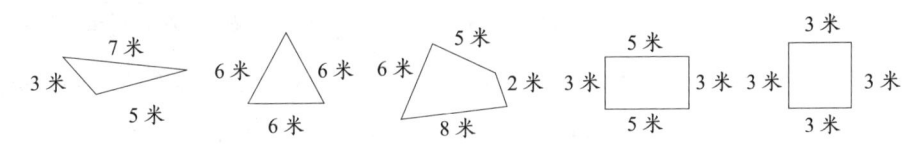

出示：

　　活动要求：

　　（1）先观察图形，再计算图形的周长。

　　（2）组内交流周长的计算方法和结果。

　　（3）独立计算，小组活动，全班汇报交流。

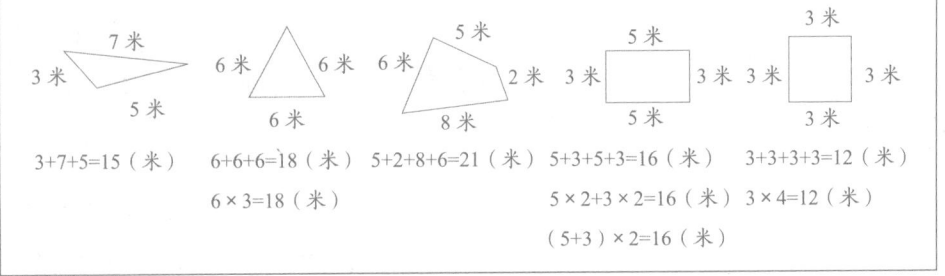

3+7+5=15（米）　　6+6+6=18（米）　　5+2+8+6=21（米）　　5+3+5+3=16（米）　　3+3+3+3=12（米）

　　　　　　　　　6×3=18（米）　　　　　　　　　　　　　5×2+3×2=16（米）　　3×4=12（米）

　　　　　　　　　　　　　　　　　　　　　　　　　　　　（5+3）×2=16（米）

【师】观察这些图形及对应的周长计算方法，你发现了什么？

【生】我发现所有图形求周长都有同一种方法，就是把所有边的长度加起来。

【师】真是这样吗？我们来看看。前面两个三角形都是把三条边的长度加起来，那后面三个是——

【生】都是四边形，都可以把四条边的长度加起来。

【师】这个发现特别好！知道为什么吗？

165

【生】因为周长是一周边线的长度,要把一周的所有边线长度加起来。

【师】真棒!还有什么发现?

【生】我还发现,这些图形求周长的方法,有的多,有的少。

【师】都是多边形,为什么求周长时,有的方法多,有的方法少呢?你觉得方法的多少跟什么有关呢?

(学生组内交流后全班汇报。)

【生】我们组按照方法的多少进行了分类,发现边长都不相等的图形只有一种求周长的方法,只能把所有的边长加起来;所有边长都相等的图形有两种方法,既可以将所有边长相加,也可以用一条边长乘边数;长方形有两组边相等,有三种方法求周长,除了前两种,还可以用(长+宽)×2来算。

【师】也就是说,你们发现周长的计算方法跟图形的什么有关?

【生】跟图形的边有关。

【师】也可以说,是跟图形边的特征有关。大家把算式与图形的特征之间建立起了联系,特别会思考。现在我们把黑板上的这些图形按照刚才的发现来分类吧。

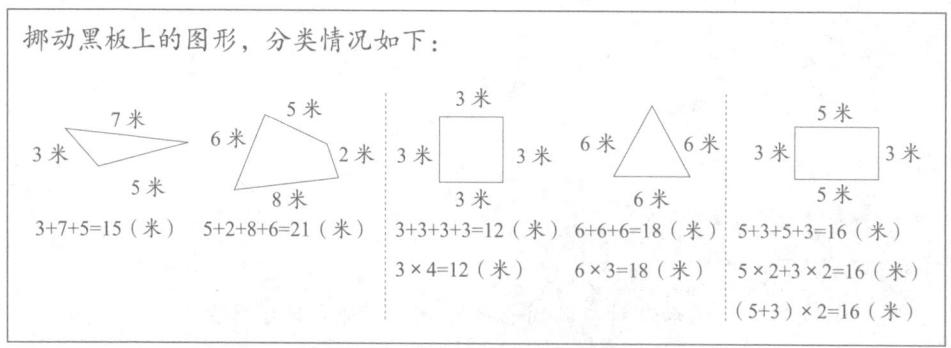

挪动黑板上的图形,分类情况如下:

3+7+5=15(米)

5+2+8+6=21(米)

3+3+3+3=12(米)
3×4=12(米)

6+6+6=18(米)
6×3=18(米)

5+3+5+3=16(米)
5×2+3×2=16(米)
(5+3)×2=16(米)

【师】刚才根据求周长的方法,把图形按照特征分了类,现在有一个小挑战,老师依次出示图形,请你根据图形特征来判断它们各有几种周长计算方法。

(教师出示各边均不相等的五边形。)

【生】一种。

(教师出示正六边形。)

166

【生】两种。

【师】真棒！想一想：在我们以前学过的图形中，周长有三种计算方法的，除了长方形还有谁？

【生】平行四边形。

【师】（出示平行四边形）对，平行四边形有什么特点呢？

【生】有分别相等的两组边。

【师】对，平行四边形和长方形一样，也有两组相等的对边，所以，平行四边形的周长也有三种计算方法。这节课大家通过探究把学过的图形特征与求周长的方法建立了联系，有了新的收获。在图形的认识和测量中，还有非常多的奥秘等着我们去研究。

> **思考**
>
> 2022年版课标指出，要"将图形的认识与图形的测量有机融合，引导学生从图形的直观感知到探索特征，并进行图形的度量"。在上述教学中，笔者创设了"求多边形花坛周长"的探究任务，将求不规则多边形的周长和求长方形、正方形的周长进行整合，注重引导学生通过观察不同图形的特征探索求周长的方法。学生在探索过程中进一步体会了不同多边形的特征，初步建立了几何直观；真正体会到求周长的方法与图形特征密切相关，感悟到图形认识与测量的一致性。

"面积"单元整体教学设计

一、确定指向核心素养的单元学习目标

（一）基于主题大观念提炼单元具体观念

"面积"单元属于"图形的认识与测量"主题，相关的主题大观念是"度量单位及其个数的累加确定图形的大小"。图形的测量本质是确定图形的大小；用一个数来表达图形的大小，必须借助合适的度量单位，用度量单位的个数来表达。

分析"图形的测量"系列单元教材编排，我们能从中发现相同的学习线索：先是认识某种新的度量属性（如"面积"是对现实生活中面的大小这一属性的刻画），体会这种属性是有确定大小的，可以选定一个单位（标准）进行量化；再是认识到刻画度量属性需要单位，感悟统一单位的必要性；最后是经历用单位的累积进行测量的过程，感悟度量的本质是度量单位的累积，度量的结果可以用"数 + 单位"来表达。线段的"长度"是由若干条小线段组合在一起的，"面积"是由若干个"小面"组合在一起的，度量"体积"也是同样的思路。可见，长度、面积、体积等概念在本质上具有一致性，它们通过度量单位统一起来，而度量单位的可加性和度量单位的多少就是这个系列单元的学科本质。

"面积"单元指向的核心素养主要是"量感"，相应的表现为："知道度量的意义，能够理解统一度量单位的必要性；……初步感知度量工具和方法引起的误差，能合理得到或估计度量的结果。"

具体地，"量感"在"面积"单元的表现性水平描述如下：

水平层次	具体描述
水平1	能结合实例准确指出面在哪里，能感知面是有大小的，能用"大小"等语言初步表达面积的量感结果，知道封闭图形或物体的表面都有面积。
水平2	会用观察、重叠、剪拼后重叠等直接比较的方法比较两个图形的大小，在通过直接比较难以判断两个图形的大小时，产生间接比较的需求，并能想到用小正方形进行度量，数出小正方形的个数就可得出面积的大小。
水平3	在数出面积单位个数的过程中，实现方法的优化，用长乘宽得到长方形的面积，并能对面积计算公式做出解释；将面积计算转化为长度的测量，既能区分面积和周长，又能将面积的度量与长度的度量联系起来，将现实情境中的面积度量问题转化为面积计算问题。

综上分析，确定"面积"单元的具体观念如下。

观念1：面积是对现实生活中事物二维属性大小的刻画，即图形面积的大小需要同时从长和宽两个方向去考虑。

观念2：面积度量的实质是计算该图形包含多少个面积单位，度量面积的基本方法是用面积单位测量。为了便于传播和交流，需要建立统一的面积单位。

观念3：计数长方形和正方形中包含面积单位的个数时，使用"每行个数×行数"计算更加方便快捷。

（二）对比分析多种版本教材

下表对三个版本教材三年级下册认识"面积和面积单位"的单元内容做了横向比较。

教材版本	单元内容
人教版	面积和面积单位； 长方形、正方形面积的计算； 面积单位间的进率。
北师大版	什么是面积； 面积单位； 长方形的面积； 面积单位的换算。
北京版	面积和面积单位； 长方形和正方形的面积； 面积单位间的进率； 探索规律（周长相等的长方形，长、宽变化与面积最大值的关系）。

1.基本都遵循了"认识面积和面积单位—长方形、正方形面积的计算—面积单位间的进率"的学习路径。

2.都编排有比较两个图形面的大小的实践操作活动，让学生在体验面的大小的过程中认识面积。这些丰富的探究活动有利于发展学生的空间观念。

3.教材在处理"比较两个图形面积大小"时，都注重让学生动手操作，通过"直接观察比较、重叠操作比较、剪拼后重叠比较"等多种比较方法，积累数学活动经验。最后都落脚在使用标准度量单位（小正方形）来度量上，从而让学生感受到度量单位的必要性和确定性。

数学知识是培养数学核心素养的载体，理解数学概念是发展数学核心素养的前提。因此，在"面积"单元中落实量感的培育，核心是理解面积概念。那么，面积概念的内涵是什么呢？北师大版教材是这样定义"面积"的："物体的表面或封闭图形的大小就是它们的面积。"人教版教材没有给"面积"下定义，而是通过举例子的方式描述面积概念，比如"数学书封面的大小就是数学书封面的面积"等。事实上，这些都是采用描述的方式结合具体实例来说明面积概念，属于常识性描述，并不能帮助学生真正理解面积概念，没有实质上的"解惑"。

什么是面积呢？从字面上看，"面积"两个字可以分开理解：其度量对象是确定的"面"；度量方式是"积"，可以解释为"累积"，即"小面"累积成"大面"，然后用"小面"的"个数"（0或正数）来描述"大面"的大小。正如张奠宙先生所言，"面积是人与生俱来的直觉"，"数 m 是一个图形 A 的面积，就是指能用 m 个单位正方形不重叠地填满 A"。

因此，在认识面积的教学中要淡化对"描述性定义"的概括与记忆，注重对面积本质内涵的理解，即在引导学生比较图形面积大小的活动中，从定性认识上升到定量认识，指定一个合适的"数"来描述一个面的大小。这个"数"需要通过测量得到，测量时得先确定一个度量标准（面积单位），然后用面积单位去测量，再算出测量得到的结果。由于这一过程与长度、体积等其他度量内容的计量方法具有相通性，因此，在"面积"单元的学习过程中，有必要让学生领悟到这种关联性，从而实现认知的整体建构，促进学生对度量概念的持续性理解和有效迁移。

关于长方形面积计算公式的推导，多种版本教材都注重让学生通过自主探究发现并描述面积计算公式，即让学生自主分析长方形的长是几就是"一行拼摆几个小正方形"，宽是几就是"拼摆几行"；还注重让学生理解长方形面积计算公式与面积单位计算方法之间的对应关系。

（三）参考权威考试命题

参考权威的测试题目，也体现了对面积概念本质的考查（如下图）。

右图中，每个小方格的面积表示1平方厘米。
那么，长方形的面积是（　　）平方厘米。

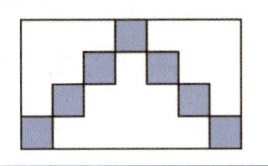

面积和周长是两个容易混淆的概念，测试题目也注重考查学生对周长与面积的区分（如下图）。

7.正方形花坛的侧面有一条小路（如图），下列说法正确的是（　　）。
　A.花坛面积>小路面积，花坛周长>小路周长
　B.花坛面积>小路面积，花坛周长<小路周长
　C.花坛面积<小路面积，花坛周长>小路周长
　D.花坛面积<小路面积，花坛周长<小路周长

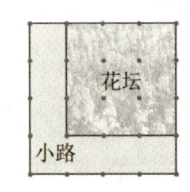

（四）确定单元学习目标

综上分析，确定本单元的学习目标如下：

1.知道封闭图形或物体的表面都有面积，图形的面积需要同时从长和宽两个方向去考虑；知道面积度量的实质是计算该图形包含多少个面积单位，可以用"小正方形"作为单位（规定为"1"）去度量"大面"，"大面"中有几个"小面"，面积就是几。

2.能够理解统一度量单位的必要性，认识面积单位"平方厘米、平方分米、平方米"；能结合实例描述出1平方米、1平方分米、1平方厘米的大小，形成正确的表象。

3. 能针对真实情境选择合适的面积单位进行度量，能估测一些常见物体表面的面积。

4. 能自主推导"1 平方米 =100 平方分米""1 平方分米 =100 平方厘米"，会在同一度量方法下进行不同面积单位的换算。

5. 能自主探索长方形和正方形的面积计算公式，并能利用公式正确计算长方形和正方形的面积，体会面积的可加性。

6. 能运用长方形和正方形面积的知识解决真实情境中的问题，体会数学与生活的密切联系。

二、单元内容重组与课时规划

（一）厘清单元内容的学习进阶

教材中，"面积"单元的课时序列一般是：面积的含义、面积单位、长方形和正方形的面积、面积单位的进率及其换算。教材的呈现顺序遵循了图形测量的学习逻辑，有利于学生经历完整的学习过程。当然，教材在局部上也为教师创造性地使用教材预留了空间。比如，将"面积单位的进率及其换算"安排在"长方形和正方形的面积计算"之后，这样有利于降低学习的难度；但另一方面，如果将其紧接在"面积单位"之后教学，似乎更符合数学的逻辑（从知识点到知识链）。

依据度量对象、度量过程、问题情境的复杂程度等，划分"面积"单元学习内容的进阶层级如下。

层级 1：结合实例认识面积；在通过观察、操作等数学活动比较图形面积大小的过程中，认识到面积度量的实质是计算该图形包含多少个面积单位；认识常见的面积单位"平方厘米、平方分米和平方米"，并建立清晰的表象，侧重培养量感与空间观念。

层级 2：推导长方形、正方形的面积计算公式，直接利用公式求解长方形、正方形的面积并解决实际问题，培养问题解决能力、量感和空间观念。

层级 3：在较复杂的问题情境（测量对象涉及多个长方形、正方形）中求解图形的面积，或探索蕴含的规律，培养量感、推理意识以及空间观念。

（二）分析学情

对于"面积"的学习，学生有如下几个特点：

第一，许多学生听说过"面积"，比如"房屋面积""地面面积"等，有的还知道常见的面积单位"平方米"以及长方形的面积计算公式等，但只停留在"知道"层面，并不理解其内涵。

第二，学生能找到"面"和有面积的区域，但对于面积的"二维"属性认识不深刻，需要借助具体的例子增强理解与感悟。

第三，学生能通过观察和重叠等方法直接比较面的大小，但容易将周长和面积混淆，认为"哪个图形的周长更长，面积就会更大。如果两个图形的周长相等，它们的面积也必定相等"。

第四，学生难以想到用单位面积（小正方形）去度量面积的大小，难以将测量长度的学习经验迁移到测量面积上来，缺乏对面积是一个"数"的本质理解。

（三）划分课时类型，设计指向目标的核心任务序列

基于上述分析，将本单元的教学目标进行分解，组建如下单元教学结构：

课时	类型	教学内容	核心目标	核心任务
1	关键课	认识面积	1. 知道"面"在哪里（能正确找到面和有面积的范围），感知"面的大小就是面积"。 2. 能够选择不同的方法（观察、重叠、剪拼后重叠等）直接比较两个图形面积的大小，感受到比较面的大小需要同时从长和宽两个方向进行考虑。 3. 在不能直接比较的情形下，能想到用"小面"（小正方形）作为度量单位去度量"大面"的面积，通过数出度量单位的个数得到其面积（用"数"来描述面的大小）。	**任务1**：感知"面"在哪里，并举例说一说"什么是面积"。 **任务2**：被遮住的是两个长方形，猜猜谁的面积大。你是怎样想的？ **任务3**：比一比：哪个图形的面积大？你准备怎么比？

续表

课时	类型	教学内容	核心目标	核心任务
2	关键课	面积单位	1. 经历面积单位的统一过程,认识面积单位平方厘米、平方分米和平方米,并能结合具体事例进行描述。 2. 能恰当地选择面积单位进行表达交流,会进行测量。	任务1:画一画,在练习纸上画出1平方厘米;找一找:生活中哪些物体的面积大约是1平方厘米? 任务2:用纸分别做一个1平方厘米、1平方分米和1平方米的正方形,把它们当作面积单位,量一量教室里一些物体表面的面积。
3	方法迁移课	面积单位的进率及其换算	1. 能自主推导"1平方米=100平方分米""1平方分米=100平方厘米"。 2. 会进行面积单位之间的换算,能恰当地选择面积单位估测一些物体的面积。	任务1:用1平方厘米的小正方形纸片,铺1平方分米的大正方形纸,要用多少张小正方形纸片?画一画,写一写。 任务2:1平方分米=100平方厘米,那么1平方米等于多少平方分米?你是怎么想的?
4	关键课	长方形和正方形的面积	1. 能自主探索长方形和正方形的面积计算公式。 2. 能利用公式正确计算长方形和正方形的面积,体会面积的可加性。	任务1:用12个1平方厘米的小正方形摆长方形,能摆出哪几种?它们的面积分别是多少? 任务2:下面的长方形面积分别是多少?你是怎样计算长方形的面积的?

三、关键课的教学设计

课例 1 认识面积

● 环节一:感知"面"在哪里和"面是有大小的"

1. 感知"物体表面是有大小的"

【师】今天我们来认识"面积"(板书课题)。面积,一定跟"面"有关。在生活中,你能找到哪些熟悉的"面"?

(学生举例,师生交流:黑板面、课桌面、人的脸面、橘子表面、数学书的封面,等等。)

【师】人的脸面、橘子表面和课桌面、黑板面有什么不同？

［小结：面有平面，也有曲面。］

【师】（指出黑板面的一周边线）这是黑板面的什么？

【生】周长。

【师】黑板面一周边线的长度是它的周长。我们知道，"线"是论长短的，那"面"是论什么的？

【生】大小。

【师】是的，"面"是论大小的。比较黑板面、橘子表面和人的脸面，哪个面最大？

【生】黑板面。

2. 感知"平面图形也是有大小的"

出示：

下面的两个长方形被遮住了，只露出了一条边。猜一猜：哪个长方形更大？

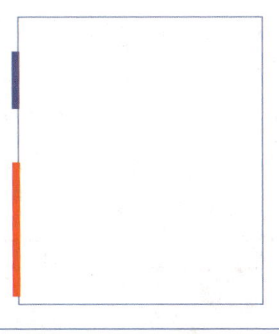

（大多数学生认为红色的更大，因为它露出的边更长。）

【生1】不一定。

【师】（追问生1）你为什么觉得不一定呢？

【生1】虽然红色长方形竖着的边更长，但是有可能横着的边更短；虽然蓝色长方形竖着的边更短，但有可能它横着的边更长。

（师让生1走上前，在屏幕图形上一边比画一边讲理由。）

【师】大家明白生1的意思吗？

【生】明白了，比较面的大小不能只看竖着的边，还要看横着的边。

【生2】我觉得还有可能它们一样大，可能是同一个长方形分别竖着放和横着放，蓝色长方形露出的是短边，红色长方形露出的是长边。

（学生都表示赞同。）

【师】看来，这个答案是不确定的。我们一起看看屏幕上显示的是哪一种情况。

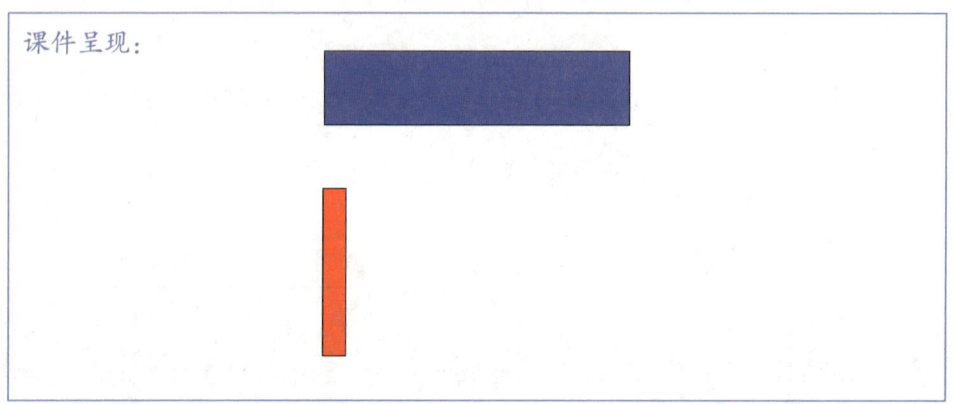

课件呈现：

【师】比较长方形的大小，不能只看一条边，需要同时从长和宽两个方向进行考虑。

3. 感知"只有封闭图形才有确定的大小"

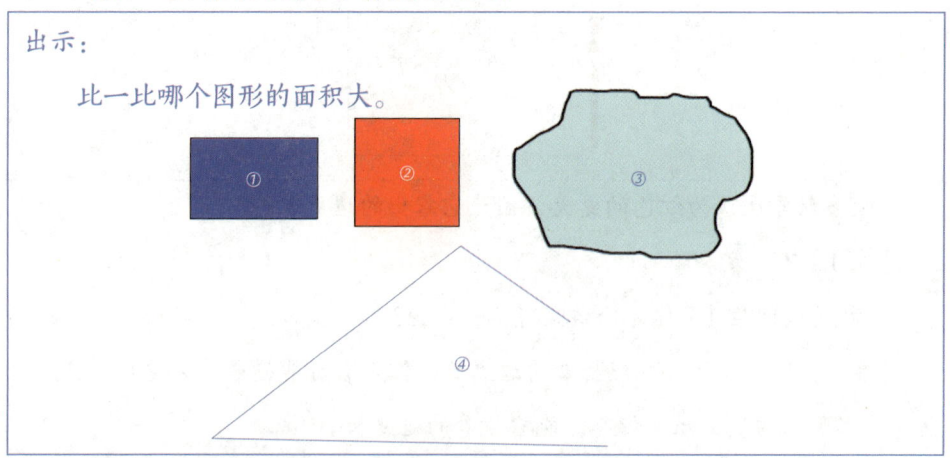

出示：

比一比哪个图形的面积大。

（绝大部分同学认为③号图形的面积最大，也有个别同学认为④号图形面积最大。）

【生A】④号图形没有封口，大小不确定。

【生B】④号图形不是封闭图形，没有面积。

【师】（追问）不是封闭图形为什么就没有面积呢？

【生】不是封闭图形，不知道"面"从哪里算起。

【师】是的，不是封闭图形，就没有边界，面的大小是不确定的，只有封闭图形才有确定的大小。

> 🔍 思考
>
> 　　培养学生的量感，首先要明确度量对象的属性，对度量对象建立清晰的认识。在上述教学中，笔者让学生初步感知平面或曲面的"面在哪里"和"面是有大小的"，帮助学生对度量对象"面"形成了全面而准确的认识：比较面积大小，需要从长和宽两个方向（维度）去考虑；只要是封闭图形（包括平面和曲面），面的大小就是确定的。

● 环节二：合作探究，比较面的大小

1. 直观操作

【师】（出示下图）图①和图②哪个大？你准备怎样比？

（每个学习小组依托学具进行操作、讨论，然后全班交流。）

【生1】我们先把图①和图②重叠（如下页左图），再把图①多出来的部分剪下来拼在图②上面（如下页右图），发现图②比图①多了1小块，所以图②更大。

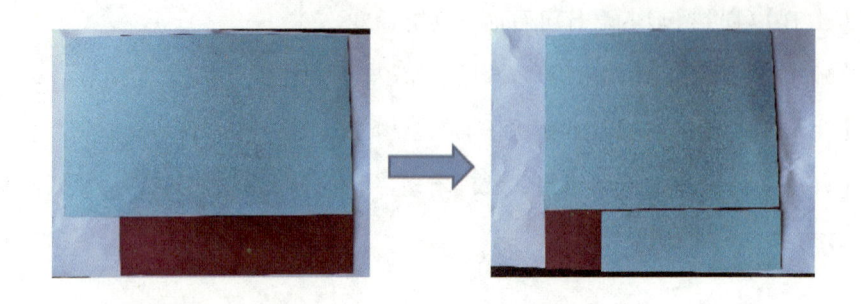

【师】把图1剪开之后，这两部分加起来跟原来相比，大小变了没有？

【生1】没有变，因为图形既没有增加也没有减少。

【师】真棒！剪开之后各部分的和与原来的图形是一样大的。用这种重叠、简拼的方法比较出了图2要大一些。还有其他方法吗？

【生2】我们是用周长比的。先量出图1的长边是25厘米，短边是15厘米，周长是（25+15）×2=80（厘米）；图2是正方形，再量出它的边长是20厘米，周长是20×4=80（厘米）。它们的周长相等，所以面积也相等。

（生2的回答遭到了其他同学的反对。）

【生3】刚才已经知道了图2要大一些，面积不可能相等。

【师】是呀！把图1和图2重叠、简拼后发现图2确实要大一点。两个图形的周长相等，能说明面是一样大的吗？

【生】不能，面的大小跟周长没有关系。

【师】是的，刚才验证过了，两个图形的周长相等，但面不一定一样大。还有其他方法吗？

【生4】我们也是先量出图1的长是25厘米，宽是15厘米，用25×15=375（平方厘米）计算出图1的面积；再量出图2的边长是20厘米，用20×20=400（平方厘米）计算出图2的面积。375＜400，所以图2的面积大。

【师】大家能听懂生4的方法吗？

（只有少数学生听懂了，大多数学生一脸迷茫。）

178

【师】（追问生4）25厘米是图1的长，15厘米是它的宽，长和宽都是线段，为什么两条线段的长度相乘得到的是面的大小呢？

（生4回答不上来。）

【师】看来，这样计算的道理现在还讲不清楚。不过，生4倒是给我们提供了一种新思路：如果能求出这两个面究竟有多大，不就容易比较大小了吗？

2. 类比推理

【师】（出示下图）怎样知道这条线段有多长？

【生】用尺子量。

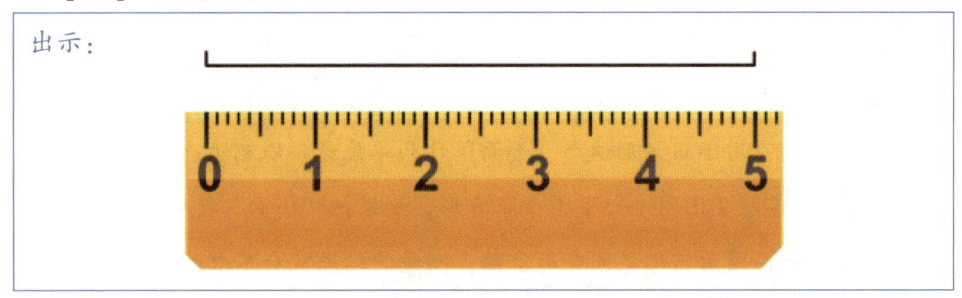

出示：

【师】用尺子量，其实就是先找到一条短线段作为单位量（标准），把单位量规定为"1"，再用短线段测量长线段。

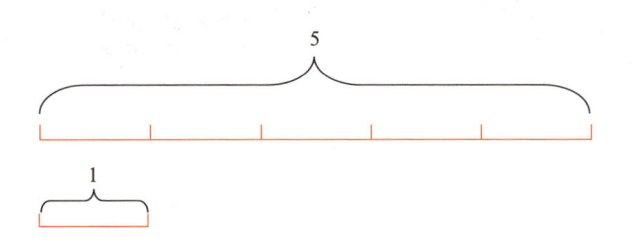

【生】长线段里有5个1，所以长度是5。

【师】想知道长线段有多长，可以用短线段测量长线段。规定短线段是"1"，长线段里包含几个"1"，长度就是几。受测量长度的启发，想一想：怎样测量

179

面的大小呢?

【生1】可以用"小面"去测量"大面"。

【生2】先找一个"小面"作为单位量,规定为1,再用"小面"去测量"大面"。

【师】好方法!那你们觉得"小面"是什么形状比较好?

【生】正方形。

课件动态呈现:

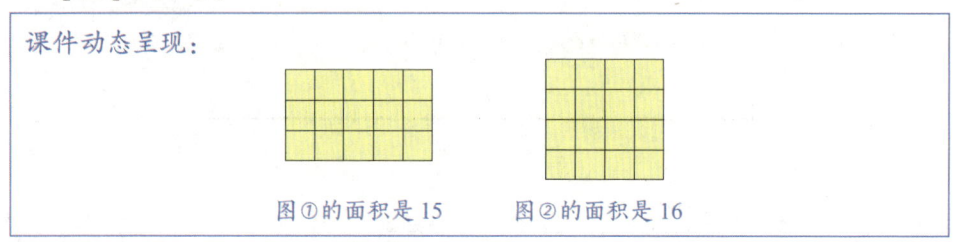

图①的面积是15　　图②的面积是16

【师】现在知道哪个图形大了吗?大多少?

【生】图2大,比图1大1。

【师】是的,用小正方形这个"小面"作为单位量,能测量出图1和图2的大小,还能知道图2比图1大了1个正方形。如果把"小面"换成圆形行吗?

【生】不行,因为它们之间会有空隙,测量的结果就会不准确。

课件显示下图,验证学生的想象。

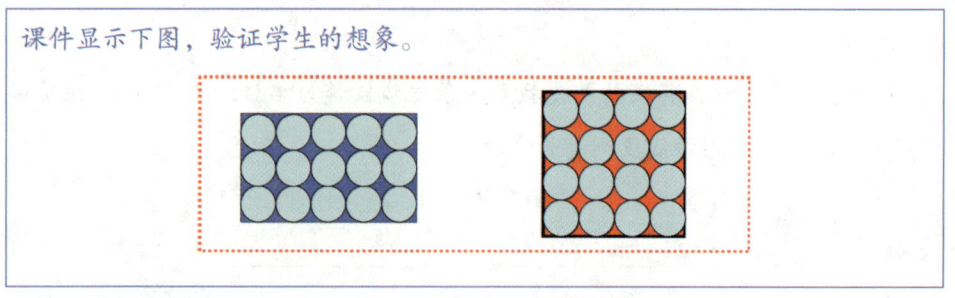

3. 比较归纳

课件显示下图:

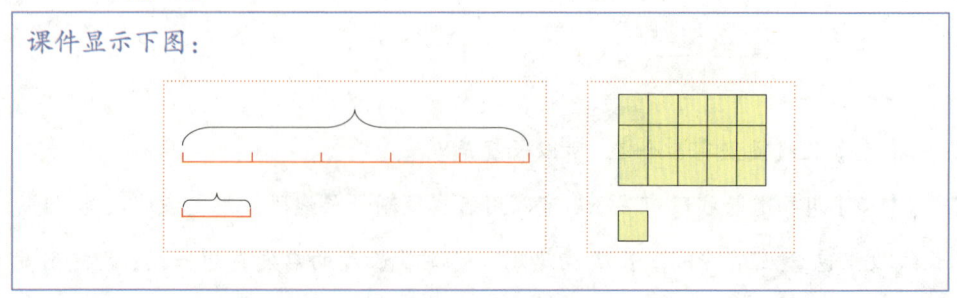

【师】对比测量长度和测量面积的方法，它们有什么相同点？

【生1】它们都是先找到一个单位量，用"1"表示，再用单位量去测量。

【生2】图形中有几个单位量，就是多大。

【师】是的，先规定一个"单位量"作为标准，再以小测大，用单位量"1"去测量长线段或者更大的面，数一数里面包含有几个单位量"1"，就得出结果了。面积的"积"是"积累"的意思，现在你们知道什么是面积了吧？

【生】面积就是将"小面"积累成"大面"。

> 🔍 思考
>
> 量感是一种感觉，这种直观感知建立在观察、测量、想象、推理等活动的基础上。教师简单告知学生方法或者采用单一的活动操作，只能让学生的体验停留于表面，不能深入形成量感。因此，上述教学注重让学生充分经历直观操作、想象、推理等活动，体会面积的"有限可加性"，澄清"图形的周长相等，面积也一定相等"的错误认识。活动过后，笔者引导学生回顾"测量长度"的方法，再类比迁移到也可以"用小面测量大面"，进而抽象概括出"长度"和"面积"的测量都是"规定'单位量'，以小测大"，整体把握知识结构。

课例2　长方形和正方形的面积

长方形面积的本质在于度量。人教版教材在编排这部分内容时，为了做好从"度量"本质到"公式计算"的过渡，层层深入地设计了三次探究活动。（如下页图）

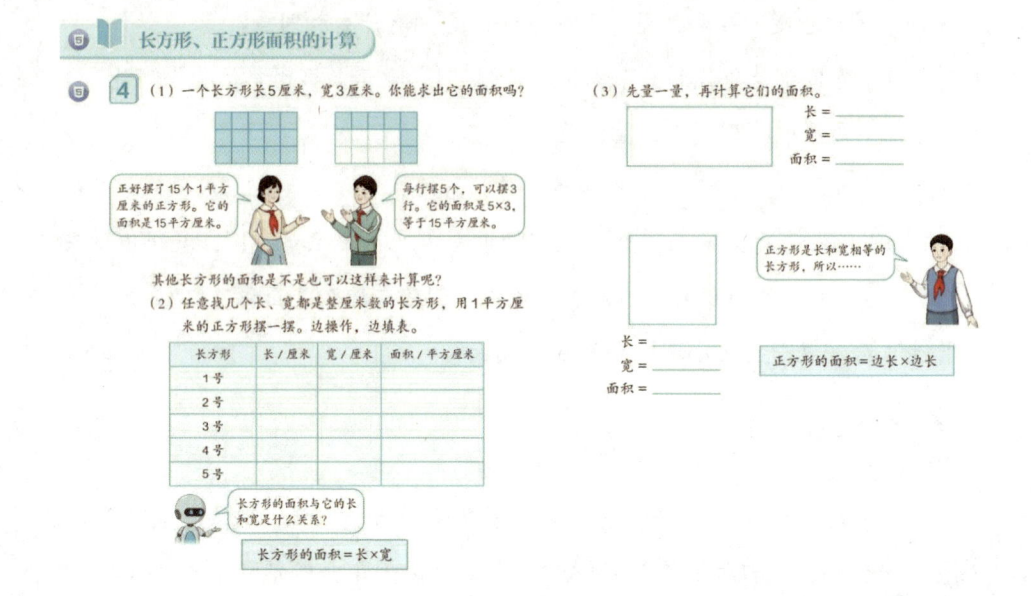

长方形、正方形面积的计算

4 (1) 一个长方形长5厘米，宽3厘米。你能求出它的面积吗？

正好摆了15个1平方厘米的正方形。它的面积是15平方厘米。

每行摆5个，可以摆3行。它的面积是5×3，等于15平方厘米。

其他长方形的面积是不是也可以这样来计算呢？

(2) 任意找几个长、宽都是整厘米数的长方形，用1平方厘米的正方形摆一摆。边操作，边填表。

长方形	长/厘米	宽/厘米	面积/平方厘米
1号			
2号			
3号			
4号			
5号			

长方形的面积与它的长和宽是什么关系？

长方形的面积＝长×宽

(3) 先量一量，再计算它们的面积。

长＝
宽＝
面积＝

长＝
宽＝
面积＝

正方形是长和宽相等的长方形，所以……

正方形的面积＝边长×边长

第一层次： 用面积单位测量长方形的面积。在计数所用面积单位的个数时，教材呈现了两种方法：一是用面积单位将长方形铺满，再直接数出面积单位的个数；二是面积单位未铺满，但可以数出每行的个数与行数，用乘法计算出面积单位的个数。这样不仅为面积计算公式的形成提供了直接经验，还揭示了面积计算的实质意义。

第二层次： 安排了用面积单位拼摆多个长方形的活动，探索长方形面积与它的长和宽之间的关系，并以表格的方式进行记录，进而概括出求长方形面积的公式。

第三层次： 安排了测量图形的长和宽再计算面积的活动，先将正方形看作特殊的长方形，再通过推理，得出求正方形面积的公式。

本节课的教学重心应当放在哪里呢？笔者认为，应当落在精心设计能够引发学生思考的学习任务和关键问题上，促使学生在大量感知、理性思考中明晰长方形、正方形面积计算的实质意义，即长方形、正方形的面积＝单位面积的每行个数×行数，进而得到"长方形的面积＝长×宽""正方形的面积＝边长×边长"的结论；促使学生深度理解长方形面积计算公式的"度量"本质，同时将量感、几何直观、空间观念等数学核心素养的培育落在实处。笔者带着上述思考做了如下尝试。

● **环节一：猜测想象，度量面积**

【师】(出示一个信封)1个正方形表示1平方厘米，这个信封里有一个图形，它的面积是3平方厘米，猜一猜它是什么样子的。把你想到的样子画出来。

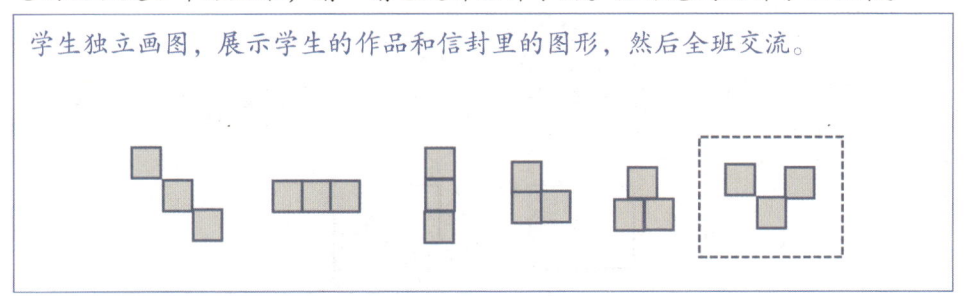

学生独立画图，展示学生的作品和信封里的图形，然后全班交流。

【师】为什么这些图形都能表示3平方厘米呢？

【生】因为它们都有3小格，就是3平方厘米。

【师】看来，一个图形只要包含3个1平方厘米，它的面积就是3平方厘米。

🔍 **思考**

作为一种量，面积可以用相应的面积单位去度量，从而得到度量结果。从3平方厘米的多种画法中，学生体会到求面积就是用面积单位铺摆图形，一个图形的面积有多大，只要看它包含了几个这样的面积单位就好。这为接下来理解"求长方形的面积就是求长方形中含有几个这样的面积单位"这一知识本质奠定了基础。

● **环节二：操作探析，领悟本质**

1. 自主探究

同桌合作，用12个1平方厘米的正方形摆长方形，能摆出哪几种？

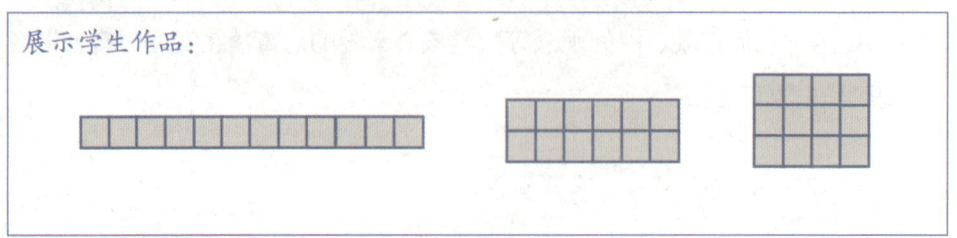

展示学生作品：

【师】它们的面积为什么都是12平方厘米？

【生】因为它们都包含了12个1平方厘米的正方形。

2. 想象提升

【师】（出示下图）这两个图形没有用12个1平方厘米摆，能表示出面积是12平方厘米吗？

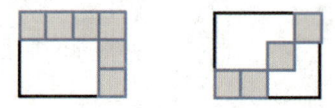

【生】虽然没有全部摆出来，但可以想象它是摆满的。也是每行摆4个，摆了3行，4×3=12（平方厘米）。

【师】（出示下图）现在你还能看出长方形的面积是几平方厘米吗？

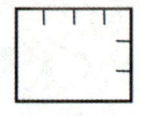

【生】从刻度上可以看出来，每行摆4个，摆了3行，4×3=12（平方厘米）。

【师】（出示下图）如果连刻度也没有了，你知道面积有多大吗？

【生】面积也是4×3=12（平方厘米）。

【师】你是怎么想的？

【生】长4厘米表示每行摆4个，宽3厘米表示摆了3行，4乘3就算出了一共摆了多少个。

【师】用"每行的个数×行数"就算出了长方形里含有小正方形的总个数，也就是长方形的面积。（板书：每行的个数×行数＝长方形里小正方形的总个数＝长方形的面积）

3. 沟通比较

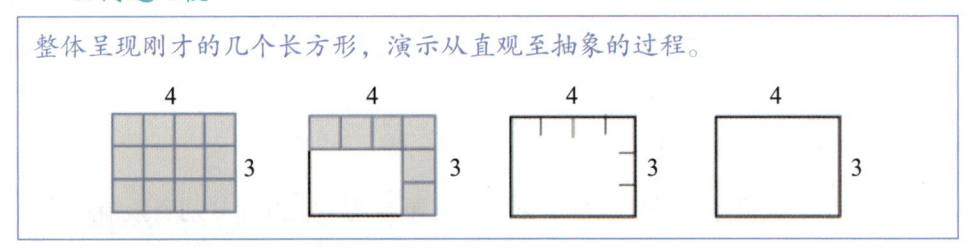

> 整体呈现刚才的几个长方形，演示从直观至抽象的过程。

【师】比较这几个图形，你发现它们有什么相同的地方吗？

【生】都是每行摆4个，摆了3行，面积都是12平方厘米。

【师】那它们之间有什么不同的地方呢？

【生】有的长方形里面全部铺满了小正方形，有的空了一些，有的全都空着。

【师】如果长方形里面空了一些甚至全都空着，怎么知道它的面积有多大呢？

【生1】可以想象把长方形铺满。

【生2】看看长方形的长是几、宽是几，再用长乘宽就能算出面积。

【师】为什么用长乘宽就能计算出长方形的面积呢？

【生】因为知道了长就知道了一行能摆几个，知道了宽就知道了能摆几行。用长乘宽就能算出长方形的面积了。

【师】长乘宽，也就是一行摆几个小正方形乘摆几行，计算出的是什么呀？

【生1】是长方形的面积。

【生2】是长方形里一共有多少个小正方形。

【师】长乘宽的积就是面积为1平方厘米的小正方形的个数，也就是长方形的面积。（出示下图）你知道下面这个图形的面积吗？

【生】60平方厘米，10×6=60（平方厘米）。

【师】你是怎么想的呢？

【生】长10厘米，说明一行能摆10个小正方形；宽6厘米，说明能摆6行。10×6就是共有60个1平方厘米的小正方形。面积就是60平方厘米。

> 🔍 思考
>
> 在上述教学中，学生经历了用1平方厘米的小正方形分别测量铺满、未铺满和空白图形的完整过程，他们的思维从直观形象层面上升到空间想象与推理的层面。通过课件演示和数数，学生的思路逐渐清晰——长是多少厘米，即沿着长边一行可以摆几个；宽是多少厘米，即沿着宽边能摆这样的几行；再用长乘宽计算出一共能摆多少个1平方厘米，因此长方形的面积等于长乘宽。学生从而真正理解了长方形面积计算公式的度量本质。

【师】（出示下图）估一估下面两个图形的面积分别有多大。

【生】长方形的面积大约是20平方厘米，正方形的面积大约是25平方厘米。

【师】如果想知道它们的准确面积，怎么办？

【生】量它们的长和宽。

【师】计算这两个图形的面积，为什么要量它们的长和宽？

【生】知道了长和宽，就可以用长乘宽计算出面积。

【师】你怎么知道长乘宽的乘积就是它们的面积呢？

【生】因为长就是"一行摆几个",宽就是"摆几行",长乘宽就能算出"一共摆了多少个1平方厘米",就知道它们的面积了。

【师】你们的学习单上都有一个一模一样的长方形和正方形,看看谁有办法求出它们的面积。

……

> **思考**
>
> 由于用数格子直接计量的方法在度量面积时存在诸多限制,因此人们需要先计量与被测的量相关的其他的量,再通过一定的运算得出被测量的大小。当学生通过测量长和宽的长度来计算面积时,老师追问"计算这两个图形的面积,为什么要量它们的长和宽",直逼面积计算公式的本质。学生在讲道理中发现,长方形的面积计算就是先量得长和宽的长度,通过想象长度所对应的行列格子数,再把量得的数相乘,从而得到一个具体的"数",这个数就是长方形的面积。学生在讲理中领悟长方形面积计算公式的道理,面积计算公式的出现也就水到渠成了。

4. 归纳、比较

【师】你能总结出长方形面积的计算方法吗?正方形呢?

> 随着学生回答,教师完善板书:
>
> 长方形的面积 = 每行的个数 × 行数
>
> 长方形的面积 = 长 × 宽
>
> 正方形的面积 = 边长 × 边长

【师】大家还记得怎样求"长方形的周长"吗?

【生】长方形的周长 =(长 + 宽)× 2。

【师】(板书公式)想一想:长方形的周长和面积计算公式中的"长、宽"

187

代表的意义一样吗？

（学生讨论后，全班交流。）

【生】不一样！长方形周长计算公式中的"长和宽"代表的是长度，但面积计算公式中的"长"代表的是一行摆几个小正方形，"宽"代表的是能摆几行。

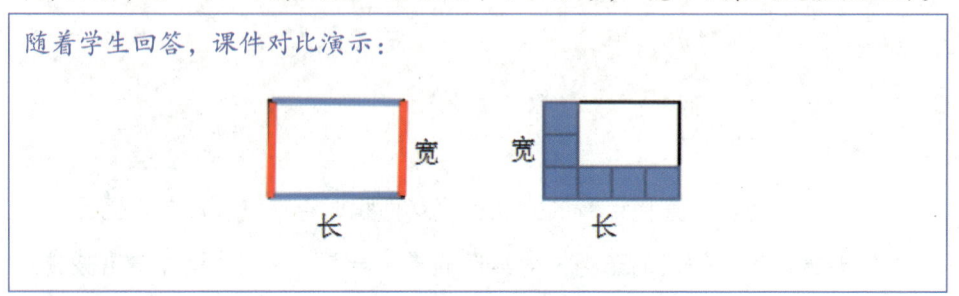

随着学生回答，课件对比演示：

🔍思考

探究公式背后的意义，对学生数学素养的形成至关重要。归纳面积公式之后，再将"长方形的周长计算公式与面积计算公式"进行对比，引导学生思考这两个"公式中的'长、宽'代表的意义一样吗"，在辨析中让学生理解长方形、正方形的周长与面积计算公式中的"长、宽"所代表的意义不同，它们分别指向一维与二维两个不同的概念，如此能帮助学生深刻理解长方形的周长与面积计算公式背后的意义。

"多边形的面积"单元整体教学设计

一、确定指向核心素养的单元学习目标

（一）基于主题大观念提炼单元具体观念

"多边形的面积"单元属于"图形的认识与测量"主题，相关的主题大观念是"图形的大小具有可加性"。图形的测量是指确定一个图形有多少个度量单位，其合理性建立在图形的大小具有可加性这一基础之上。

图形测量的核心就是找到一个度量单位，用度量单位去测量，获得可测物体包含度量单位的个数。在小学阶段，获得度量值大小的方法有三种：一是度量法，数度量单位的个数；二是用公式计算，这种方法比较快捷；三是转化法，将不规则物体转化为规则物体来测量，要求转化前后满足"等量代换"原则。此外，还要关注度量的本质属性，包括运动不变性、叠合性、有限可加性以及面积的正则性等。在教学中渗透这些度量的本质属性，有助于度量活动的开展及度量值的获得。

求多边形的面积的本质是把未知图形的面积通过割补、倍拼、分割等方法转化为已知图形的面积，采用的主要思想方法是转化。在此之前，转化思想已有所渗透，而本单元是较系统地学习转化思想的合适载体。教学中，可以根据每种新图形的特点进行整体规划，使每节课在转化思想的认识上各有侧重，构建"理解方法—初步尝试—自觉应用"的学习路径，加深学生对转化思想的理解，发挥其引领思维的作用。

基于上述思考，在教学中力图体现如下单元具体观念。

观念 1： 测量图形面积的基本方法是用统一的面积单位不断累加，方格纸

是测量的基本工具。

观念2：转化的思想方法发挥着引领思维的作用，通过割补、倍拼、拆分等方法能将未知图形转化为已知图形；运用推理可以推导出新的图形面积计算公式，不同的推导过程有着共同的道理。

观念3：在推导常见基本几何图形的面积计算公式的过程中，借助图形要素之间的关系，可以帮助我们获得关于图形面积的猜想。

观念4：以上过程发展了学生的量感、空间观念与推理意识，以及自主学习和解决问题的能力。

（二）对比分析多种版本教材

人教版教材、北师大版教材等均将"多边形的面积"单元编排在五年级，均按照"平行四边形的面积—三角形的面积—梯形的面积—组合图形的面积和不规则图形的面积"这样的顺序编排。北师大版教材将上述内容分为"多边形的面积"和"组合图形的面积"两个自然单元进行教学。人教版教材、北师大版教材均提出了探索并掌握平行四边形、三角形和梯形的面积计算公式，且能计算组合图形和不规则图形的面积等要求。具体而言，人教版教材在第1课时直接教学平行四边形的面积；北师大版教材在第1课时先铺垫了数方格及割补法在图形面积探究中的应用，帮助学生积累探索图形面积的活动经验。两者均注重借助直观的方格图，采用割补、倍拼、拆分等方法，将未知图形转化成已知图形，进而利用图形与图形之间、图形要素与图形要素之间的关系，推理得出基本图形的面积计算公式，再运用公式解决简单的实际问题。

（三）参考权威考试命题

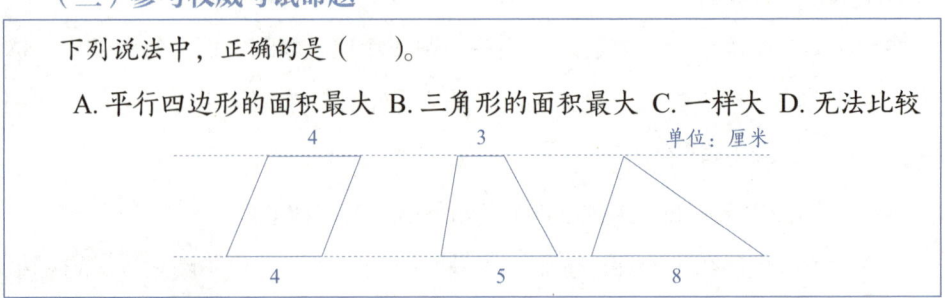

下列说法中，正确的是（　　）。

A. 平行四边形的面积最大　B. 三角形的面积最大　C. 一样大　D. 无法比较

单位：厘米

该题没有直接给出"高"，但通过两条平行线暗示了三个图形的高是相等的。结构不良的问题容易检验学生在解决问题时的表现，特别是对图形之间关系的理解程度。

5.下图是用割补的方法将梯形转化成三角形的探究过程，如果梯形的面积是30平方厘米，高是5厘米，那么转化后三角形的底是（　　）厘米。

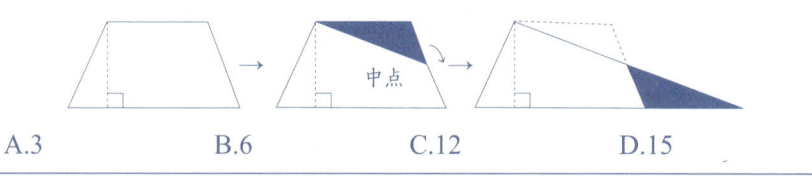

A.3　　　　B.6　　　　C.12　　　　D.15

该题展示的是推导梯形面积计算公式的一种方法（将梯形面积转化成已学的三角形面积），要求学生能够读懂图示中的推导方法，并依据转化前后两个图形之间的关系以及图形要素之间的关系，找到正确答案。

27.同学们在数学老师的组织下，有序地进行动手操作学习。他们测量出一个平行四边形相邻两边的长分别是3厘米和5厘米，还量出这个平行四边形的高是4厘米。这个平行四边形的面积是多少平方厘米？

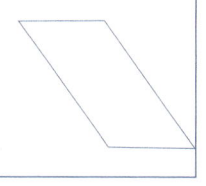

此题考查的正是平行四边形的面积计算公式推导中学生的"痛点"——"邻边相乘"还是"底乘高"？这说明命题注重针对学生的"真实困惑"来考查学生对数学公式的深度理解。

（四）确定单元学习目标

教学时，我们不能仅限于把学习目标设定为"掌握多边形的面积计算公式，会利用公式计算面积"这么简单，而应该引导学生通过对平行四边形、三角形和梯形等多边形面积计算公式的自主探究和深入思考，不断深入理解面积度量的本质，持续感悟转化的思想方法，从而实现单元具体观念层面的"通"与"进"，发展空间观念与推理意识。

基于上述思考，确定如下单元学习目标：

1. 能通过割补、倍拼、拆分等方法将未知图形转化为已知图形；能运用推理推导出平行四边形、三角形和梯形的面积计算公式，知道不同的推导方法有着共同的道理（即都是将未知问题转化为已知问题），从而发展量感、空间观念和推理意识。

2. 认识简单的组合图形，会借助头脑中的表象把组合图形转化成已学过的平面图形并计算出它的面积；会用方格纸估计不规则图形的面积，发展量感和空间观念。

3. 会用公式计算平行四边形、三角形和梯形的面积，并能解决生活中简单的实际问题，发展问题解决能力和创新意识。

二、单元内容重组与课时规划

（一）厘清单元内容的学习进阶

史宁中认为，面积度量的本质就是计算该图形包含多少个面积单位。"多边形的面积"单元让学生运用度量单位计算图形的面积，主要分为三个阶段：第一个阶段，由于"不是整格"，需要引导学生运用割补法实现转化，即让学生先借助数方格的方法得到平行四边形的面积，再把平行四边形的面积通过割补法转化为长方形的面积；第二个阶段，既可以用割补法，又可以用倍拼法，把三角形或梯形转化为长方形或平行四边形来求面积；第三个阶段，灵活选择和运用多种方法，如把组合图形通过拆分法转化成已经会计算面积的图形，根据图形的特点将不规则图形转化为规则图形等，估计出不规则图形的面积。

按照2022年版课标的要求，综合分析各版本教材的编排，"多边形的面积"单元内容的学习进阶可以划分为如下三个层级。

层级1：用割补法将平行四边形转化为长方形并推导出平行四边形的面积计算公式，借助方格纸数出面积单位（小方格）的个数以解释割补转化的道理，侧重培养量感与空间观念。

层级2： 用割补法与倍拼法将三角形（梯形）转化为平行四边形（长方形）等已知图形，推导出三角形（梯形）的面积计算公式，体会到不同的推导方法有着共同的道理（即把未知转化为已知），侧重培养空间观念与推理意识。

层级3： 求解或估计组合图形或不规则图形的面积时，渗透"化曲为直"或"以直代曲"等转化思想，感受度量单位越小，估计值越精准的规律，侧重培养问题解决能力、量感、空间观念和推理意识。

（二）分析学情

学生虽然学过"面积"及"长方形和正方形的面积"，但相隔一年之后，绝大多数学生只是记住了"计算公式"，对面积的本质内涵以及"计算公式的由来"已遗忘殆尽。

平行四边形、三角形和梯形的角不都是直角，不能用直接测量的方法，少数学生会想到用转化的方法将"半格"转换成"整格"，或者把未知图形转换成已知图形；部分学生会联想到"推拉转化"，直接用"邻边相乘"来计算平行四边形的面积。

学生对平面图形之间的联系知之不多，对平面图形面积计算公式之间的内在关联更是一无所知。

（三）划分课时类型

平行四边形、三角形和梯形面积计算公式的推导过程基本一致：通过割补、倍拼等方法将未知图形转化为已知图形。基于此，以单元学习目标为统领，对单元内容进行了结构化重组：将转化思想贯穿单元始终，使每节课在转化思想的认识上既前后关联又各有侧重，构建"理解方法—初步尝试—自觉应用"的学习路径，加深学生对转化思想的理解，发挥其引领思维的作用。

1. 理解方法：在对比中深化对图形面积意义与转化思想的认知

在"多边形的面积"单元中，学生首先面临求平行四边形的面积问题。教学中，引导学生联想长方形面积的学习经验，运用已知（长方形面积）探索新知（平行四边形面积），已有知识与方法在新内容的学习中便作为"前概念"起到迁移的作用。这里，可能包括正迁移，也可能有负迁移。可能有学生会直接用"长×宽"（邻边相乘）来计算平行四边形的面积，就会产生学习过程中的认知冲突，以及对不同观点与方法的质疑与讨论。在教学活动中直面冲突，通过交流、探索、说理的过程，获得正确的答案，这体现了真正学习的发生。而问题的解决，需要运用大观念（图形包含多少个面积单位），具体的方法可能是将其转化成已知图形，也可能是回到原始的（也是本质的）的方法——数（或计算）面积单位的个数，学生就能体会到"转化"不是随意地"变成"，而应遵守一定的规则。

2. 初步尝试：在转化思想的引领下突破难点

继平行四边形的面积计算之后，是三角形的面积计算问题。基本方法是用两个完全相同的三角形拼成一个等底等高的平行四边形。由于学生缺乏相关经验，因此如何引导学生想到"用两个三角形拼"是本节课教学设计的难点。教师通常采用以下两种方法：（1）直接要求学生用两个三角形拼；（2）让学生提前准备两个完全相同的三角形学具（"暗示"学生）。这样的明示或暗示降低了思维难度，利于学生探究成功，但让学生失去了锻炼思维的机会，也弱化了学生的学习主体性。若在学生理解转化思想的基础上，发挥其引领思维的作用，则能帮助学生自主发现可以"用两个三角形拼"，从而积累数学思维经验，提升解决问题的能力。

3. 自觉应用：运用转化思想实现方法多样化

在教学"梯形的面积"时，有了前两节课的学习经验，就更有条件发挥学生的主体性，放手让学生在数学思想方法的引领下展开自主探究，实现方法的多样化了。

整合前后的课时安排对比如下：

整合前的课时安排		整合后的课时安排		
课时	教学内容	课时	课型	教学内容
1	平行四边形的面积	1	方法迁移课	数学阅读：单元开启课
2	练习课	2	关键课	探究平行四边形的面积
3	三角形的面积	3	练习拓展课	平行四边形的面积练习
4	练习课	4	关键课	探究三角形的面积
5	梯形的面积	5	练习拓展课	三角形的面积练习
6	练习课	6	方法迁移课	探究梯形的面积
7	组合图形的面积	7	练习拓展课	梯形的面积练习
8	不规则图形的面积	8	方法迁移课	数学阅读：推导面积公式的另类思路
9	单元整理与复习1	9	方法迁移课	探究组合图形的面积
10	单元整理与复习2	10	方法迁移课	探究不规则图形的面积
		11	整理与复习课	单元整理与复习

三、设计指向目标的核心任务序列

单元优化后的部分教学内容、核心目标与核心任务

课时	教学内容	核心目标	核心任务
1	探究平行四边形的面积	1. 能通过割补将平行四边形转化为长方形。 2. 能对比平行四边形与长方形，明确"变"与"不变"。 3. 在对比中理解并掌握平行四边形的面积计算公式，并能解决问题。	**任务1**：计算平行四边形的面积，写出思考过程。 （图：5cm，3cm，6cm） **任务2**：你赞同哪个答案？请在小组内借助学具进行验证并说明理由。 （1）小组先用一个▰，数一数有多少个小方格。 （2）有其他数格子的方法，可以用第二个▰。 （3）小组合作完成，请一位同学代表小组汇报。 **任务3**：推导平行四边形的面积计算公式，并解释推导过程。 （1）小组先用这个▰，推导面积公式。 （2）如果有其他的推导方法，可以再用▰。 （3）小组合作完成，请一位同学代表小组汇报。

195

续表

课时	教学内容	核心目标	核心任务
2	探究三角形的面积	1. 能迁移推导平行四边形面积计算公式的方法，用割补、倍拼等方法将三角形转化成已知图形（长方形或平行四边形），推导出三角形的面积计算公式。 2. 理解不同推导方法背后共同的道理，掌握三角形的面积计算公式，发现同底等高的三角形面积相等。	任务1：在三角形的边上画一个你想转化成的图形，比一比它们有什么联系与区别，想一想如何才能转化成这种图形，再求出三角形的面积。 任务2：计算同底等高的三角形的面积，你有什么发现？
3.	探究梯形的面积	1. 能将梯形转化为已知图形（长方形、平行四边形或三角形）。 2. 理解不同推导方法背后共同的道理，掌握梯形的面积计算公式，并能用公式解决问题。	任务1：尝试推导梯形的面积计算公式。想一想：你准备把梯形转化成什么图形？具体该怎么转化？转化后，面积又该怎样计算呢？ 任务2：比较不同的推导方法之间的异同，你有什么发现？
4.	探究组合图形的面积	1. 能用分割、拼补等方法将组合图形转化为基本图形，并计算出面积。 2. 能灵活选择转化方法，体会解决问题的策略和方法的多样化。	任务1：运用割补等方法计算组合图形的面积。 任务2：比较这些计算方法，它们之间有哪些异同？
5	探究不规则图形的面积	1. 能用方格纸估测不规则图形的面积。 2. 能根据图形特征灵活地进行转化，估算不规则图形的面积。	任务1：在方格纸上估测不规则图形的面积。 任务2：比较多种估测方法的异同。
6	综合实践：测算我家的面积	1. 能绘制简单的房屋平面示意图。 2. 运用多边形面积知识测算房屋的面积，用绘制手抄报的方式写出测量和计算过程。	任务1：画出房屋平面示意图。 任务2：测算房屋的面积，并写出测量和计算的过程。

四、关键课的教学设计

> **课例 1**　探究平行四边形的面积

平行四边形与长方形一样，其面积的本质内涵都是"包含的面积单位的个数"，计算方法也都是用"一行的个数 × 行数"。从知识之间的内在逻辑关系来看，平行四边形的面积计算公式是面积计算的一个关键模型，在本节课学习中形成的"将未知转化为已知去解决新问题"等观念对后续的三角形、梯形、组合图形以及不规则图形的面积计算等都有着重要的启示作用。

为此，平行四边形面积的教学应突出两个关键点：

一是体会割补转化的必要性。推导平行四边形的面积计算公式就是将平行四边形沿着高剪开再拼成长方形，其目的是更方便地数方格。如下图，将左边的阴影部分（梯形）割补到右边得到每行是整格，远比将左边的虚线三角形割补到右边成为长方形要困难得多。学生这样做，沟通了数方格与割补法，进而理解了平行四边形的"底"就是"一行有几个面积单位"，"高"就是"有几行"，"底×高"就是"一行的个数×行数"，计算出的就是"面积单位的个数"，真正建构起了平行四边形面积的概念。

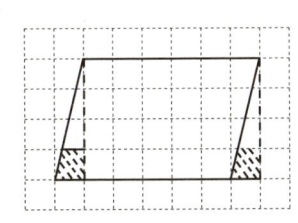

二是聚焦学生的"真问题"（即多数学生受长方形面积计算公式负迁移的影响，最容易产生的想法是"邻边相乘"），在比较、辨析中理解"底乘高"和"邻边相乘"的区别。如果将这两个关键点教透彻，那么在后续学习三角形、梯形等图形的面积时，也只是丰富了转化的方法而已，学生也能够基于已有知识经验展开自主探索。

● 环节一：创设情境，提出问题

【师】随着学校教师的增多，老师们每天都面临着停车难的困境。今年学校计划改建停车场，增设更多的停车位。请咱们五年级的同学们用数学知识帮助学校设计停车场改造方案。设计停车场，你认为需要考虑哪些问题？

【生】停车位要多一些。

【生】停车要方便。

【师】在生活中你见过的停车位都有哪些图形?

【生】长方形、平行四边形。

出示:

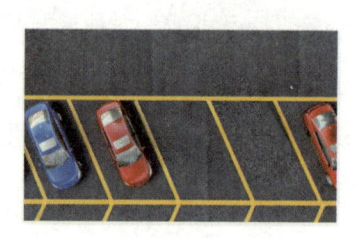

【师】要让停车场里的停车位设计得尽量多一些,我们需要知道什么信息?

【生】停车位的面积。

> 🔍 思考
>
> 　　停车难是城市生活中客观存在的现实问题,笔者创设"设计停车场"的真实情境,并引导学生将真实情境中的生活问题抽象为"求平行四边形的面积"的数学问题,让学生在问题解决中增强了认识真实世界、解决真实问题的能力,更感受到数学在现实世界中的广泛应用,体会了数学的价值。

【师】长方形停车位的面积应该怎样计算?

【生】长方形的面积 = 长 × 宽。

【师】长是线段,宽也是线段,为什么两条线段的长度相乘得到了长方形的面积呢?

【生】长方形里可以画小方格,一行画几个就是长,画几行就是宽,"长 ×

宽"就是计算一共有几个小方格。

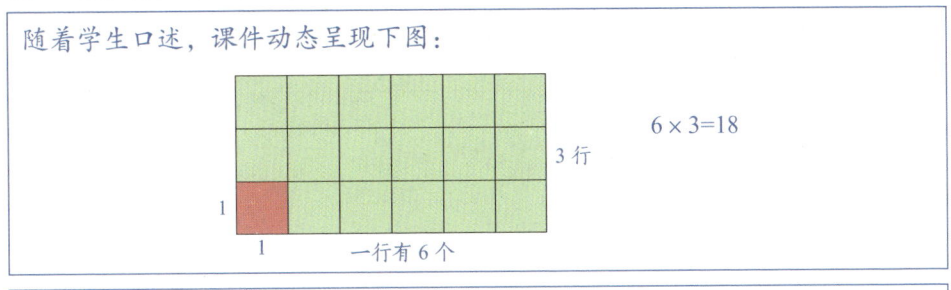

随着学生口述，课件动态呈现下图：

3 行
一行有 6 个
6×3=18

归纳板书：

长方形的面积 ＝ 长 × 宽
↓ ↓
面积单位的个数 ＝ 每行几个 × 几行

【师】规定边长为"1"的小正方形的面积是"1"，也就是面积单位，用它作为"标准"去测量长方形的面积。长方形的长是几，就表示一行有几个面积单位；宽是几，就表示有几行；"长 × 宽"计算出来的就是长方形里包含的面积单位的个数，就是长方形的面积。（板书：一行有几个 × 有几行 = 面积单位的个数）

🔍思考

上述教学注重让学生理解面积的本质，即图形的面积大小就是其包含的面积单位的个数，为接下来学习平行四边形的面积做好了铺垫。

● 环节二：自主探究，暴露问题

【师】现在，我们不仅会计算长方形停车位的面积，而且知道了计算面积其实就是计算长方形里所包含的面积单位的个数。如果停车位是平行四边形的，面积又该怎么计算呢？平行四边形的面积计算的又是什么呢？今天我们就来研究研究。为了研究方便，我们把停车位的实际长度都改成便于计算的整数。请

199

大家在"学习单"上独立完成"学习任务1"。

出示任务1：计算平行四边形的面积，写出思考过程。

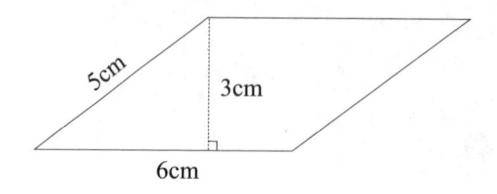

（学生独立完成，然后全班反馈，发现有三种不同的答案：22、18和30。）

【师】这些答案是怎么算出来的呢？先来说说22吧。

【生】(5+6)×2=22（平方厘米）。

（其他学生表示反对：22是周长，不是面积。）

【师】22是平行四边形的周长，不是面积，所以应该排除它。那么，18和30这两个答案是怎么得到的？

【生1】我把平行四边形推拉转化成了长方形，长是6厘米，宽是5厘米，面积为6×5=30（平方厘米）。

【生2】我把平行四边形沿高剪开后拼成了长方形，面积是6×3=18（平方厘米）。

【师】两种方法都是把平行四边形转化成长方形，你认为哪种方法是对的？说说理由。

【生】我认为18是对的，推拉转化成长方形，长方形变"高"了，面积就变大了。

【师】他说"变高了"是什么意思？谁能用平行四边形的框架摆一摆、说一说？

【生1】（边操作边说）原来的高是3厘米，后来这条边竖起来了，高就变成了5厘米，面积变大了。

【生2】6×5求的是变大后的长方形面积。

【师】刚才大家解释了30为什么不对，还没解释18为什么对。

【生】把三角形剪下来、拼过去，长方形的大小不变。

> 🔍 思考
>
> 　　上述教学充分利用学生的"前概念"（长方形的面积与平行四边形的周长），让学生尝试独立解决问题，既给了每一个学生独立思考的机会，也可以引出学生不同的想法。学生有上述错误的想法是正常的，也是自然的。由周长的计算和长方形面积的计算迁移到平行四边形面积的计算，迁移不总是正向的，还有负迁移。负向的迁移反映了学生的认知冲突，教学的重点在于暴露学生的认知冲突，让学生在解决认知冲突的过程中，既理解和掌握计算平行四边形面积的方法，又逐步学会如何思考。

● 环节三：借助方格，验证结果

出示任务 2：你赞同哪个答案？请在小组内借助学具进行验证并说明理由。

（1）小组先用一个 ▱ ，数一数有多少个小方格。

（2）有其他数格子的方法，可以用第二个 ▱ 。

（3）小组合作完成，请一位同学代表小组汇报。

（让学生小组合作，拿出学具框里带方格的平行四边形，数一数平行四边形里有多少个方格。）

组 1：一格一格地数，不满一格的按半格算。整的方格一共有 12 个；不满一格的有 12 个，把它拼成 6 个整格，一共有 18 个小方格。

组 2：沿着高把平行四边形剪开，把左边的三角形整体移到右边，这样就变成了长方形。一行有 6 个方格，有 3 行，6×3=18，一共有 18 个小方格。

【师】第一种方法是一格一格地补成整格；第二种方法是把平行四边形沿着高剪开，割补成长方形。这两种方法都能验证出平行四边形的面积是 18 平方厘米，你更喜欢哪种方法？为什么？

【生】更喜欢割补成长方形的方法，因为它简单，好算。

【师】是的，用割补的方法能更方便地数出一行有几个、有几行，也更便于我们计算面积单位的个数。

> **思考**
>
> 针对学生出现的"底×高"和"邻边相乘"两类典型求解方法，笔者布置学习任务"拿出学具框里带方格的平行四边形，数一数平行四边形里有多少个方格"，让学生通过数方格的方法验证自己所认同的方法，回到面积最本质的概念——包含多少个小方格来思考问题。数方格的活动在这里显得非常重要，在解决问题的时候，当学生遇到认知冲突，要解决学生的疑惑时，往往要回到原点，回到最基本的概念中。在解决认知冲突的过程中，学生会了解自己是怎样想的、别人是怎样想的，哪一个结论是对的、哪一个结论是错的。学生正是在这种给出一个结论，再去对结论的合理性进行证明的过程中，运用和发展了思维能力，体会到如何思考，增强了科学精神。

【师】现在我们再仔细观察一下：把平行四边形拉成长方形之后，面积到底发生了什么变化？

（老师将平行四边形框架放在黑板上粘贴的带小方格的平行四边形上面，动态演示框架从平行四边形"推拉转化"成长方形的过程，让学生清晰地看出"推拉转化"后的长方形比"割补转化"后的长方形大。）

【生】哦！这样面积就变多了。

【师】（追问）面积多在哪里了？

【生】（上前指出）把右边的三角形剪下补到左边变成长方形后，上面空白的部分就是多出来的面积。

【师】能看出来多多少吗?

【生】多2行。

【师】你是怎么看出来的?

【生】平行四边形的斜边长5厘米,拉直以后变成"宽"还是5厘米;割补成的长方形的"宽"是3厘米。5减3等于2,所以是多2行。

（师再次演示框架从平行四边形推拉转化成长方形的过程,让学生清晰地看出"推拉转化"后的长方形比"割补转化"后的长方形的宽多了2厘米,在多出的部分再粘贴上2行小方格。）

【生】6×2=12,多了12个小方格。

【师】看来,运用转化方法时不能乱转化。转化过程中什么不能变?为什么?

【生】面积不能变,因为如果面积变大了,求出的就不是原来题目的答案了。

【生】因为题目要求的是面积,所以面积不能变。

【师】是呀,要求什么量,转化时什么量就不能变。

🔍 思考

把平行四边形框架放在带有小方格的平行四边形上面,通过框架的动态拉动,让学生直观地看到"推拉转化"后图形面积是如何变化的、多出的面积在哪里,并推算出"推拉转化"成长方形后"面积多了多少",这样既澄清了学生的错误认识,又发展了学生的量感与空间观念。

● **环节四：运用推理,推导公式**

【师】那么,你能借助"割补转化"的方法,推导出平行四边形的面积计算公式吗?试一试。

出示任务3：推导平行四边形的面积计算公式,并解释推导过程。

（1）小组先用这个　　　　，推导面积公式。

（2）如果有其他的推导方法，可以再用　　　　。

（3）小组合作完成，请一位同学代表小组汇报。

（全班交流。）

【生】从平行四边形的顶点向它所对的底边作垂线，画出平行四边形的一条高。然后沿着这条高剪下来一个三角形，把三角形拼到另一边，就把平行四边形变成了一个长方形。平行四边形的底是长方形的长，平行四边形的高是长方形的宽。因为"长方形的面积＝长×宽"，所以"平行四边形的面积＝底×高"。

【师】（追问）为什么要沿着高剪呢？沿着其他线剪下来不行吗？

【生】沿着高剪下来就能拼成一个长方形，沿着其他线剪下来拼不成长方形。

【师】（继续追问）沿着高剪开才能剪出直角，这样才能转化成长方形。那为什么非要转化成长方形呢？

【生】因为长方形的面积咱们学过。

【师】是呀，好多时候我们学习新的知识，都是把它转化成已经会的知识，用会的知识来解决新的问题。这里，我们把平行四边形这个"未知"转化成长方形这个"已知"，用长方形面积的计算方法就能算出原来这个平行四边形的面积。

【师】（继续追问）刚才我们是从顶点沿着高剪开，剪下来一个三角形。只能沿着这条高剪开吗？

【生】不是的，可以沿着其他高剪开，也能拼成长方形。

（师演示沿着另一条高剪开，将平行四边形分成两个直角梯形，再拼成长方形。）

【师】同学们怎么不约而同地想到沿着高剪开呢？

【生1】因为我们想拼成长方形。

【生2】因为长方形的四个角都是直角。

【生3】沿着高剪开就有直角了。

【师】同学们真善于思考！你们先在心里想好了目标——转化成长方形，然

204

后把平行四边形和目标图形——长方形进行对比，发现缺少了直角，于是自然想到了沿着高剪开。

> 🔍**思考**
>
> 上述教学通过对"学生为何不约而同地想到沿着高剪开"这个问题的讨论，总结出了探寻具体转化方法的思路：把现有图形与目标图形进行对比。这样，学生对于转化思想的认识比之前更进一步，也为后续三角形与梯形面积计算方法的探究奠定了基础。

【师】将平行四边形割补转化成长方形，面积不变，平行四边形的底相当于长方形的——长，平行四边形的高相当于长方形的——宽，由"长方形的面积＝长×宽"就可以推导出"平行四边形的面积＝底×高"。（板书：平行四边形的面积＝底×高）我们知道，长方形的"长×宽"计算出的是长方形里包含的面积单位的个数，那平行四边形的"底×高"计算出的是什么？

【生】平行四边形里所包含的面积单位的个数。

【师】是的，平行四边形的"底×高"计算的也是面积单位的个数。用 S 表示平行四边形的面积，用 a 表示平行四边形的底，用 h 表示平行四边形的高，那么平行四边形的面积计算公式还可以写成 S=a×h。（板书：S=a×h）

> 🔍**思考**
>
> 上述教学通过学习任务驱动以及一系列的追问，引导学生建立图形与图形之间、图形要素与图形要素之间的关系，学习借助已知推导出新知的研究方法，发展了推理意识。学生在推导出平行四边形的面积计算公式的同时，更进一步理解了面积计算的实质——度量面积单位的个数。

● 环节五：应用练习，深化理解

出示：

　　　生活中的停车位有不同角度的设计，有的是平行式停车位，有的是斜列式停车位，有的是垂直式停车位。

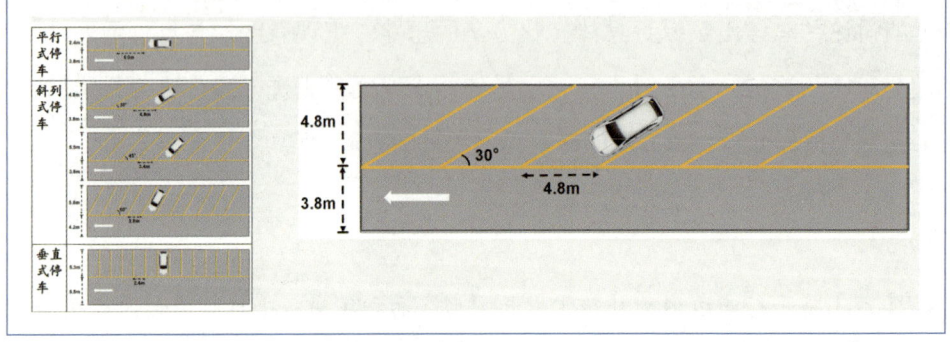

【师】我们来计算一下不同角度的平行四边形停车位面积分别是多少。

停车方式		底（米）	高（米）	面积（平方米）
斜列式	30°	4.8	4.8	
	45°	3.4	5.5	
	60°	2.8	5.8	
垂直式		2.4	5.3	

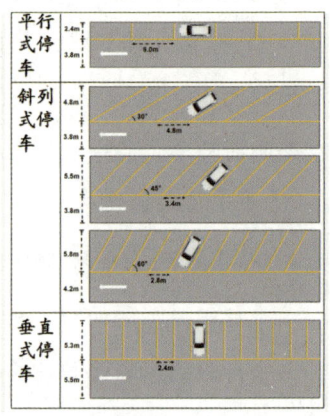

（学生独立计算，全班反馈。）

【生】斜列式30°的停车位面积是23.04平方米，45°的停车位面积是18.7平方米，60°的停车位面积是16.24平方米；垂直式停车位的面积是12.72平方米。

【师】你有什么发现？

【生】我发现角度越大，停车位的面积越小。

【师】这对你设计停车场有什么启发？

【生】多设计一些垂直式的停车位或者角度大一些的斜列式停车位，这样停车位会多一些。

【师】那是不是都设计成面积最小的长方形停车位就好呢？其实，设计时还要考虑的一个重要因素是车辆的通行是否方便。垂直式停车，驾驶人需要将车辆的行驶方向改变90度再进出泊位，这需要一个宽大的车道来满足转弯操作。斜列式停车，驾驶人就不需要做那么多的行车方向调整，停车场的通道也可以更窄。而且，夹角越小，越有利于停车操作。我们考虑问题的时候要全面，不能只看一个方面。

> 🔍 思考
>
> 　　本节课并不是把情境仅仅当作"敲门砖"，而是将它贯彻始终，让学生回归到"设计停车场"这一真实问题的探究，运用刚刚学习的平行四边形面积计算公式分别求出30°、45°和60°的斜列式停车位的大小。学生感受了角度这个组成元素对平行四边形这个图形的影响，感悟到停车场的设计除了要考虑有尽可能多的停车位，还要考虑"方便车辆进出"等因素，从而体会出"考虑问题要全面"的道理。学生运用学到的新知去解决真实情境下的真实问题，增强了应用意识，积累了解决实际问题的数学经验。

课例2　探究三角形的面积

　　在三角形的面积教学中，"倍拼法"（即用两个完全一样的三角形拼成一个平行四边形）几乎是公认的最易于学生理解、掌握的方法。但实际上，如果不是提前看书预习过，通过"再拼上一个完全一样的三角形"来实现转化的方法，许多学生是不容易想到的。相比之下，学生由推导平行四边形面积计算公式的剪拼法迁移到通过剪拼将三角形转化为平行四边形是不难实现的。另外，由于学生的思维水平有差异，三角形面积计算公式的推导过程也会各不相同。如果缺少了对这些不同思路与推导过程的比较与归纳，学生是很难深刻理解上述"公认"推导过程的优越性所在的，更不会真正认识到：公式中的"÷2"不仅代表着"三角形的面积是与它等底等高的平行四边形面积的一半"，还代表着"转化"的数学思想方法。

因此，在教学中教师应当少一些"暗示"，多给学生一些自主探究或与同伴交流的空间，继而在多种方法的比较、讨论中，促使学生形成"三角形面积计算公式的不同推导过程有着共同的道理，都是将未知转化为已知"的主题大观念。

● **环节一：唤醒经验，引导思考**

【师】上节课，我们探究了平行四边形的面积计算方法，同学们是怎么推导出面积计算公式的？

【生1】用剪拼法，把平行四边形转化为长方形。

【生2】沿平行四边形的高剪开，就能转化为长方形。

【师】大家又是怎么想到沿着高剪开的？

【生】平行四边形没有直角，长方形有直角，所以想在平行四边形中剪出直角。

【师】同学们不仅说出了方法，还说清了是怎么发现方法的。由于我们在探究新问题时常常需要把它转化成老问题，因此可以把新老问题放在一起比一比，找出转化的思路。今天，我们要研究的是三角形的面积计算方法（出示一个三角形），你准备把它转化成什么图形呢？

🔍思考

　　数学学习重要的是教学生学会思考。上述的学习过程，把平行四边形和三角形的面积计算公式推导联系起来思考，启发学生类比联想，"把未知转化为已知"这个转化思想便自然凸显。

● **环节二：自主探索，推导公式**

1. 自主探索

【师】（出示下图）老师把这个三角形印在了方格纸上，请你在它的边上画一个你想转化成的图形，比一比它们有什么联系与区别，想一想如何才能转化成这种图形。在方格纸上画一画，再求出三角形的面积。

（小方格边长为 1cm）

（学生借助"方格纸"自主探究，教师巡视指导。）

2. 全班交流

展示生1的方法和算式。

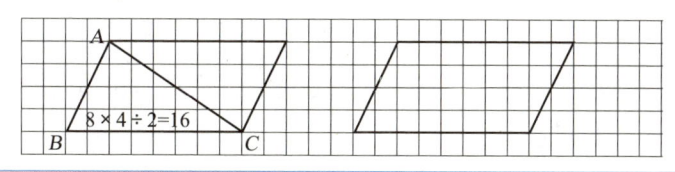

8×4÷2=16

【生1】我又"复制"了一个三角形，用这两个完全一样的三角形拼成一个长方形或者平行四边形，它们的底相等，高也相等，所以三角形的面积 =8×4÷2=16（平方厘米）。

【师】大家能看懂生1的方法吗？谁能用自己的话来说一说。

【生2】他把两个三角形拼起来，刚好是一个平行四边形。

【生3】8×4是平行四边形的面积，除以2就是一个三角形的面积。

【师】这种方法太巧妙了！我看有不少同学想到了。你们是怎么想到的？介绍一下经验。

【生1】因为平行四边形有两组平行线，可是三角形里没有平行线，所以我就在这里画了一条线（指过点A画BC的平行线）。你们看，这时三角形已经很像平行四边形了，在这里再加一条边就可以了（指过点 C 画 AB 的平行线）。

【师】说得很清楚。你心里装着一个目标——变成平行四边形，发现三角形里少了互相平行的边，于是就想办法"创造"出平行线。数学家也经常这样想问题。

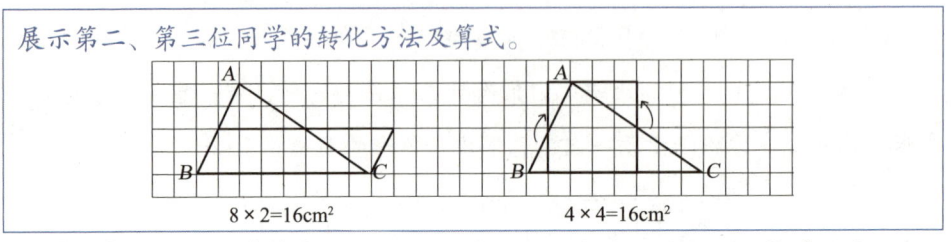

展示第二、第三位同学的转化方法及算式。

$8 \times 2 = 16 cm^2$ $4 \times 4 = 16 cm^2$

【师】这两位同学算出的结果是一样的，可是转化的方法好像有很大不同，大家能看懂吗？（生答略）

【师】同学们很善于思考。要转化成平行四边形，就要想办法"创造"平行线；要转化成长方形，就要想办法"创造"直角。

思考

在上述教学中，转化思想使学生的思维有了明确的方向。学生通过回顾平行四边形面积计算公式的探究思路，激活了运用转化思想解决问题的经验，并在转化思想的引领下，比较三角形与目标图形的异同，找到了转化的突破口。这样的数学活动过程为学生自觉运用转化思想解决问题积累了思维经验。

课例 3　探究梯形的面积

在推导梯形的面积计算公式之前，学生已经学会了两种转化方法——"剪拼法"和"倍拼法"，积累了大量的数学活动经验。尽管从模型建构的角度看，"梯形的面积"属于一节新授课，但从学生已有的学习经验迁移的角度看，也可以将它看作一节图形面积公式推导的方法迁移课。因此，教师应充分"放手"，鼓励学生在数学思想方法的引领下展开自主探究，实现方法的多样化，进而在比较、辨析中明白不同方法背后的共同道理。

● **环节一：回顾旧知，提出设想**

（课件演示：回顾平行四边形、三角形面积计算公式的推导过程。）

【师】（出示下图）要计算这个梯形的面积，你准备怎么办？

（小方格的边长为 1cm）

【生】转化。

【师】是呀，计算平行四边形和三角形的面积时我们都是这样做的。面对一个新图形，我们就想：它能转化成已经学过的什么图形呢？面对梯形，你准备把它转化成什么图形？具体该怎么转化？转化后，面积又该怎样计算呢？请大家在作业纸上画一画、写一写、算一算。

> **思考**
>
> 对图形面积计算公式的推导方法进行复习梳理，能启发学生进行类比联想，鼓励学生大胆探究。

● **环节二：自主探索，交流分享**

学生自主探究后，全班交流。

分三种类型展示学生的探究成果（图形略）：

（1）拼成平行四边形，算式是（4+8）×4÷2=24（平方厘米）；

（2）割补成平行四边形，算式是（4+8）×（4÷2）=24（平方厘米）；

（3）分割成两个三角形，算式是 8×4÷2+4×4÷2=24（平方厘米）。

211

【师】虽然转化的方法不太一样，但都得出了正确的结果。仔细观察这些不同的算式，它们有什么联系吗？

【生1】（1）和（2）两个算式只是把"÷2"的位置换了一下。

【生2】第（1）个算式运用乘法分配律，就变成了第（3）个算式。

【生3】实际上它们都一样。

【师】你有什么感受想与大家分享？

【生】不管怎么转化，最后都能变成一样的算式。

【师】这体现了数学的统一之美。如果让你从三种方法中选择一种，你会选哪一种？说说理由。

【生1】我选第一种，算式最简单。

【生2】我也选第一种，很容易想到，两个相同的梯形一拼就能成为平行四边形，不用割来割去。

【师】（出示下图）如果把梯形中的这些数据都用字母来表示，它的面积又该怎样列式计算呢？

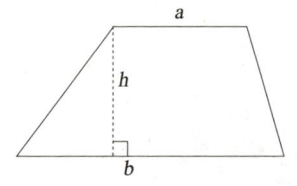

【生】$(a+b) \times h \div 2$。

……

> 🔍 思考
>
> 　　正是由于教师充分信任、敢于"放手"，学生"火热的思考"才被激发，创新火花才不断迸发。在交流环节，笔者鼓励学生"说理"，借助图示解释面积计算公式的推导过程，让学生体验了探究成功的快乐，进一步积累了数学探究活动的经验，增强了运用数学思想方法的自觉性。

● **环节三：回顾反思，积累经验**

【师】回顾一下梯形面积计算公式的推导过程，你有哪些收获？

（师生交流，总结梯形面积计算公式推导的方法及学习经验。）

【师】想一想：梯形的面积计算公式和平行四边形、三角形的面积计算公式之间有什么联系吗？

【生】它们都是把未知转化为已知。

【生】它们计算的都是面积单位的个数。

……

🔍 思考

让学生"回头看走过的路"，并把几个多边形的面积计算公式联系起来思考，有助于将各种相关概念和理解融合成一个连贯的整体，形成结构性认识。

"圆柱与圆锥"单元整体教学设计

"圆柱与圆锥"单元被编排在人教版六年级下册，内容包括"圆柱与圆锥的认识""圆柱的侧面积和表面积"以及"圆柱与圆锥的体积"三个部分。

"圆柱与圆锥"单元指向的核心素养主要是"空间观念"，２０２２年版课标指出，"空间观念主要是指对空间物体或图形的形状、大小及位置关系的认识"。空间观念在本单元的具体表现是实现两次转化：第一次转化是能够根据三维空间的物体特征抽象出圆柱和圆锥的几何图形，用线条描绘在二维平面上；第二次转化是根据圆柱和圆锥的几何图形想象出所描述的实际物体，其核心是把二维平面上的几何图形通过想象还原为三维空间的实际物体。从中不难看出"抽象""想象""三维和二维的转换"的重要作用。

一、确定指向核心素养的单元学习目标

（一）基于主题大观念提炼单元具体观念

"圆柱与圆锥"属于"图形的认识与测量"主题，相关的主题大观念是"图形的特征与维度密切相关"，三维图形用点、线段、角和面及其关系描述其特征。依据课标要求和学生的认知水平，可以将主题大观念细化为如下单元具体观念。

观念１：图形的认识是对图形的抽象；从现实物体中抽象出圆柱和圆锥的立体图形，能够利用平面图形刻画及想象圆柱和圆锥的实际物体，实现圆柱、圆锥在二维与三维之间的转换。借助二维与三维之间的转换认识圆柱和圆锥的特征，获得它们表面积与体积的计算方法。

观念２：利用立体图形之间、立体图形与平面图形之间的关系，通过类比、

转化，获得对圆柱和圆锥体积公式的猜想与发现、验证与解释。

观念 3： 图形的认识与测量密切相关；图形的认识是测量的基础，借助测量可以深入刻画图形的特征。

观念 4： 在上述学习过程中，学生将进一步形成空间观念和推理意识。

（二）对比分析多种版本教材

对比人教版、北师大版、苏教版教材，笔者发现各版本教材在本单元的编排上具有如下特点：

一是注重沟通图形的认识与测量。各版本教材呈现的学习路径均是让学生从"认识"的角度直观感知立体图形的特征，抽象出圆柱与圆锥的特征及要素，进而探索各要素之间的关系、图形与图形之间的关系；又从"测量"的角度探究图形大小与要素的关系，探索圆柱的侧面积、表面积计算公式以及圆柱、圆锥的体积计算公式，并运用公式解决简单的实际问题。不同之处在于人教版教材是先认识圆柱的特征及其表面积、体积计算公式，后认识圆锥，而北师大版和苏教版教材则是将圆柱与圆锥的认识合编在同一课时教学。

二是注重二维与三维之间的转换。各版本教材都通过操作、对比发现二维与三维之间的联系，借助二维与三维之间的转换猜想与验证圆柱和圆锥的特征，推导与概括其表面积与体积的计算方法。不同之处在于人教版和苏教版教材侧重于从静态的角度认识图形特征；北师大版教材丰富了动态研究的角度，将平面图形通过平移或旋转变成立体图形，进而让学生认识圆柱和圆锥的特征，凸显了圆柱和圆锥都是旋转体的数学本质。

三是注重运用类比、转化的思想方法。图形之间的类比、转化是猜想与发现、验证与解释公式的重要途径。各版本教材均是通过迁移长方体的体积公式和圆的面积知识经验，类比、转化获得圆柱的体积公式，继而通过圆柱和圆锥之间的类比、转化，猜想与验证圆锥的体积公式，让学生进一步感受图形各要素之间的关系以及图形与图形之间的关系，发展空间观念与推理意识。

（三）参考权威考试命题

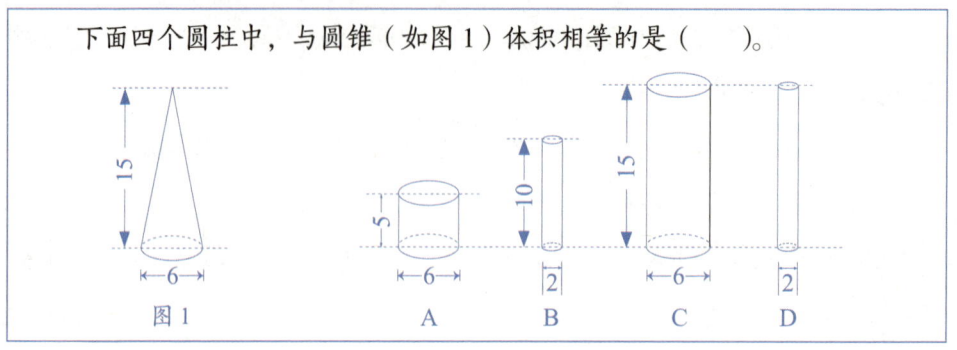

下面四个圆柱中，与圆锥（如图 1）体积相等的是（　　）。

| 图1 | A | B | C | D |

此题考查的是对圆柱与圆锥体积之间关系的理解与应用，需要学生分析图形的要素及各要素之间的关系以及图形与图形之间的关系。

5.学习完圆柱后，同学们知道了长方形旋转可以得到圆柱，对此他们想借助面积相同的长方形硬纸片进行更深入的研究。

（1）笑笑将长 4cm、宽 3cm 的长方形硬纸片按右图所示的方式旋转，可以形成圆柱①。圆柱①的体积是（　　）cm³。（π 取 3.14）

（2）淘气选择了和笑笑一样的硬纸片，他将这张硬纸片按右图所示的方式旋转，可以形成圆柱②。他说："虽然我和笑笑选的硬纸片一样，但我这样旋转形成的圆柱的体积肯定比笑笑的大。"你同意淘气的说法吗？请说明理由。

我（　　）淘气的说法。（填"同意"或"不同意"）

我的理由：

（3）妙想用的也是面积为 12cm² 的长方形硬纸片，分别将这张硬纸片按如下方式旋转，可以形成圆柱③和圆柱④。比较这两个圆柱的体积，能发现：

圆柱③的体积（　　）圆柱④的体积。（填"大于""小于"或"等于"）

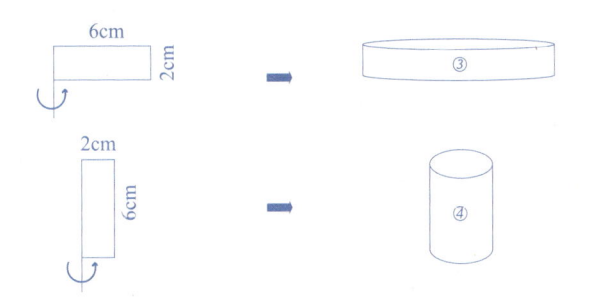

（4）以上三位同学借助面积相同的长方形硬纸片，通过旋转形成了四个不同的圆柱。请比较这四个圆柱的体积，在体积最大的圆柱下面的 □ 里面打"√"。

圆柱①　　　　圆柱②　　　　圆柱③　　　　圆柱④
　□　　　　　　□　　　　　　□　　　　　　□

在研究和比较的过程中，你一定有了自己的发现或猜想，请写出来。

我的发现或猜想：

此题将圆柱的认识与测量紧密相连，通过"提示语"为学生搭建学习支架。学生借助支架尝试理解问题，进而解决问题。这样，解决问题的过程就成为学习的过程，在这个过程中，学生的阅读理解能力、探究能力和学习潜能得以体现。

综上，教学时要让学生经历图形的认识与测量的学习过程，注重展现学生思维的全过程，培养学生的探究能力与高阶思维。

（四）确定单元学习目标

1.能通过展开与折叠、平移与旋转等方式实现圆柱、圆锥在二维与三维之间的转化，知道平面图形与立体图形之间的联系，获得圆柱和圆锥的特征；能直观判断圆柱、圆锥的展开图，发展空间观念。

2.能够借助二维与三维之间的转换，通过类比、转化得到圆柱的表面积以及圆柱和圆锥的体积计算公式，且能够正确解释公式的推导思路，并能应用公式计算，进一步发展空间观念与推理意识。

3.能够根据圆柱表面积的含义和计算方法解决有关圆柱表面积和侧面积的实际问题，能够运用圆柱、圆锥体积的计算方法解决有关它们体积的实际问题，提高解决问题的能力，发展空间观念与应用意识。

二、单元内容重组与课时规划

（一）分析学情

学生已经学习了长方形、正方形、平行四边形、圆、长方体和正方体等相关内容，积累了认识平面图形和立体图形的丰富活动经验，对"转化""类比"等数学思想方法有了一定的认识。调研发现，当面对一个新图形时，绝大多数学生会借助已有经验，想到将新图形转化成已学过的图形进行研究，但他们的头脑中还没有形成研究立体图形的思维结构，不能系统地自主迁移到学习过的图形中。所以在学习圆柱与圆锥之前，有必要对已经认识的图形及其研究方法进行回顾，引导学生将图形研究的经验类比迁移到圆柱与圆锥的学习中，探索新图形的特征及其面积、体积的计算公式。调研还发现，学生的维度之间转换的意识不强，教学时需要让学生多一些动手实践、多一些直观想象，以理解二维与三维图形之间、图形各要素之间的联系。

（二）厘清单元内容的学习进阶

"圆柱与圆锥"单元既包含图形的认识又包含图形的测量，其整体性以及内容之间的关联性较强。图形的认识聚焦在图形各要素之间的关系、图形与图形之间的关系上，而图形各要素之间的关系以及图形与图形之间的关系支撑了图形的测量方法的获得。教学中，通过寻找面积、体积与要素之间的关系，二维图形与三维图形的转化，直与曲的转化，可以帮助学生得到计算公式。图形的测量反过来加深了对图形的认识中图形各要素之间及图形与图形之间关系的理解。两者共同承载着培养学生空间观念、量感和推理意识的功能。

基于上述分析，确定"圆柱与圆锥"单元内容的学习进阶如下：

层级1：从现实物体中抽象出圆柱与圆锥，再通过面的旋转，沟通二维与三维，认识圆柱和圆锥的特征。从"特征分析"上看，圆柱和圆锥具有相同的形体要素——面和高；从"形体构成"上看，它们具有形同的构成要件——底面和侧面；从"形成方式"上看，它们都是平面图形绕一边旋转一周而成的立体图形，都属于旋转体。

层级2：借助二维与三维的转换，认识圆柱的侧面积和表面积并探究其计算方法，用它解决相关的实际问题。

层级3：运用类比和转化等数学思想方法猜想与发现、验证与解释圆柱和圆锥的体积计算公式，并应用公式解决简单的实际问题。

据此，笔者将人教版本单元的教学内容和顺序做了整合与调整。一是将圆柱和圆锥的认识安排在同一课时教学，整体感知二维和三维之间的转换，通过抽象与想象认识圆柱和圆锥的特征。二是将图形的运动方式——旋转引入"认识圆柱与圆锥"的教学中，凸显了圆柱和圆锥作为旋转体的数学本质。三是把圆柱的侧面展开图（实质上是圆柱的侧面积）单独作为一个课时进行教学，为学生空间观念的培养提供充足的时间与空间。四是联系实际生活增补"数学阅读课：牙膏的营销秘密"，让学生体会数学的价值；联系学生实际增补"方法迁移课"，深化学生对数学知识的理解，培养学生的高阶思维，发展学生的空间观念、推理意识和应用意识。

（三）划分课时类型

综合以上分析，笔者试图从"图形的认识与测量"的整体内容结构来设计教学，重组后的课时安排如下表：

课时	课型	教学内容
1	关键课	认识圆柱和圆锥
2	关键课	圆柱的表面积
3	练习拓展课	圆柱的表面积练习
4	关键课	圆柱的体积
5	练习拓展课	圆柱的体积与表面积练习
6	数学阅读课	数学阅读：牙膏的营销秘密
7	关键课	圆锥的体积
8	练习拓展课	圆柱和圆锥的体积练习
9	方法迁移课	探索发现：怎样旋转得到的圆柱体积大？
10	整理与复习课	单元整理与复习

三、设计指向目标的核心任务序列

单元优化后的部分教学内容、核心目标与核心任务

课时	教学内容	核心目标	核心任务
1	认识圆柱与圆锥	能通过展开与折叠、平移与旋转等方式实现圆柱、圆锥在二维与三维之间的转化，知道平面图形与立体图形之间的联系，获得圆柱和圆锥的特征，发展空间观念。	**任务1**：观察圆柱模型，摸一摸、量一量、描一描，再与同学说一说圆柱的特征。 **任务2**：用一张长方形纸和两张完全相同的圆形纸片做一个圆柱，想一想：可以怎么做？同桌合作完成。 **任务3**：先想象一下：以长方形的一条边为轴，旋转一周可以形成什么图形？如果以直角三角形的一条边为轴，旋转一周又可以形成什么图形呢？再实际操作，验证你的猜想。
2	圆柱的表面积	能直观判断圆柱、圆锥的展开图，能根据圆柱表面积的含义探索得出表面积的计算方法，并能解决有关圆柱表面积和侧面积的实际问题，进一步发展空间观念与推理意识。	**任务1**：观察下图，你认为这幅图跟圆柱之间可能有什么关系？写出你的猜想。 6.28 **任务2**：同桌合作，动手将课前制作的圆柱剪开，并把上、下两个底面剪拼成近似的长方形，验证刚才的猜想。

续表

课时	教学内容	核心目标	核心任务
3	圆柱的体积	1. 能够借助二维与三维之间的转化，通过类比、转化获得圆柱体积计算方法的猜想，发展空间观念。 2. 经历推导圆柱体积公式的过程，并能够解释推导的思路；会用圆柱体积的计算公式解决简单的实际问题，发展空间观念与推理意识	**任务1**：你觉得圆柱的体积大小和什么有关？请提出你的猜想，并想办法验证你的猜想（如果你已经知道了圆柱体积的计算公式，请想办法解释道理。） **任务2**：动手拼一拼、动脑想一想，推导出圆柱的体积计算公式，并解释推导的思路。
4	圆锥的体积	1. 通过类比获得圆锥体积计算方法的猜想。 2. 通过类比、转化推导出圆锥体积的计算公式，并能够解释推导思路；会用圆锥体积的计算公式解决简单的实际问题，进一步发展空间观念与推理意识。	**任务1**：沿长方形的对角线画一条线，把它分成大小相同的两个三角形甲和乙，将甲、乙分别旋转一周后得到两个立体图形，这两个立体图形的体积相等吗？请说明理由。 **任务2**：借助如下实验材料——透明圆柱、圆锥容器和水，用倒水的方法来验证刚才的猜想。

四、关键课的教学设计

课例 1　认识圆柱与圆锥

● 教学片段一

【师】（课件显示玻璃旋转门）见过这种门吗？中间的长方形玻璃是怎样运动的？（动态演示玻璃门的旋转过程，动画演示长方形旋转成圆柱）用数学的眼光看，你能想到什么？

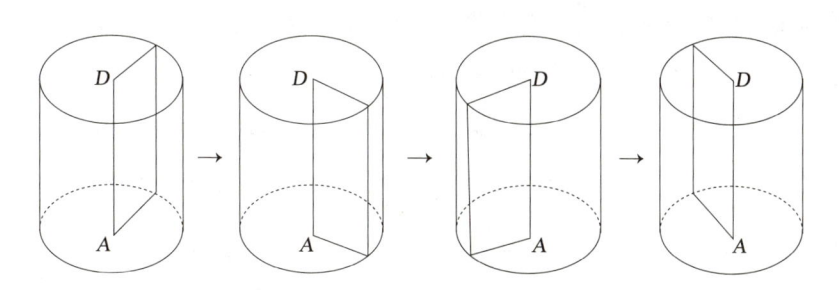

221

【生1】长方形旋转一周变成了圆柱。

【生2】平面图形通过旋转可以变成立体图形。

> 🔍 **思考**
>
> 上述教学借助玻璃旋转门这个直观原型，让学生凭借原型和经验，想象出立体图形可以由平面图形旋转得到，想象"以长方形的一条边为轴，旋转一周，就能形成一个圆柱"。以运动、联系的方式学习，帮助学生沟通二维形图与三维图形，发展了学生的空间观念。

● **教学片段二**

【师】生活中哪些物体的形状是圆柱？请你把事先准备好的圆柱形物体举起来，给大家看一看。（出示几个圆柱形物体的图片）它们是圆柱吗？

（学生判别后，一一抽象出圆柱立体图。）

【师】它们的高矮、粗细、大小都不同，为什么都是圆柱？圆柱有什么特征呢？请大家借助桌子上的圆柱物体，研究圆柱的特征。

出示任务1：观察圆柱模型，摸一摸、量一量、描一描，再与同学说一说圆柱的特征。

【师】你发现圆柱有什么特征？

【生】圆柱上、下两个面都是圆，而且同样大。

【师】（板书：底面、2个、圆）你是怎样发现圆柱上、下两个底面同样大的？

【生1】我量了两个圆的直径，一样长。

【生2】（拿起一把尺子，一边指着"宽"一边旋转）圆柱是由长方形旋转一周形成的，长方形的宽相等，也就是圆的半径相等，所以圆柱的底面一样大。

【师】真棒！圆柱还有其他面吗？

【生】圆柱的这个侧面是弯曲的。

师（板书：侧面、1个、曲面）如果把这个侧面放在桌上，轻轻一拨，圆柱会怎样？

【生】圆柱会滚动。

【师】所以，圆柱是由2个底面和1个侧面围成的立体图形。你能量出圆柱的高度吗？（让一名学生在展台上测量）经过测量，你们有什么发现？

【生】圆柱有无数条高，长度都相等。

【师】（出示鼓和圆台图片）它们是圆柱吗？为什么？

【生】不是，它们上下粗细不一样。（板书：上下一样粗）

> 🔍 思考
>
> 上述教学引导学生在观察、操作、交流等活动中探索圆柱的特征，重点体会曲面和平面的区别。

● 教学片段三

出示任务2：用一张长方形纸和两张完全相同的圆形纸片做一个圆柱，想一想：可以怎么做？同桌合作完成。

（学生独立操作，然后全班交流分享。）

【师】你们选择的是哪些材料？各选了几张？

【生】我们选了一张长方形纸片和两张2号圆片。

【师】为什么不选1号圆片作为底面？

【生】我们试了试，发现长度不够。

【师】什么长度不够？

【生】长方形的长不够圆的周长，于是我们换成了2号圆片，长度正好。

【师】说明要想底面和侧面搭配合适，需要满足什么条件？

【生】圆柱底面的周长等于长方形的长。

（老师演示把圆柱沿高剪开，侧面展开后是长方形，长方形的长＝底面周长。）

【师】还可以怎样做圆柱？这些圆片真的没有用处吗？（将学生桌上的1号圆片收集起来，不断叠加。）

【生】哇！圆柱！

【师】想象一下，圆柱还可以被看作什么图形怎样运动而成？

【生】也可以将它看成一个圆向上平移而成。

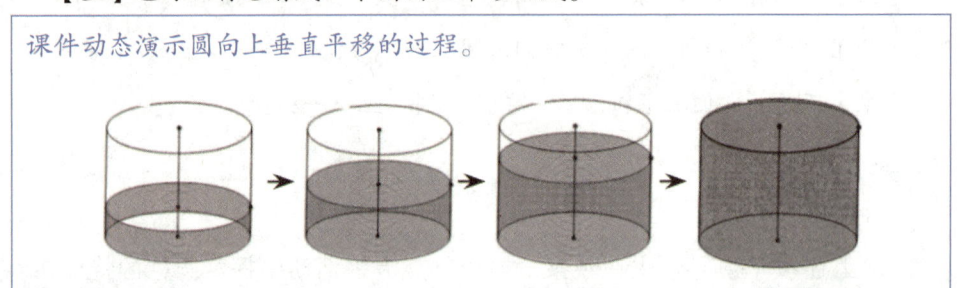

课件动态演示圆向上垂直平移的过程。

【师】观察这个运动过程，它可以说明刚才已经发现的圆柱的哪些特征？

【生1】上、下底面同样大。

【生2】高一样长。

【生3】圆柱上下一样粗。

【生4】还可以说明圆柱的侧面是曲面，因为圆是弯曲的弧线，所以它垂直平移后形成的圆柱侧面就是曲面。

> **思考**
>
> 制作圆柱的活动有多重作用：一是让学生选择合适的材料，在比较中自觉调用圆柱的特征，在追问、交流中发现圆柱的底面周长与长方形的长之间的关系；二是将圆片叠加，进一步激发学生的空间想象，使学生悟出圆柱可以由圆形经过垂直平移得到；三是通过观察圆垂直平移形成圆柱的动画，使学生思考"可以说明刚才已经发现的圆柱的哪些特征"，从理性层面更深刻地认识圆柱特征。

● 教学片段四

【师】以长方形的一条边为轴，旋转一周可以形成圆柱；以直角三角形的一条边为轴，旋转一周可以形成圆锥。那么，这个灯罩形状的立体图形，可以被看作由什么平面图形旋转而成？（如下图）

【生】（众）直角梯形。

【师】以半圆的直径为轴旋转一周，形成什么立体图形？

【生】（众）球。

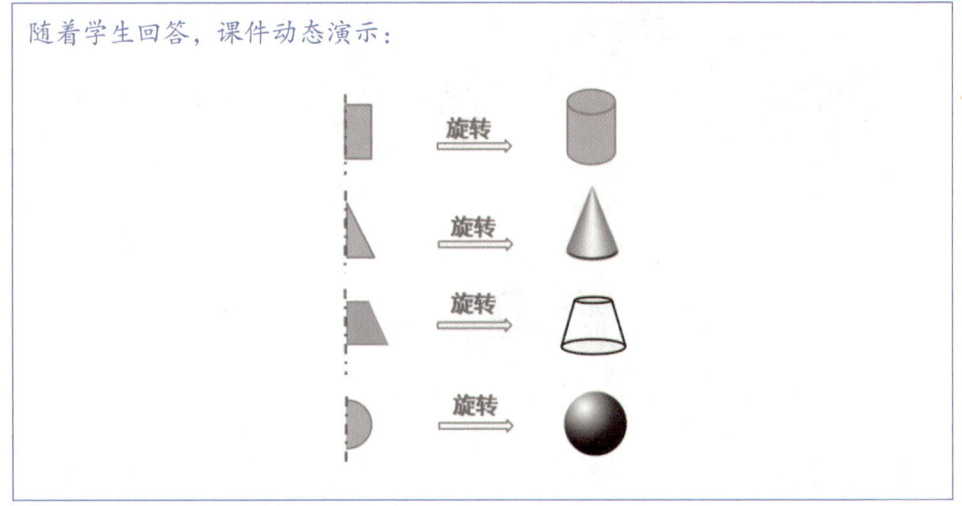

随着学生回答，课件动态演示：

【师】（指上图中的长方形、直角三角形、直角梯形、半圆）这些都是什么图形？

【生】（众）平面图形。

【师】（指圆柱、圆锥、圆台、球）这些呢？

【生】（众）立体图形。

【师】这些平面图形是怎样变成立体图形的？

【生】把平面图形绕它的一条边旋转一周，就能形成立体图形。

【师】平面图形绕着一条边旋转一周形成立体图形，就是"面动成体"。

> 思考
>
> 上述教学通过类比想象，实现了二维、三维的转化；在二维和三维的转化过程中，获得立体图形的猜想，感悟"面动成体"，学生的空间想象能力因此得到了培养，抽象思维能力因此得到了提升。

课例 2　圆柱的表面积

课前，让学生完成了制作圆柱的手工作业。圆柱的底面半径为 1 厘米，高为 5 厘米。

● 教学片段一

【师】（出示下图）观察这幅图，你看到了什么？

【生 1】我看到三个小长方形组成了一个大长方形。

【生 2】我看到了一扇门，门上有两个小窗。

【师】（出示下图）现在再来猜猜看：这幅图是什么？

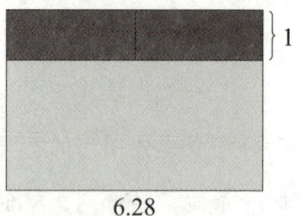

【生】这是一个圆柱的表面展开图，大长方形是圆柱的侧面，上面的两个小长方形是由两个圆剪拼而成的。因为在学习圆的面积时，是把圆剪拼成近似

的长方形。这里的"1"是底面圆的半径，小长方形的长是底面圆周长的一半"3.14"，大长方形的长"6.28"是圆柱底面圆的周长。

【师】由平面图形想象出立体图形，了不起！究竟是不是圆柱表面展开图呢？需要验证。

● 教学片段二

小组合作，动手将制作的圆柱剪开：沿高剪圆柱的侧面，展开变成一个长方形；把上、下两个圆形底面剪拼成近似的长方形，就变成了由三个长方形拼成的大长方形。

（展示学生作品，全班交流。）

【师】从这幅图上你看出了什么？

【生1】圆柱的表面积实际上是三个长方形的面积之和。

【生2】圆柱的表面积实际上是一个大长方形的面积。

【生3】大长方形的长就是圆柱的底面周长"2πr"，宽为"h+r"。

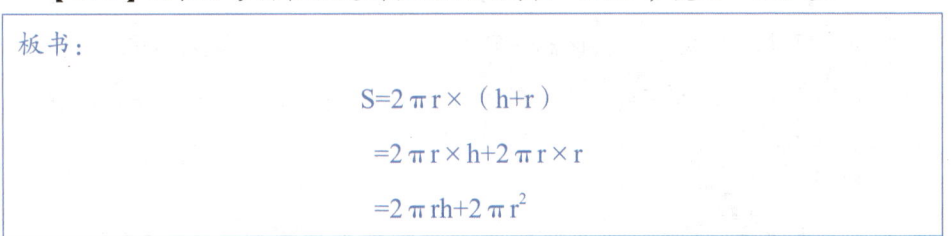

板书：
$$S=2\pi r\times(h+r)$$
$$=2\pi r\times h+2\pi r\times r$$
$$=2\pi rh+2\pi r^2$$

【师】你有什么发现？

【生】（恍然大悟）"2πrh"算的是圆柱的侧面积，"2πr²"就是上、下两个底面的面积。

【师】是不是这样呢？我们一起来确认一下。

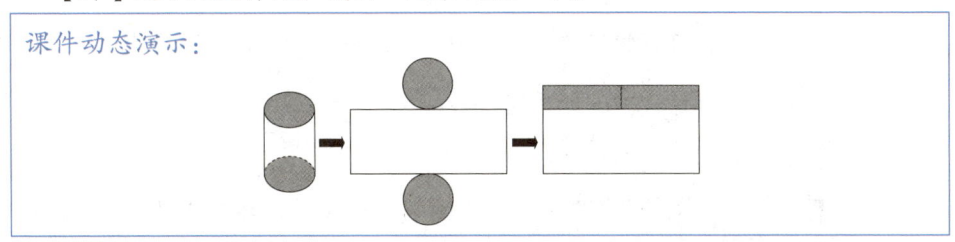

课件动态演示：

【生】我明白了，圆柱展开之后是两个底面和一个侧面，两个底面又可以转化为两个长方形,这样三个小长方形拼成一个大长方形,大长方形的面积就是圆柱的表面积。太神奇了!

> **思考**
>
> 　　让学生经历上述由平面图形到圆柱的先行想象,再进行由圆柱到平面展开图的实验验证,最后复盘实验过程,他们对圆柱表面积计算公式的建构就经历了从初步感知到实验验证,再到想象确认的不断递进的过程,从"一个侧面积加两个底面面积"的一般化认识进阶到"一个大长方形的面积"的水平,这有利于空间观念的发展和空间想象力的提高。

课例3　圆柱的体积

　　在此之前学生经历了长方体和正方体的体积、圆的面积等相关知识的探索活动,在探索过程中体验了转化的数学思想方法,那么,在学习圆柱的体积时,学生是否可以类比之前研究长方体的体积和圆的面积的学习经验,有效迁移到圆柱体积的猜想、验证中来呢?

● **教学片段一**

　　出示任务1:你觉得圆柱的体积大小和什么有关?请提出你的猜想,并想办法验证你的猜想(如果你已经知道了圆柱体积的计算公式,请想办法解释道理。)

　　(学生独立思考,填写学习单。先在小组内结合"学习单"进行交流,如有困惑就组内分享,并推选一份与全班交流的"学习单"。)

　　全班交流:

　　【组1】之前学习长方体体积时我们知道,可以把长方体分成很多个很薄很薄的小长方体,然后一层一层地摞起来。于是我们就产生了关于圆柱的猜想。

我们猜想圆柱就是很薄很薄的小圆柱一层一层地摞起来的（如图1），或者把一个圆垂直向上平移得到圆柱（如图2）。所以，圆柱的体积跟它的底面积和高有关系，底面积和高越大，圆柱的体积就越大。

底面积 × 高
高越高，体积越大
底面半径越大，体积越大

图1

圆柱：通过一个圆向上平移得到圆柱（类似于长方体）

图2

【组2】之前我们学习了长方体体积的计算公式是底面积 × 高，所以我们猜想圆柱的体积公式也是底面积 × 高。（如图3）

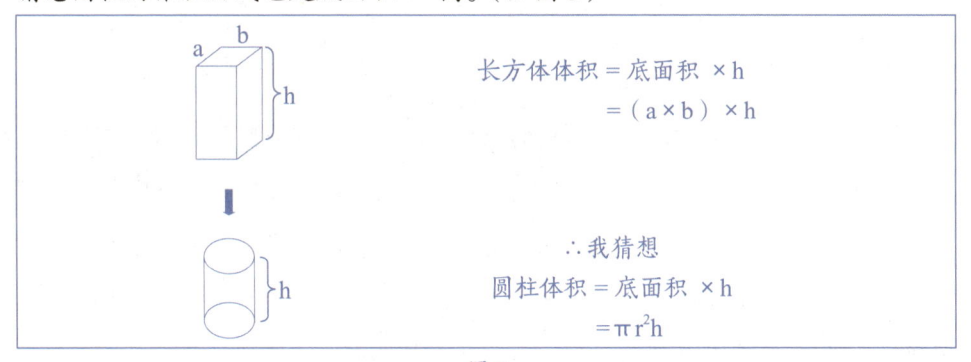

长方体体积 = 底面积 × h
　　　　　= (a × b) × h

∴我猜想
圆柱体积 = 底面积 × h
　　　　= $\pi r^2 h$

图3

【师】（追问）为什么认为长方体体积的计算方法适用于圆柱呢？

【组2】长方体和圆柱都是柱状体，都是直直的，我们猜计算体积的方法应该一样。

【组3】之前我们学习圆面积的时候，是把圆切成很多份，再拼起来，变成

229

一个近似的长方形，用长方形的面积计算公式推导出圆的面积计算公式。我们就想到可以把圆柱垂直切开，分成好多份，再拼起来得到一个近似的长方体，长方体的体积公式是底面积×高，所以圆柱的体积也是底面积×高。（如图4）

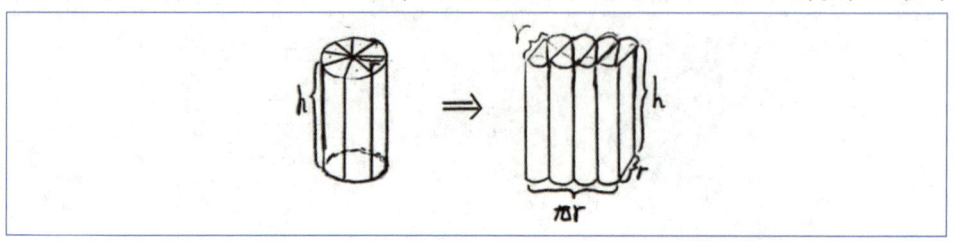

图4

思考

通过迁移类比获得猜想或结论，是数学发现的重要途径。在上述教学中，笔者给学生提供了充足的独立思考、小组交流和全班分享的时间，并适时引导学生阐述获得猜想和结论背后的思维过程，让每一个发现和猜想都有理可讲、有据可依。

● 教学片段二

【师】刚才组3的方法中，拼成的长方体的体积和原来圆柱的体积有什么关系？拼成的长方体的长、宽、高和圆柱又有什么关系呢？我们接着研究。

（出示实物教具，让生2上前演示动手拼一拼。小组讨论，全班交流。）

【生1】把圆柱拆开，再拼成长方体，长方体的长就是圆周长的一半，宽就是圆柱的半径r，高就是圆柱的高，所以体积计算公式就是 $\pi r \times r \times h$。

【生2】圆柱转化成长方体之后，体积没有变化，所以体积就是底面积×高，也就是 $\pi r^2 h$。

> **思考**
>
> 通过类比得到的结论只是猜想，需要证明才能让猜想成为真正的结论。在上述教学中，笔者引导所有学生寻找转化后的长方体的要素与圆柱各要素的关系，进而推导出圆柱的体积计算公式，让学生经历了从类比推理到演绎推理的整个过程，发展了学生的空间观念和推理意识。

课例 4　圆锥的体积

圆锥、圆柱都是旋转体，圆锥的体积等于与它等底等高的圆柱体积的 $\frac{1}{3}$，但学生直觉上会误以为是 $\frac{1}{2}$，这主要是因为受平面图形面积的负迁移影响。在平面图形中，两个形状相同的直角三角形，它们的面积都是等底等高的长方形面积的 $\frac{1}{2}$，因此，对于直角三角形沿直角边旋转后得到的圆锥，学生也想当然地认为圆锥的体积是相应圆柱体积的 $\frac{1}{2}$。

圆锥的体积公式在小学阶段通常采用实验法得到，即让学生在圆锥形容器中装满水（或沙子），然后倒入等底等高的圆柱形容器中。经过操作，学生很快就能得到"圆锥的体积等于与它等底等高的圆柱体积的 $\frac{1}{3}$"的结论。整个学习过程中，实验操作很简单，实验结论也很清晰，一切都很顺利。可是到了应用阶段，却经常有学生忘记乘" $\frac{1}{3}$ "。为什么会这样呢？其实，问题就出在"实验"上。如果教师只是按照上面所述进行教学，那么学生完成的只是教师要求的操作步骤，而为什么要做倒水（或沙子）的实验？为什么要选择等底等高的圆锥和圆柱容器？倒水时要关注什么？圆柱体积剩下的 $\frac{2}{3}$ 是什么形状？……这些问题学生都没有深入思考。因此，看上去学生做了实验，大家都积极参与，实际上学生只是在按部就班地机械操作，完成老师的指令，并不知其所以然。

因此，教师在设计教学时，要直面学生的"真问题"，让学生经历"问题—想象—实验"的探究过程，促使学生产生"真思考"，发展学生的空间观念和推理意识。

● **教学片段一**

> 课件动态演示：
> 　　一个长方形沿着它的长边旋转一周形成圆柱。

【师】想象一下，如果在这个长方形上剪一刀，将它分成形状相同的两个图形，再分别旋转一周，会得到什么立体图形？

（学生先独立思考，再小组讨论，最后全班交流。）

【生1】从长方形中间横着剪一刀，分成两个相同的长方形，旋转一周后是两个相同的圆柱。

【生2】竖着从中间剪一刀，分成两个相同的长方形，旋转一周后，得到一个圆柱和一个像环形那样的柱体。

【师】我们可以把它叫作环柱。

【生3】沿对角线剪开，是两个相同的三角形，旋转一周后是两个圆锥。

【生4】不对，只有一个圆锥，另一个不是圆锥。

【生5】我也认为另一个不是圆锥，是圆柱去掉等底等高的圆锥后剩余的那部分。

（根据学生的反馈，教师利用动态课件演示将平面图形分别旋转成立体图形。）

🔍**思考**

在上述教学中，笔者回到旋转体的本源，以问题为驱动，让学生想象二维平面图形旋转成三维立体图形的样子，从而产生验证想象的需求，为进一步探索奠定基础。

● **教学片段二**

【师】把长方形一分为二，得到两个完全相同的平面图形，将它们分别旋转一周后得到两个立体图形，这两个立体图形的体积相等吗？如果两个立体图形的体积不相等，体积比会是多少？

（让学生先独立想象与计算，再在小组内讨论交流。）

【生1】把长方形上下平均分，旋转一周后得到的是两个完全相同的圆柱，它们等底等高，体积是相等的。

【生2】把长方形左右平均分，旋转一周后得到的是两个不同的立体图形，里面那个是圆柱，外面那个是环柱，体积不相等。它们底面积的比是1∶3，体积比也是1∶3。

【师】这两个长方形的形状、大小是完全相同的，旋转后得到的体积怎么会不相等呢？我们借助课件演示一下看看，你能找到原因吗？

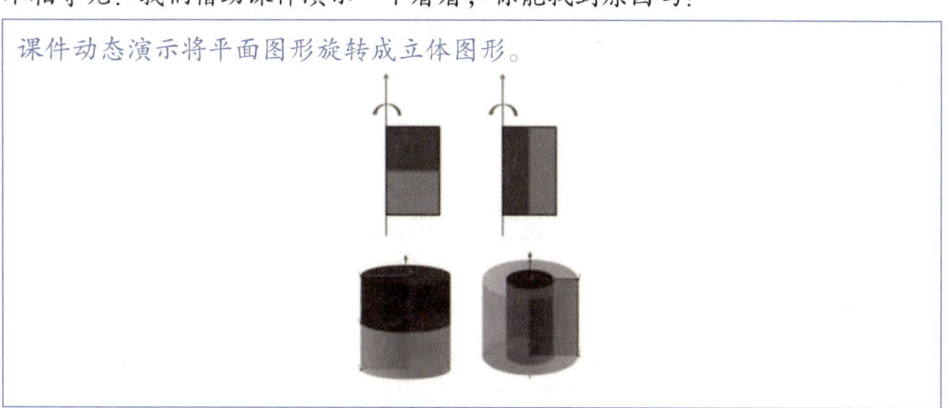

课件动态演示将平面图形旋转成立体图形。

【生3】我发现这两个长方形离旋转轴的距离不相同,离旋转轴越远,旋转一周后得到的立体图形的体积越大。小圆半径:大圆半径=1:2,小圆面积:大圆面积=1:4,所以小圆面积:环形面积=1:3,而它们的高又相等,所以圆柱体积:环柱体积=1:3。

【生4】按对角平均分成两个一样大的三角形,旋转一周后得到的是一个圆锥和圆柱去掉圆锥后剩余的部分,它们的体积是相等的。

课件动态演示将平面图形旋转成立体图形。

【生5】我认为它们的体积不相等。虽然旋转前这两个三角形是相同的,但是它们离旋转轴的位置和距离不一样,所以它们的体积不相等。但几比几我不知道怎么算。

> **思考**
>
> 学生通过观察平面图形,想象平面图形旋转后形成的立体图形;教学中充分利用信息技术,让学生在动态演示中直观看到二维平面图形是如何经过旋转形成三维立体图形的。在图形的变换中,学生发现旋转体的体积大小既和平面图形的面积大小有关,也和平面图形与旋转轴的距离远近有关。

● 教学片段三

【师】我们想的到底对不对呢?有没有什么办法来验证?

在学生讨论交流的基础上，教师提供如下实验材料：透明圆柱、圆锥容器和水。学生用倒水的方法来验证。在此基础上，师生总结概括出等底等高的三个立体图形的体积关系是：$V_{圆锥} : V_{余锥} : V_{圆柱} = 1 : 2 : 3$。

等底等高

$V_{圆锥} : V_{余锥} : V_{圆柱} = 1 : 2 : 3$

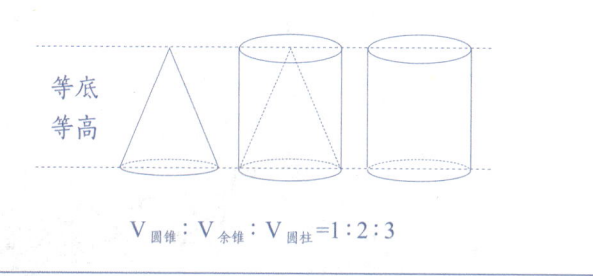

【师】我们已经知道了圆锥和它等底等高的圆柱的体积比是 1∶3，在此基础上，我们还可以提出哪些猜想呢？

思考

学生经历"问题—想象—实验"的学习过程，不只从数量关系上认识到圆锥和圆柱的体积比是 1∶3，还联结了物体的形，深化了两者体积关系的表象。在此基础上，让学生继续提出猜想，有利于培养学生的发散思维，发展学生的空间观念和创新意识。

统计与概率

"平均数"单元整体教学设计

平均数是统计学中最基础、最重要的概念之一，隶属"数据的收集、整理与表达"主题。平均数在现行的小学数学教材中并不是独立的单元，一般与条形统计图等内容混合编排。本文中的"平均数"单元指的是由"认识平均数"及"体会平均数的简单应用"等课时组成的小单元。

一、确定指向核心素养的单元学习目标

（一）基于主题大观念提炼单元具体观念

"数据的收集、整理与表达"主题的大观念是"用统计量可以表达数据特征"。恰当地选择和运用统计量，有助于我们从数据中获取有价值的信息，进而做出判断和预测。

平均数是能够刻画一组数据的"集中趋势"的统计量，代表了这组数据的整体水平（平均水平）。因此，平均数教学要引导学生在熟悉的情境中理解平均数所具有的代表性，这是数据意识的本质体现。

基于课程标准及平均数的本质，可以将主题大观念具体化为如下单元观念。

观念1： 一些问题需要通过收集数据解决，数据蕴含着信息。用平均数可以代表一组数据的整体水平（简称"代表性"），平均数并不是客观存在的，而是通过加工原始数据"匀一匀"得到的。

观念2： 平均数具有"敏感性"（平均数对一组数据中每个数值的变化都较为敏感，尤其容易受到极端数据的影响）和"有界性"（一组数据的平均数介于这组数据的最小值与最大值之间）等特性，根据其特性可以解释或解决生活中

有关平均数的简单问题。

观念 3：知道对于同样的事情每次收集到的数据可能不同，平均数具有随机性，运用随机数据求得的平均数所代表的结论更加公平合理。

（二）对比分析多种版本教材

现行小学数学教材一般将"平均数"编排在四年级。多种版本教材都结合具体情境让学生体会平均数是一组数据平均水平的代表，介绍了"求和均分"和"移多补少"等计算平均数的方法。苏教版教材还在"你知道吗"中介绍了"在演唱比赛中，计算选手的得分时，往往要去掉一个最高分和一个最低分，可以剔除一些极端数据，更能代表选手的实际水平"的知识，以拓展学生对平均数的认识。

（三）参考权威考试命题

下面是六年级毕业考试中的一道题目：

> 四名同学在练习立定跳远，每人跳 3 次。老师把每人跳的情况都做了标记。豆豆 3 次跳远的平均成绩是 2.01m，下面图（   ）是豆豆跳远的情况。
>
> A.　　　　B.　　　　C.　　　　D.

此题考查的是对平均数的本质及特性——"有界性"的理解，即平均数介于一组数据的最大值与最小值之间。又如下题：

> 9.陈飞制作了一个简易摆钟，他想测出这个摆钟摆动 60 次所用的时间，于是做了一次实验，并邀请 8 位同学分别计时，得到了下面的数据。（单位：秒）
>
> 59.6　　59.6　　60.1　　59.5　　60.3　　50.2　　60.4　　59.6
>
> 结合以上数据，想要更准确地得到这个摆钟摆动 60 次所用的时间，你建议使用的方法是（   ）。
>
> A.用出现最多的数据 59.6 秒
>
> B.把 8 个数加起来除以 8
>
> C.去掉 50.2 秒，把剩余的 7 个数加起来除以 7

> D. 用 60.4，因为它是这组数据中最大的

此题考查学生对平均数的"敏感性"的理解。平均数很"敏感"，易受极端数据的影响，因此，去掉极端数据后所得到的平均数更具"代表性"，做出的推断也更合理。可见，素养立意下的考试命题更加注重学生对数学知识本质的理解及思维过程，更加关注学生对数学概念、性质等的理解与应用。

（四）确定单元学习目标

综合以上分析，依据课程标准和单元具体观念，确定单元学习目标如下：

1. 在熟悉的情境中体验、理解平均数所具有的"代表性"，感悟数据蕴含的信息，能够解释平均数作为一组数据代表的合理性，能运用"求和均分""移多补少"等方法计算平均数。

2. 知道平均数不是实际存在的数值，是通过"匀一匀"加工出来的；知道平均数是个"不大不小"的数，其取值范围在一组数据的最大值和最小值之间；知道平均数很"敏感"，尤其容易受极端数据影响。

3. 初步感受平均数的推断功能，能运用平均数的特性对真实情境中"去掉最低分和最高分再取平均数"的数据处理方法进行解释，知道在实际应用时去掉极端数据后所得到的平均数更有代表性，做出的推断也更合理。

二、单元内容重组与课时规划

（一）厘清单元内容的学习进阶

研究表明，小学生对平均数的理解有三个水平：算法水平、概念水平、统计水平。达到算法水平主要表现为会计算一组数据的平均数；达到概念水平主要体现为知道平均数能够代表一组数据的整体水平以及平均数易受极端数据影响等特性；达到统计水平主要体现在能够在平均数与某个数据的对比中解释平均数作为"代表"的合理性，知道平均数具有随机性。

基于上述分析，确定"平均数"单元内容的学习进阶如下。

层级 1：会用"求和均分"或"移多补少"的方法计算一组数据的平均数。

层级 2：知道平均数是代表一组数据整体水平的数（代表性），体验平均数的"有界性""敏感性"等特性。

层级 3：能够解释并体会平均数作为"代表"的合理性，感受平均数的推断功能，知道去掉极端数据后所得到的平均数更有代表性，做出的推断也更合理，知道平均数具有随机性。

其中，层级 1 属于对平均数理解的"算法水平"，学生有相应的知识基础，较容易达成；层级 2 属于"概念水平"，层级 3 属于"统计水平"，学生较难达成。因此，可以将本单元分为两个课时，第 1 课时着眼于"层级 1 和层级 2"的达成，第 2 课时则聚焦"层级 3"的达成。

（二）分析学情

学生在第一学段已经理解了"平均分"的含义。虽然"平均分"和平均数的意义不同，但计算方法一样，因此学生掌握平均数的算法相对容易，但绝大多数学生还不能理解平均数的意义。

调研发现，学生在选取代表量时，容易把"一组数据整体水平的代表"理解为"群体中的最高水平"。另外，学生缺乏用一个数代表一组数的经验，当平均数出现在原始数据中时，学生容易想到用平均数作为代表数；否则，学生不容易想到用平均数作为代表数。

（三）划分课时类型，设计指向目标的核心任务序列

基于上述分析，从单元整体的视角出发，笔者对"平均数"的教学做出了适当调整，将"平均数"的教学分为两个课时，其中第 1 课时为关键课。

课时	类型	教学内容	核心目标	核心任务
1	关键课	认识平均数	1. 结合游戏情境和几何直观，认识平均数的"代表性"，能用"求和均分""移多补少"等方法求出平均数。 2. 结合真实情境和几何直观，体会平均数的"虚拟性""有界性"和"敏感性"。 3. 初步感受平均数的推断功能。	任务1：玩"记数游戏"。比一比"谁的记数水平高"。 任务2：用"求和均分"和"移多补少"的方法求平均数。 任务3：观察直观图，说出你的发现。讨论：如果再玩一次，5次的平均数和4次的平均数一样吗？为什么？ 任务4：笑笑前四次的计数成绩分别是5、7、6、8，她第五次能记住几个数？请说明理由。
2	练习拓展课	平均数的简单运用	1. 能运用平均数的"有界性"解决真实情境中的问题。 2. 能运用平均数的特性对真实情境中"去掉最低分和最高分再取平均分"的数据处理方法进行解释，知道去掉极端数据后所得到的平均数更有代表性，做出的推断也更合理。	任务1：体育老师用示意图表示了乐乐跳远的情况，如下图，图中三条短实线所在的位置代表他三次跳远的成绩。如果用虚线所在的位置表示他三次跳远的平均成绩，请你画出这条虚线，并解释这样画的理由。 起跳线 任务2：陈飞制作了一个简易摆钟，他想测出这个摆钟摆动60次所用的时间，于是做了一次实验，并邀请8位同学分别计时，得到了下面的数据。（单位：秒） 59.6　59.6　60.1　59.5　60.3　50.2　60.4　59.6 结合以上数据，想要更准确地得到这次摆钟摆动60次所用的时间，你建议使用什么方法？请说明理由。

三、关键课的教学设计

课例 认识平均数

● 环节一：情境引入，寻找代表数

师生一起玩"记数游戏"。

出示"游戏规则"：每次屏幕上会出现10个数字，只能观察2秒钟，把记住的数字写下来（可以不按顺序），看你每次可以记住几个数字。

学生玩记数游戏三次，并记录每次的记数成绩。

> 🔍 **思考**
>
> 游戏情境紧紧抓住了学生的心，学生精力高度集中，迅速进入学习状态，这为接下来的数据分析奠定了良好基础。

● **环节二：借助直观，认识平均数的代表性**

出示：

欢欢的记数情况统计表

	第一次	第二次	第三次	第四次	第五次
记住的个数	5	4	7	5	9

乐乐的记数情况统计表

	第一次	第二次	第三次	第四次
记住的个数	6	8	7	3

【师】比一比：谁的记数水平高？

【生1】我觉得欢欢的水平高，因为她有一次记住了9个，乐乐的都比9个少。

【生2】我不同意，欢欢只有一次记住了9个，其他几次都比9个少，这样不公平！

【生3】可以把这几个数加起来，5+4+7+5+9=30，6+8+7+3=24，30＞24，所以欢欢的记数水平高。

【生4】我不同意！欢欢玩了5次，乐乐只玩了4次，5次的成绩当然比4次的成绩好啦，这对乐乐不公平！

【生5】他俩玩的次数不同，比较总数不公平。我觉得可以用

5+4+7+5+9=30，30÷5=6（个）；再用 6+8+7+3=24，24÷4=6（个）。她俩的记数水平一样。

……

（同学们意见不一，争执不下。）

【师】我们可以把这些数据整理一下，看看直观的统计图能不能帮助我们选择合适的代表数。

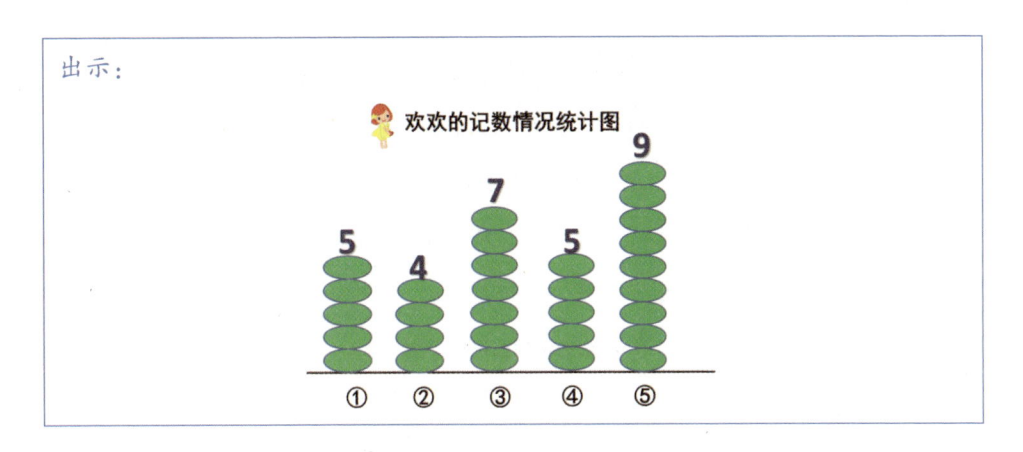

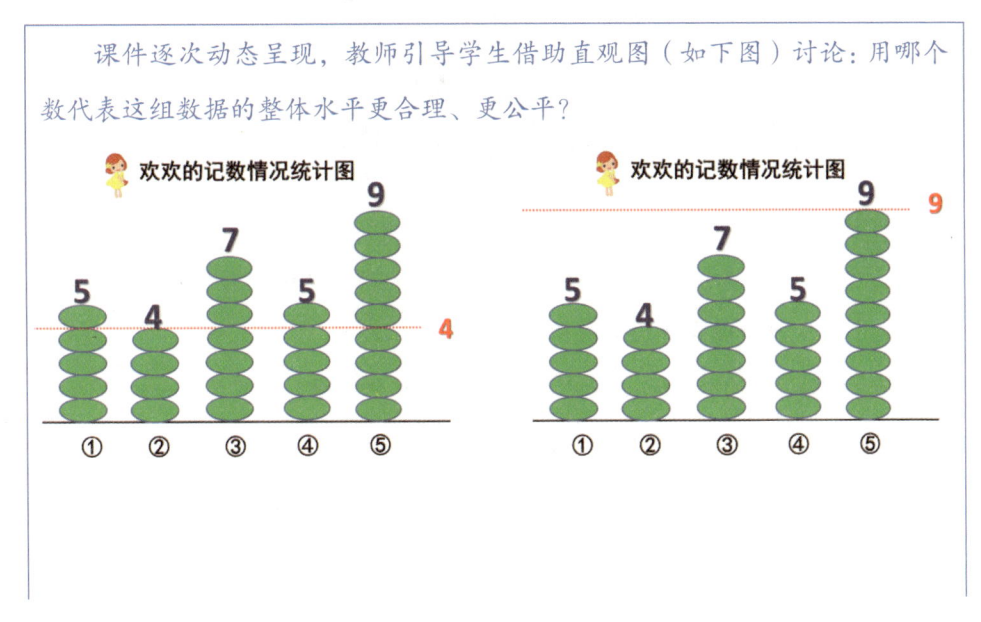

出示：

课件逐次动态呈现，教师引导学生借助直观图（如下图）讨论：用哪个数代表这组数据的整体水平更合理、更公平？

245

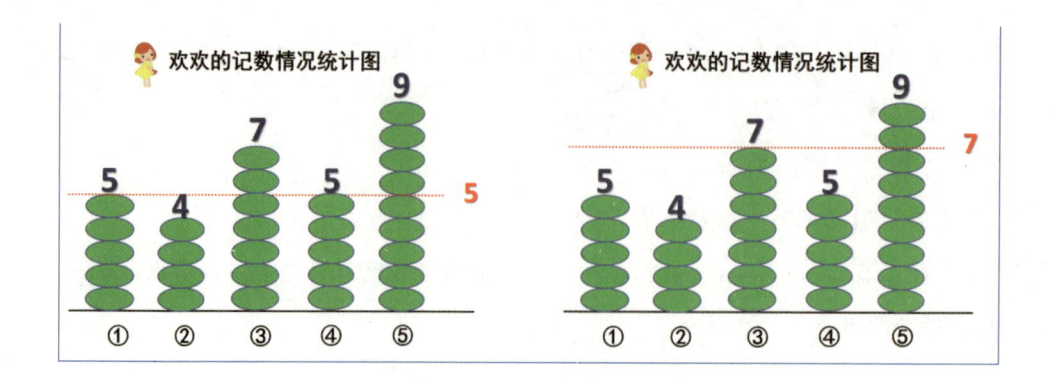

【生】"4"是最小数，不能代表"整体水平"。"9"是最大数，也不能代表"整体水平"。"5"虽然在"中间"，但是比"5"小的只有"4"，而且只少了1个；比"5"大的有"7"和"9"，而且多了好几个，所以"5"不能代表"整体水平"。"7"也不行，因为比"7"大的只有"9"，只多了2个，但是比"7"小的有很多。

课件动态呈现"移多补少"的过程，形成下图：

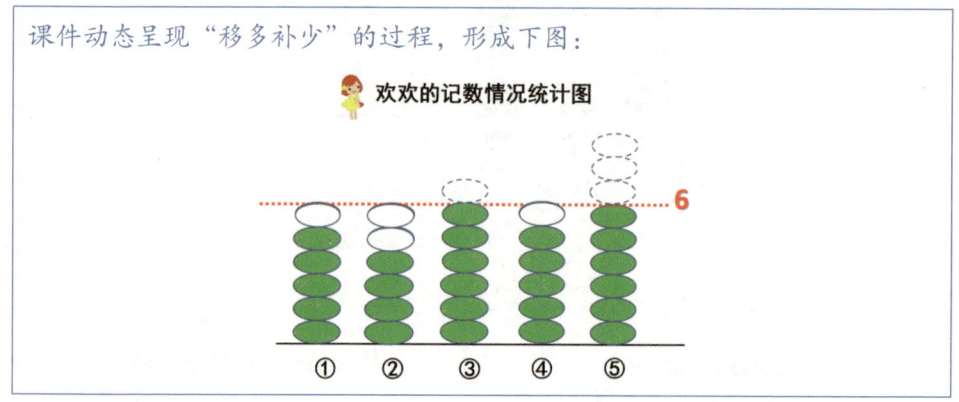

【师】可以把"多的"移走补给"少的"，这种方法叫"移多补少"。得到的"6"是这组数据的平均数。你觉得平均数"6"能代表这组数据的整体水平吗？

【生】能！因为现在每次的数都是"6"了。

【师】是的，平均数"6"代表了这五个数的整体水平，而不是某一次的水平。你觉得用平均数代表欢欢和乐乐的记数水平，公平吗？

【生】公平！

> 🔍 **思考**
>
> 学习平均数时，选择"好情境、好问题"十分重要。在上述教学中，笔者有意拉长了"用平均数代表一组数据的整体水平"这一认知过程。首先是从欢欢和乐乐的记数成绩入手，引出"谁的记数水平高"的真实问题；进而引导学生借助直观图，讨论、辨析"用哪个数来代表这组数据的记数水平更合理、更公平"。在对比分析、辨析研讨的过程中，学生对平均数的"代表性"有了深刻体会。

【师】有同学是用算式（5+4+7+5+9）÷5求出平均数的，这个算式里有没有体现"移多补少"呢？能借助这个图来解释一下吗？

【生】5+4+7+5+9是求一共有多少个圆圈，除以5就是把这些圆圈平均分成5份，也就是把五次的数据都变得一样多。

【师】把欢欢5次记数的成绩加在一起就代表"总数"，也就是"整体"，除以次数就代表"平均"，这样就得到了平均数"6"。

> 🔍 **思考**
>
> 让学生借助直观图解释算式的意义，不仅能帮助学生理解"先求和再平均"的计算方法，也能加深他们对平均数意义的理解。

● **环节三：借助直观，感受平均数的特征**

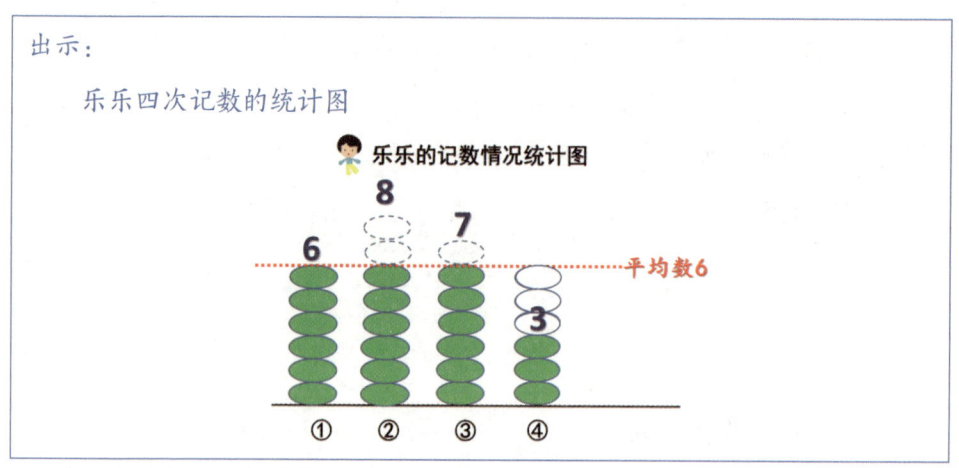

出示：

乐乐四次记数的统计图

乐乐的记数情况统计图

（课件动态呈现"移多补少"的过程，得出乐乐记数的平均数。）

【师】仔细观察这幅图，你还有什么发现？

【生1】我发现比平均数多的有3个，比平均数少的也有3个。

【师】你知道为什么会这样吗？

【生】因为从多的移走的3个都补给了少的。

【生2】我发现平均数比最大数小，比最小数大。

【生3】我也发现了！我还知道为什么，因为如果是最大数，就要为整体"做贡献"，移走一部分给小的数；如果是最小数，大的数就会补给它。

【师】你们不仅发现了平均数是一个"不大不小的数"，还讲出了道理，真的很棒！想一想：如果乐乐再玩第五次游戏，你觉得这五次记数的平均数跟原来四次的平均数6相比，会有变化吗？如果有变化，又会怎么变呢？

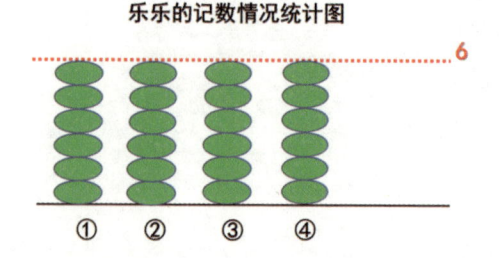

乐乐的记数情况统计图

248

（学生小组讨论，全班交流。）

【生1】如果第五次记住的数比6大，平均数会变大；如果第五次记住的数比6小，平均数会变小；如果第五次记住的数是6，平均数就不会变。

【生2】我能解释道理，因为按照移多补少的方法，如果第五次的数比6大，就要从这个数中移走一些补给小的数，就会拉高平均数；如果第五次的数比6小，平均数6就会补给它，就会拉低平均数；如果第五次恰好是6，就不用移多补少，平均数就不会变。

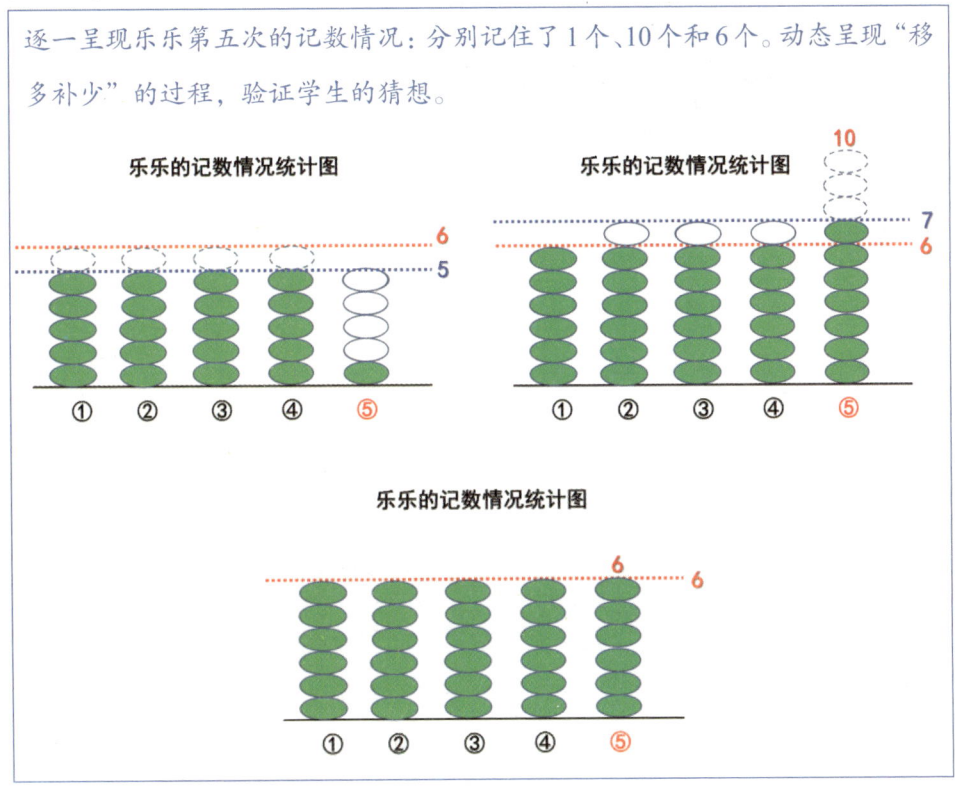

逐一呈现乐乐第五次的记数情况：分别记住了1个、10个和6个。动态呈现"移多补少"的过程，验证学生的猜想。

【师】通过观察，你有什么新发现吗？

【生】我发现只要一个数变了，平均数就会变。

【师】你真善于观察！平均数很敏感，任何一个数据变化都会引起平均数的变化。给大家讲一个真实的故事《埃蒙斯的最后一枪》。2008年北京奥运会射击比赛，美国选手埃蒙斯前9枪的平均成绩是10.1环，大比分领先第二名。但是，埃蒙斯的最后一枪只打出了 4.4 环，导致 10 枪的平均成绩仅有 9.5 环，不仅丢了金牌，连奖牌都没拿到！听完故事你们有什么感受？

【生】平均数真的很敏感！

【师】是的，平均数作为一组数据的代表，跟每一个数据都有关系，如果出现了极端数据，对平均数的影响是非常大的！

> 🔍思考
>
> 借助几何直观模型和生活事例，能让学生真切地体验到平均数"很敏感"，易受极端数据的影响。

● **环节四：走进生活，应用平均数**

1. 计算自己记数的平均数，感受平均数可以是小数

【师】算一算，你三次记数的平均成绩是多少呢？

（学生独立计算，全班交流，发现有的算式得不到整数结果，平均数可以用小数表示。）

> 🔍思考
>
> 学生三次记数的数据就是随机数据，即同一事件在不同时间点测量所获得的数据。学生通过计算，不仅能更深刻地体会"平均数不是客观存在的，而是通过加工原始数据得到的"，而且能初步感悟平均数的"随机性"。

2. 生活中的平均数

出示：

2020年，北京市把儿童乘车免票身高由1.2米提高至1.3米。

【师】你认为免票线提高的主要原因是什么？为什么要提高到1.3米而不是其他高度呢？

【生1】因为北京市儿童的平均身高上升了。

【生2】1.3米可能是北京市儿童身高的平均数。

【师】是的，规则不是一成不变的，1.3米这个数据是通过抽样调查统计得来的平均身高，儿童的平均身高增加了，规则也需要改进和完善。

🔍 思考

上述教学让学生感受到平均数的应用在生活中随处可见，知道生活常见情境中的平均数是通过抽样调查得到的，进一步体会了平均数的价值。

综合与实践

"植树问题"单元整体教学设计

"植树问题"是以模型建构与应用为主线解决问题的典型教学内容，隶属"综合与实践"领域，被编排在现行人教版教材五年级上册"数学广角"板块。

一、基于模型建构的"植树问题"内容解读

在人教版教材中，"植树问题"一共编排了三道例题（如下页图）。

例1是在小路一边植树（两端都要栽）；例2是在小路两旁植树（两端都不栽），例2后面的"做一做"中编排了"安路灯问题"和"一端栽一端不栽"的情形；例3是在圆形池塘周围植树（封闭图形，一端栽一端不栽）。三道例题展示了树的"棵数"与"间隔数"之间的不同对应关系，笔者将它们分别安排在3个课时进行教学。

教材这样编排有利于学生在单位时间内迅速、牢固地掌握某一类"棵数"与"间隔数"之间的规律，提高学生应用规律解决问题的能力。但这样编排也有其不足之处，"棵数"与"间隔数"这两个量之间的对应关系会被弱化；"棵数"与"间隔数"的数量关系及对应的解决问题的方法安排分散，容易导致学习的"碎片化"，不利于学生理解"植树问题"的本质以及形成完整的数学模型结构。加之在"植树问题"的实际教学中，大多数教师往往特别重视关于"植树问题"的三种不同类型的区分，即所谓的"两端都栽""一端栽一端不栽""两端都不栽"，而忽视让学生经历从遇到"植树问题"到建构起"植树模型"的过程，导致学生没有跳出"植树"的背景，没有真正理解"植树问题"的实质、内涵，只是死记硬背"两端都栽，棵数=间隔数+1""两端都不栽，棵数=间隔数-

7 数学广角——植树问题

1 同学们在长100 m的小路一边植树，每隔5 m栽一棵（两端都要栽）。一共要栽多少棵树？

小红这样算：
100÷5=20（棵）

小红算得对吗？画图检验一下。

100 m太长了，我先用20 m来检验。20÷5=4（棵），应该栽5棵，直接用除法计算不行。

自己选一些长度试一试，看看有什么规律。

我发现栽树的棵数比间隔数多1。

100 m共有20个间隔，两端都要栽，所以一共要栽_____棵。

100÷5=20
20+1=21（棵）

2 动物园里的大象馆和猴山相距60 m。绿化队要在两馆间的小路两旁栽树（两端都不栽），相邻两棵树之间的距离是3 m。一共要栽多少棵树？

我们先画图看看。

两端都不栽，我的棵数比间隔数少……

小路两旁都要栽树，所以还要……

60÷3=20
20 ○ ( ) = ( )
( ) × 2 = ( )

答：一共要栽_____棵树。

做一做

① 在一条全长2 km的街道两旁安装路灯（两端都要安装），每隔50 m安装一盏。一共要安装多少盏路灯？

② 小明家门前有一条35 m长的小路，绿化队要在小路一旁栽一排树，每隔5 m栽一棵树（一端栽，一端不栽）。一共要栽多少棵？

做完后，可以画线段图验证一下。

3 张伯伯准备在圆形池塘周围栽树。池塘的周长是120 m，如果每隔10 m栽一棵，一共要栽多少棵树？

先画图试试看。假设周长是40 m……

能栽4棵树。

如果把圆拉直成线段，你能发现什么？

我发现间隔数与棵数相等。

相当于在直线上一端栽，一端不栽。

120÷10=( )
答：一共要栽_____棵树。

做一做

圆形滑冰场的周长是150 m。如果沿着冰场一周每隔15 m安装一盏灯，一共需要安装几盏灯？

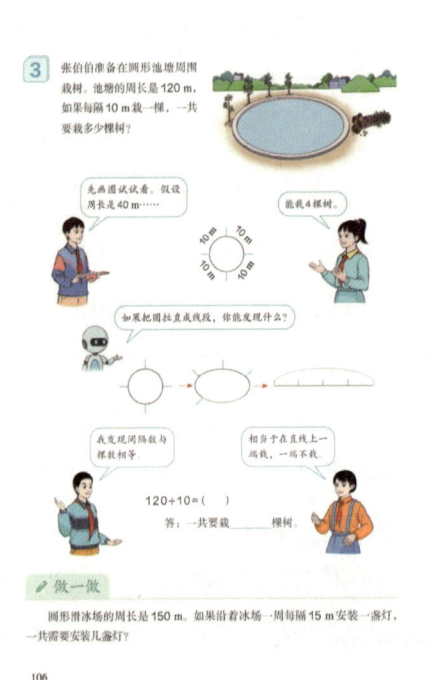

1""一端栽一端不栽，棵数＝间隔数"等"计算公式"；也没有认识到"安路灯、锯木、敲钟"等新情境问题跟植树情境问题的内在联系，不能准确识别情境的本质特征，不能将知识和方法迁移到新情境中，形成解决问题的策略，而只会生搬硬套、机械模仿，数学思维并没有得到真正发展。

课后进行的测试调研也印证了上述分析。有这样一道题："时钟4点钟敲了4下，12秒敲完。那么6点钟时钟敲了6下，几秒钟敲完？"很多学生解题时出现错误，有80%以上学生的答案都是18秒，计算过程是：12÷4=3（秒），6×3=18（秒）。只有不足20%的学生计算出了正确答案20秒，即12÷（4-1）=4（秒），4×（6-1）=20（秒）。还有这样一道题："一根50厘米长的木条，要锯成10厘米长的小段，需要锯几次？"学生的答案也是五花八门，回答5次的学生占72.5%，回答4次的学生占27.5%。这说明学生并没有真正理解"植树问题"蕴含的思想方法和规律。

二、单元整合思考

综合以上分析，我们需要思考以下三个问题：

1. "植树问题"的数学本质是什么？

"植树问题"是指沿着一定的路线植树，这条路线的总长度被树平均分成若干段（间隔），由于路线不同，植树的要求不同，路线被分成的"段数"（间隔数）和树的"棵数"之间的关系也就不同。

"植树问题"其实是一类问题的统称，除了植树，还有安路灯、爬楼、排队、敲钟、锯木等问题。由于"树、路灯、楼层、钟的响声等"可抽象成"点"，"各种（树、路灯、楼层、两次敲钟、两次锯木的）间隔"可抽象成"段"，因此，这类问题背后的结构是一致的，可以将其归结为同一个数学模式，就是"点与段之间的对应关系"，可以把它称为"植树模型"。可见，"植树问题"的本质就是"点与段之间的对应问题"。教师只有深刻理解了"植树问题"的本质，才能够帮助学生经历"建模"过程，以此为基础，才能在教学中有的放矢地落实数学核心素养的培育。

2. 可否用一种思想方法解决各种类型的"植树问题"？

许多教师在执教本单元内容时，即便了解了"植树问题"是一个数学模型，它的本质是"一一对应"，但在教学中面对学生的磕磕绊绊时，找不到更好的解决办法，只好又直接诉诸"公式"。事实上，在"植树问题"教学中，面对多样的问题情境，真正重要的不是"公式"，而是"一一对应"的思想方法，应该用"一一对应"的数学思想方法统领课堂，将不同的问题情境联结起来，引导学生用"一一对应"这一具有普遍意义的数学思想方法来求解各种类型的"植树问题"。

笔者的教学实践也证明，只要明确了"棵数"与"间隔数"这两者的关系，突出"一一对应"的思想，再以此为基础并通过适当变化，就可以应对各种变化了的情况。对于"两端都栽""一端栽一端不栽"与"两端都不栽"这样三种情况的区分则不必过于强调，更不应将相应的"计算公式"看成重要的规律乃至要求学生牢牢地去记住并能不假思索地加以应用。我们始终要明确的是，"数学的核心应该是越过这些表面知识的内在问题、思想和方法"（赫尔墨斯语）。"植树问题"单元里丰富多彩的问题情境，一定不是为了让学生记住模型的结论，而是为了助推学生的数学思考，提升其思维品质。

3. 如何通过单元整体教学建立起"植树模型"？

数学模型对小学生来说较为抽象，其建构过程并不是一蹴而就的，从遇到"植树问题"到建构起"植树模型"需要一个过程。教学中，教师应从真实问题入手，引导学生在分析、思考问题的过程中，逐步发现隐含于不同情形中的规律，经历把现实世界中的"树、楼层、钟的响声等"实际对象做出一些必要的简化假定，舍去无关因素，抽象出"点与段的一一对应关系"的过程（建模），体验数学思想方法在解决简单实际问题中的应用（解模）。在整个"植树问题"的建模过程中，要突出示意图、线段图的教学价值，引导学生用画图的方法解决"植树问题"，借助示意图或线段图进行分析，从而帮助学生打通"植树问题"模型与"安路灯问题""锯木头问题""爬楼问题""敲钟问题""排队问题"等情境之间的联系。正如弗赖登塔尔所指出的：儿童"与其学数学，不如学数学化"。数学模型的构建是为了解决实际问题，而构建数学模型这一活动本身应是一种对数学知识和现实背景的"再创造"。

基于上述思考，笔者从单元视角对"植树问题"单元内容进行了重组设计。

首先，将"植树问题"的三种类型作为一个整体内容植入同一课时中进行教学，着力沟通"两端都栽""两端都不栽""一端栽一端不栽"等不同问题情境之间的内在联系，通过分析"树"与"间隔"不同的排列方式，挖掘"植树问题"背后所隐藏的规律，抽象出"植树问题"的共同本质特征，即"棵数"与"间隔数"之间的一一对应关系，并总结出"植树问题"的数学思想方法和有通用效能的解题策略。

其次，呈现生活中多样的问题情境（如"安路灯问题""敲钟问题""爬楼问题""锯木头问题"，等等），拓展学生的认知空间，让学生经历从实际问题出发建立数学模型的过程，把诸多"看起来不同的问题"抽象为"同一类问题"，建构"植树模型"，进一步理解"植树模型"的本质就是"点与段之间的对应问题"，以期解决学生"碎片化学习"的问题，使学生实现深度的结构化学习。

最后，扣回现实情境，让学生利用"点与段之间的对应关系"解决生活中的实际问题，体会数学模型的应用价值，提高学生运用数学知识解决实际问题的能力，增强学生的应用意识和创新能力。

基于单元视角，笔者重新设计了"植树问题"单元教学整体架构（如下图）。

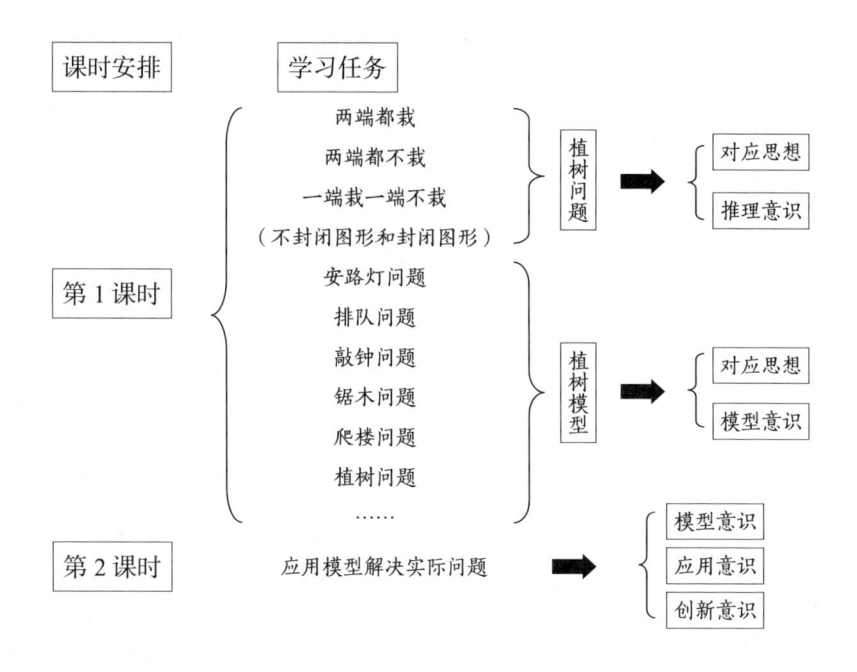

259

三、关键课的教学设计

课例 植树问题

● **环节一：借助经验和几何直观，初步感知"点"和"段"的对应关系**

出示：学校操场边有 9 棵树排成一行，为了美化校园环境，同学们在每相邻的两棵树之间摆一盆花，头和尾都不放花，一共摆了多少盆花？

学生尝试解决。集体反馈时，引导学生画图说明。

IOIOIOIOIOIOIOIOI

【生】可以看出 9 棵树之间有 8 个间隔，知道了间隔数，就知道了花的盆数。

【师】还可以这样想，开头是 1 棵树，把"树"看成一个"点"，后面对应着一个间隔，把间隔看成一个"段"（示范画图：画个点画个段）；接着又是 1 棵树，后面对应着一个间隔（再画个点画个段）；依次类推，"点"和"段"一一对应，最后还多出来 1 棵树。这样段数就是 9-1=8（段），每个段里放 1 盆花，花盆数就是 1×8=8（盆）。这种方法好不好呀？

【生】好！

【师】数学上把这种方法称为"一一对应"。（板书：一一对应）我们借助画图和"一一对应"的方法，就容易找到"点"与"段"之间的关系。

> 🔍 **思考**
>
> 本环节创设生活中常见的"摆花盆"的情境，借助学生的生活经验导入需要研究的问题，引导学生把现实世界中的"树"和"间隔"抽象看成"点"和"段"，并通过画图的方式建构"点与段之间的对应关系"，让学生初步感知"一一对应"的数学思想，为进一步探究植树问题做好了准备。

● **环节二：变换摆放方式，深入体会"一一对应"思想，感知"植树模型"**

1. 两端都不摆花

【师】假如有1000棵树排成一行，每相邻两棵树之间摆一盆花，头和尾都不放花，一共摆了多少盆花呢？

（生独立思考，全班反馈、交流。）

［归纳：1000−1=999（盆）。］

【师】尽管数变大了，但我们还可以用画图的方法来分析问题，把树看成一个"点"，把间隔看成一个"段"。从头开始，一个点对应一个段，一个点对应一个段，点段点段一一对应（课件显示：画个点画个段，再重复下去），最后多出来一个点，所以段数比点的个数少1，1000−1=999（段），1×999=999（盆）。

2. 两端都摆花

【师】假如还是这1000棵树，每相邻两棵树之间放一盆花，头和尾都放花，一共可以放多少盆花呢？

（学生独立思考，师生交流。）

借助图示用"一一对应"的方法说明：段点段点一一对应（课件显示：画个段画个点，再重复下去），段数比点数多1，所以，1000+1=1001（段），1×1001=1001（盆）。

3. 一端摆花一端不摆花

【师】还是这1000棵树，如果开头放花，而末尾不放花，一共要放多少盆花呢？

（学生独立思考，师生交流。）

借助课件显示，用"一一对应"的方法说明：段点段点一一对应，画个段画个点,再重复下去(如下图),段数和点数同样多,所以,可以摆1000盆。

[小结:不管花盆的摆放方式如何变化,万变不离其宗的是用"一一对应"的方法去找"点"和"段"之间的关系。]

思考

从 9 棵树到 1000 棵树,由少到多,由看到算,从图中能直接看到间隔个数到必须按"一一对应"的方法算得,这不只是量的增多,更是质的提高,学生能从中体会"一一对应"思想的妙处。本环节通过不断变换"摆花盆"的方式,将焦点集中在"点"与"段"这两个量之间的一一对应关系问题上,让学生逐渐将"点"与"段"的一一对应关系模型建立起来,不断感悟"植树模型"的本质。

● **环节三:丰富问题情境,拓展认知空间,建立"植树模型"**

【师】想一想:生活中还有什么事情跟摆花盆这样的问题类似,可以用"一一对应"的方法来解决?

(师生交流。)

随着学生口述,课件逐步出示:植树问题、安路灯问题、锯木问题、排队问题、爬楼问题,等等。通过师生交流、课件直观呈现等方式,沟通这些情境问题与植树问题。

"安路灯问题"和"植树问题"是问题情境不同、模型结构相同的同类问题。在解答问题的过程中,多数学生能通过画线段图,发现"安路灯问题"与"植树问题"的情况相似。

"锯木问题"看似简单,其实理解起来并不容易。如果把锯木头的"锯点"当作"植树问题"中的树(点),那么,就可以将"锯木问题"看作"植树问题"

中"两端都不栽"的情况。

[小结：这些问题看起来不一样，其实都是同一类问题，都是"点与段的对应问题"，所以都可以用"植树问题"的方法去解决。]

> 🔍 思考
>
> 让学生带着刚刚明确的"对应思想"重返生活，有意识地关注过去没有注意的现象，这有利于充实学生的感性材料，帮助学生清楚地认识到所有这些具体问题事实上都有着相同的数学结构，即可以被归结为同一个数学模型。由此巩固、深化了学生对"一一对应思想"的理性认识，拓宽了学生的思维，丰富了学生对"植树问题"模型的认知，培养了他们用数学的眼光看世界。

● 环节四：扣回现实情境，利用"植树模型"解决问题

1.算一算，一共要栽几棵树？

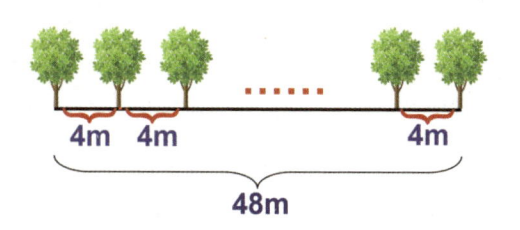

学生先依据除法的意义，求出"间隔数"——48÷4=12（个），此时的"12"表示12个间隔；12个间隔（段）对应12棵树（点），最后还多了1棵树（点），因此12+1=13（棵），最后一个加法算式中的"12"的含义已经转化为"12棵树"的含义了。其间经历了一系列的转化过程，在抽象的算法中却没有得到体现，这正是学生理解起来困难的原因。

263

2.学校开运动会，在环形操场的四周一共插了20面彩旗，每两面彩旗之间的距离都是20米，操场的周长是多少米？

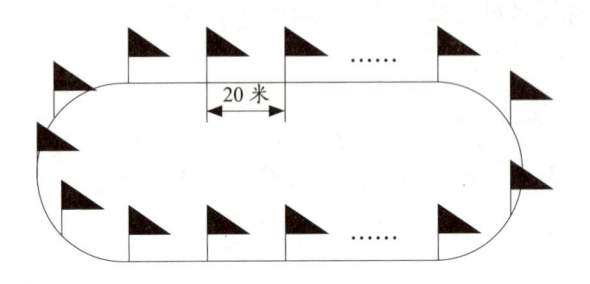

3.时钟4点钟敲4下，12秒敲完。那么6点钟敲6下，几秒钟敲完？

> 🔍 思考
>
> 　　发展学生的模型意识，不仅要让学生经历建构模型的过程，还要引导学生体会"数学模型可以用来解决一类问题，是数学应用的基本途径"。因此，在建构"植树问题"的模型后，引导学生在实际问题解决中应用模型，是发展学生模型意识必须经历的过程。为此，笔者设计了以上三个问题解决的练习，其中第2、3题都是"植树问题"的"同类问题"，要求学生能够借助几何直观，识别出情境的本质特征，灵活地运用"植树问题"的模型去解决，从而认识"植树问题"模型的多样性，完整建构"植树问题"的模型；同时，结合同类问题的解释或解决，丰富了学生对"植树问题"模型的认知，发展了学生的模型意识。

主要参考文献

[1] 中华人民共和国教育部. 义务教育数学课程标准(2022年版)[M]. 北京：北京师范大学出版社.2022.

[2] 马云鹏. 基于结构化主题的单元整体教学——以小学数学学科为例[J]. 教育研究，2023（2）.

[3] 张丹，于国文. "观念统领"的单元教学：促进学生的理解与迁移[J]. 课程. 教材. 教法，2020（5）.

[4] 刘加霞. 空间观念的内涵、评价指标及单元行为表现——以"长方体和正方体"单元为例[J]. 小学教学，2024（4）.

[5] 刘加霞，鲁静华. 平面图形周长与面积单元的数学本质、进阶与教学建议[J]. 教学月刊，2023（12）.

[6] 宋煜阳，刘加霞. 数据意识的内涵、行为表现及目标进阶层级——以第二学段"平均数"单元为例[J]. 小学教学，2023（9）.

[7] 马云鹏. 学科大观念的提取及其教学意义——以小学数学为例[J]. 课程·教材·教法，2024（10）.

[8] 巩子坤，等. 小数除法学习路径研究之一、二、三、四[J]. 小学教学，2022（7）.

[9] 刘琳娜，李慧丽. 整合学习任务，实现图形认识与测量的一致性——"多边形周长"教学思考与实践[J]. 小学数学教师，2022（11）.

[10] 刘加霞. 基于分数概念本质与学习进阶的大单元教学设计——数与运算一致性的理解[J]. 小学教学，2022（11）.

[11] 牛献礼. 用数学阅读开启学生的"识图"之旅——一年级"数学绘本阅读：谁是小偷"教学思考与实践 [J]. 小学教学，2024（7—8）.

[12] 牛献礼. 把握度量本质，促成深度理解——《长方形的面积》教学与思考 [J]. 教育视界，2022（2）.

[13] 牛献礼. 以整体性思考促成结构化学习的发生——以"有余数的除法"一课为例 [J]. 小学教学研究，2022（1）.

[14] 牛献礼. 基于学生立场的深度教学——"倍的认识"教学片段与思考 [J]. 小学数学教育，2021（4）.

[15] 牛献礼. 让结构化学习真实地发生——以"有余数的除法"为例 [J]. 小学教学研究，2021（2）.

[16] 牛献礼. 素养导向下的深度教学："路程、时间与速度"教学案例与思考 [J]. 小学教学，2019（1）.

[17] 牛献礼. 从统计学的角度理解"平均数"——"平均数"教学思考与实践 [J]. 小学教学研究，2017（4）.

[18] 牛献礼. 让学生掌握以思想方法为灵魂的知识——"植数问题"教学实录与思考 [J]. 小学教学，2011（8）.

[19] 牛献礼. 为迁移而教——"三位数乘两位数"教学案例与反思 [J]. 小学教学，2019（7—8）.

[20] 牛献礼. 大概念统领下的分数乘除法单元整体教学设计 [J]. 小学教学研究，2023（1）.

[21] 牛献礼. 以大观念为核心重构单元学习——"多边形的面积"单元整体教学的思考与实践 [J]. 中国教师，2022（4）.

[22] 刘加霞. 运算律的本质、内容进阶与教学建议 [J]. 教学月刊小学版（数学）.2023（12）.

[23] 刘琳娜，刘加霞. 素养导向的数学表现性任务：内涵、功能及教学实施 [J]. 小学数学教师，2022（11）.

图书在版编目（CIP）数据

观念统领的小学数学单元整体教学设计 / 牛献礼著.
武汉：长江文艺出版社，2025.4. --（大教育书系）.
ISBN 978-7-5702-3915-3

Ⅰ．G623.502

中国国家版本馆 CIP 数据核字第 2025VK1839 号

观念统领的小学数学单元整体教学设计
GUANNIAN TONGLING DE XIAOXUE SHUXUE DANYUAN ZHENGTI JIAOXUE SHEJI

责任编辑：李婉莹	责任校对：程华清
封面设计：沐　云	责任印制：邱　莉　韩　燕

出版：长江出版传媒　长江文艺出版社
地址：武汉市雄楚大街 268 号　　邮编：430070
发行：长江文艺出版社
http://www.cjlap.com
印刷：湖北新华印务有限公司

开本：710 毫米×970 毫米　　1/16　　印张：17.5
版次：2025 年 4 月第 1 版　　2025 年 4 月第 1 次印刷
字数：248 千字

定价：52.00 元

版权所有，盗版必究（举报电话：027—87679308　　87679310）
（图书出现印装问题，本社负责调换）